Complejo
Educativo de
Desarrollo
Integral

COEDI .edu.mx

EL NUEVO JUICIO DE AMPARO

LAS REFORMAS CONSTITUCIONALES DE JUNIO DE 2011

GERMÁN EDUARDO BALTAZAR ROBLES

Complejo
Educativo de
Desarrollo
Integral

COEDI .edu.mx

A mi esposa Lupita, quien con amor me impulsa siempre a lograr lo mejor de mí.

A mis hijos Germán, Octavio y Arturo, quienes son mi mayor alegría y el motivo de mi confianza en que el futuro siempre será mejor.

A mis padres, Germán y Sylvia, quienes me enseñaron a vivir como ser humano, con base en el amor, el respeto y la confianza.

Contenido

Complejo
Educativo de
Desarrollo
Integral

COEDI .edu.mx

1. La Constitución, el sistema jurídico y los operadores jurídicos

En el Diario Oficial de la Federación de fechas 6 y 10 de junio de 2011 se publicaron dos decretos de reformas a diversos artículos constitucionales relacionados con los derechos humanos y el juicio de amparo.

Tomando en cuenta que la Constitución constituye la norma fundamental de nuestro sistema jurídico, es necesario determinar los alcances que dichas reformas provocan en el mismo pues lo único que no podría aceptarse es que se haya reformado la Constitución y todo el sistema siguiera funcionando exactamente igual, pues ello equivaldría a desconocer la función que, dentro del sistema, tiene la Carta Magna.

Función de la Constitución en el sistema jurídico

Debemos precisar, en primer lugar, que la Constitución constituye el resultado de uno o varios actos políticos[1] en virtud de los cuales un pueblo determina los elementos esenciales de su organización[2].

Precisamente por la multiplicidad de elementos que intervienen en su formación y determinación de su contenido, las definiciones y conceptos que generalmente se usan hacen referencia a elementos históricos, políticos, sociológicos, incluso económicos; sin embargo, a los abogados nos interesan los aspectos jurídicos y, por tanto, requerimos considerar la Constitución como elemento jurídico, sin que ello implique desconocer que tiene otros aspectos; es decir, los abogados debemos analizar la Constitución principalmente como elemento jurídico, para poder aplicarla correctamente como tal y, a través de ello, coadyuvar con los demás elementos del sistema a que se logren los objetivos de otro tipo (económicos, culturales, sociológicos, democráticos, etc.).

Para lograr lo anterior, debemos partir de la base de que la Constitución es una norma jurídica y no cualquier norma, sino la principal

---

[1] Actos políticos entendidos como los que se realizan en ejercicio de los diversos elementos de poder social que permiten intervenir en el gobierno de los pueblos.

[2] No es la intención de este trabajo efectuar un análisis de las teorías constitucionales puesto que ello requiere uno o varios textos dedicados específicamente a ello; sólo tomaremos elementos básicos generalmente aceptados para poder efectuar el análisis de las reformas constitucionales de junio de 2011 en cuanto afectan al juicio de amparo.

del sistema en tanto que cumple varias funciones que, al final de cuentas, convergen en la idea de dar seguridad a los sujetos del sistema.

En este aspecto es necesario recordar que la idea de contar con una norma fundamental, escrita, comenzó en Inglaterra cuando los barones obligaron al rey a otorgar un documento en el que se regularan los límites de los poderes reales; desde ese momento, la idea que subyace en todo acto de otorgamiento de una Constitución es limitar el ejercicio del poder público para evitar abusos.

¿Cómo se logra la limitación del ejercicio del poder? Conjuntando varios elementos:

- Definiendo un conjunto de derechos básicos que toda la población puede exigir frente a las autoridades (parte dogmática)

- Definiendo la estructura básica de los órganos del Estado, asignándoles competencias diferenciadas y complementarias para evitar que una sola persona o grupo pueda ejercer todo o la mayor parte del poder público (parte orgánica).

- Estableciendo que la propia Constitución sea la norma fundamental o principal del sistema, lo que significa que ninguna otra norma del mismo debe contradecirla y que todos los operadores del sistema deben ajustar sus conductas a lo establecido en la Constitución (principio de supremacía constitucional).

Desafortunadamente, la historia ha demostrado que la sola definición de los derechos y las competencias de los órganos del Estado es insuficiente para que se respeten los derechos y las autoridades actúen siempre dentro de sus facultades, lo que ha originado la necesidad de complementar los dos elementos originales con instrumentos de control que aseguren el respeto a los derechos y el cumplimiento de las obligaciones que derivan para las autoridades de la asignación de sus respectivas competencias.[3]

La Constitución es una norma jurídica que define derechos y obligaciones para los diversos sujetos del sistema jurídico (gobernados y gobernantes) y, como ya se precisó, la función esencial de la Constitución dentro del sistema es proporcionar el elemento último de seguridad para todos los sujetos del sistema precisamente a través de la definición de los

---

[3] Al respecto, puede consultarse la explicación del desarrollo del Derecho Procesal Constitucional en el libro del Dr. Néstor Pedro Sagüés, "Derecho procesal constitucional", Astrea, Buenos Aires, 1981.

derechos y obligaciones esenciales que no deben ser alterados por ninguno de los operadores jurídicos.

En tanto todos y cada uno de los operadores del sistema ajuste su conducta a los límites establecidos en la Constitución, el funcionamiento del sistema se mantendrá dentro de los parámetros definidos soberanamente por el pueblo al otorgarse la Constitución.

La Constitución y los operadores jurídicos

El sistema jurídico es un conjunto de múltiples elementos (normas, sujetos, hechos, actos y situaciones) que se conjugan en cada momento de la vida social; la finalidad del sistema jurídico es regular la conducta humana para permitir la convivencia social y la consecución de los fines individuales y colectivos de la sociedad.

Como obra humana, el sistema jurídico requiere necesariamente de la intervención de seres humanos para su propia creación, modificación y funcionamiento, incluso para su extinción; cuando un ser humano participa en la creación, modificación, aplicación o extinción del sistema jurídico recibe el nombre de operador jurídico.

Derivado de la multiplicidad de actos que pueden realizarse dentro del sistema jurídico, tenemos una multiplicidad de operadores: por ejemplo, los particulares son operadores jurídicos cuando aplican las normas (consciente o inconscientemente) para comprar y vender, arrendar, transportarse, contratar en general y cumplir o incumplir sus obligaciones); las autoridades son operadores en tanto aplican las normas del sistema en el ejercicio de su facultades; la diferencia esencial entre los operadores públicos y los privados es que los primeros pueden imponer a los segundos los actos que realizan y sus consecuencias.

Entre los operadores públicos, con motivo del principio de división de poderes reconocido en prácticamente todas las Constituciones, se distinguen las funciones específicas que se asignan, por ejemplo, a los encargados de crear las leyes (función legislativa), administrar los recursos públicos (función administrativa), dirimir las controversias (función jurisdiccional), así como otras que se han agregado con el tiempo (funciones electorales, económicas, estadísticas, etc.).

Ahora bien, los operadores jurídicos, especialmente los operadores públicos, deben aplicar las normas del sistema y, para ello, deben interpretarlas, lo cual no representa ningún problema tratándose de normas secundarias (distintas a la Constitución), en tanto que, en nuestro caso, por ejemplo, el artículo 14 Constitucional prevé que los tribunales resuelvan conforme a la letra de la ley, a su interpretación jurídica y, a falta de ley, conforme a los principios generales del Derecho.

La posibilidad de interpretar la ley y de aplicar principios generales del derecho permite a los operadores, especialmente a los tribunales, crear nuevas normas, distintas de las inicialmente expresas en el sistema, que usan para resolver casos concretos que consideren no se ajustan a los supuestos de las normas preexistentes, facultad que deben ejercer conforme a los principios técnicos de la interpretación y de la aplicación de los referidos principios generales del Derecho.

Ahora bien, si partimos de la base de que la Constitución era una norma jurídica, debemos concluir que esa norma debe aplicarse y, para ello, debe interpretarse pero, ¿puede interpretarse como cualquier norma secundaria?

Es un tema trascendente para la definición de los alcances que deben tener las reformas constitucionales sobre derechos humanos y el juicio de amparo.

¿Cómo debe aplicarse o interpretarse la Constitución?

Cuando el artículo 14 Constitucional se refiere a que los tribunales resuelvan conforme a la letra de la ley o a su interpretación jurídica y, a falta de ella a los principios generales del Derecho, hace referencia a las leyes ordinarias, las creadas por el Poder Legislativo, lo que puede hacerse extensivo a las normas generales creadas por los demás operadores en ejercicio de sus respectivas competencias pero, ¿puede aplicarse esa posibilidad a la propia Constitución?

Debemos tener presente, en primer lugar, como ya comentamos, que la función esencial de la Constitución es proporcionar el último elemento de certeza y seguridad del sistema jurídico; es decir, la Constitución nos define los derechos y las obligaciones que ningún operador, incluyendo a los tribunales, bajo ninguna circunstancia, debe dejar de respetar y cumplir[4].

---

[4] Artículo 133. Esta Constitución, las leyes del Congreso de la Unión que emanen de ella y todos los Tratados que estén de acuerdo con la misma, celebrados y que se celebren por el Presidente de la República, con aprobación del Senado, serán la Ley Suprema de toda la Unión. Los jueces de cada Estado se arreglarán a dicha Constitución, leyes y tratados, a pesar de las disposiciones en contrario que pueda haber en las Constituciones o leyes de los Estados.

Lo anterior se confirma si consideramos que todo servidor público, incluyendo los titulares de los órganos jurisdiccionales o tribunales (que fungirá como operador jurídico al desempeñar sus funciones), antes de ejercer su encargo debe protestar guardar la Constitución y las leyes que emanan de ella[5].

Ahora bien, si se afirma que un tribunal debe sujetarse a la Constitución ello significa que debe acatar el texto constitucional, sin que su interpretación pueda incluir la posibilidad de distorsionar o cambiar una disposición expresa de la norma fundamental pues, de lo contrario, ésta dejaría de ser la norma máxima del sistema y se sustituiría por la norma que, vía *"interpretación"*, el tribunal generara lo que, además, implicaría que este último pudiera resolver sin ningún límite debido a que, si el tribunal se autoconcediera la facultad de determinar el sentido de una norma constitucional en contra de su texto, estaría colocándose de hecho sobre la propia norma constitucional y estaría, de hecho, reformándola, lo que resulta inadmisible debido a que, en último caso, es el texto constitucional el fundamento original de la competencia de los tribunales y, a su vez, el límite y elemento de control en el ejercicio de sus funciones; además, el artículo 135 de la propia Constitución establece cómo puede ser adicionada o reformada sin incluir la *"interpretación"* de los tribunales como una forma autorizada para ello[6].

Por la misma razón, no puede aceptarse que un tribunal resuelva en forma distinta a lo que establece el texto de la Constitución atendiendo a lo que considere que *"quiso decir"* el legislador constitucional pues, en ese caso, nuevamente se estaría substituyendo la norma constitucional por una nueva, distinta, determinada por lo que el tribunal considere que, hipotéticamente, quiso decir el legislador constitucional y, nuevamente, el tribunal estaría colocándose fuera del ámbito de control de la propia Constitución.

Con mayor razón tampoco puede aceptarse que un tribunal resuelva en forma distinta al texto de la Constitución en función de lo que considere

---

[5] Artículo 128.- Todo funcionario público, sin excepción alguna, antes de tomar posesión de su encargo, prestará la protesta de guardar la Constitución y las leyes que de ella emanen.

[6] Artículo 135.- La presente Constitución puede ser adicionada o reformada. Para que las adiciones o reformas lleguen a ser parte de la misma, se requiere que el Congreso de la Unión, por el voto de las dos terceras partes de los individuos presentes, acuerden las reformas o adiciones, y que éstas sean aprobadas por la mayoría de las legislaturas de los Estados.

El Congreso de la Unión o la Comisión Permanente en su caso, harán el cómputo de los votos de las Legislaturas y la declaración de haber sido aprobadas las adiciones o reformas.

que *"debió querer decir"* el legislador constitucional, pues el tribunal no puede substituirse en el ejercicio del poder constituyente o del reformador constitucional pues, por principio de cuentas, se insiste, debe sujetarse a la Constitución.

Mucho menos podría considerarse que un tribunal esté facultado para dejar de aplicar una disposición constitucional porque *"no le gusten las consecuencias"* que tal aplicación deba generar pues, una vez más, el tribunal tiene como límite y control de sus facultades precisamente a la propia Constitución.

Lo anterior conduce a considerar que, tratándose de la Constitución, el tribunal debe aplicarla atendiendo a su texto sin que, so pretexto de interpretarlo, pueda generar normas distintas a las previstas en el texto constitucional .

Tampoco puede un tribunal calificar de *"absurda"* una disposición constitucional ni, mucho menos, determinar que el legislador constitucional se haya *"equivocado"* o el texto plasmado en la Constitución *"sea erróneo"*, puesto que ello implicaría que el tribunal se colocara en posibilidad de calificar el contenido del texto constitucional y la actuación del legislador constitucional sin que la propia Constitución ni ninguna otra norma le autoricen tal facultad.

Lo anterior implica que los tribunales, al aplicar la Constitución, deben atender a su texto y, en todo caso, al significado de las palabras y frases empleadas en él sin que puedan, so pretexto de interpretar, cambiar la disposición constitucional pues, se insiste, dicho texto constituye, al final de cuentas, uno de los pocos límites y elementos de control reales que tienen los tribunales al dictar sus sentencias, lo que excluye la denominada *"interpretación extensiva"* o por *"analogía"*, que realmente constituye una forma de integración y no de interpretación en tanto crea una norma distinta a la original.

En conclusión, ningún tribunal (ni otro operador jurídico del sistema) debe poder generar normas contrarias al texto constitucional al interpretarlo; esto es, la interpretación de la Constitución debe hacerse en forma estricta puesto que su contenido constituye el origen de las facultades de los propios tribunales, a la vez que su fundamento esencial pero, precisamente por ello, el límite que no deben traspasar pues, de lo contrario, dejaría la Constitución de ser la norma suprema del sistema para convertirse sólo en una *"mera nomenclatura"*[7] que los tribunales podrían usar a su antojo, lo que conduciría a un estado de inseguridad puesto que no habría forma de controlar a los propios tribunales.

---

[7] La Suprema Corte de Justicia de la Nación ha considerado que, cuando resuelve que una ley es inconstitucional, califica "normas" y no "meras nomenclaturas", lo que puede aceptarse tratándose de normas secundarias porque también ellas deben ajustarse a la Constitución, pero esta misma no puede considerarse una "mera nomenclatura"

2. El juicio de amparo y la reforma constitucional publicada el 6 de junio de 2011

El 6 de junio de 2011 se publicó en el Diario Oficial de la Federación un decreto de reformas a los artículos 94, 103, 104 y 107 de la Constitución Política de los Estados Unidos Mexicanos.

Dicha reforma es de trascendental importancia para la estructura y funcionamiento del sistema jurídico mexicano en virtud de que los artículos reformados contienen, esencialmente, la regulación del juicio de amparo, institución que ha servido, históricamente, como elemento de control de constitucionalidad de los actos de prácticamente todas las autoridades de nuestro país, al grado que constituye un referente necesario al analizar la estructura de nuestro sistema jurídico y, al mismo tiempo, una institución de gran reconocimiento y estima popular.

A diferencia de otras instituciones, el juicio de amparo está regulado en sus características esenciales directamente en el texto constitucional, lo que presenta ventajas y desventajas: por un lado, la regulación constitucional directa permite garantizar que el legislador ordinario no pueda eliminar el medio de control ni tampoco pueda limitarlo en forma exagerada puesto que tiene que cumplir con los lineamientos básicos establecidos en la propia Constitución; sin embargo, la desventaja que también se produce con esta estructura es que las limitaciones que el texto constitucional establezca tampoco podrían ser fácilmente superadas por la legislación ordinaria, lo que podría ocasionar una rigidez extrema y una posible paralización en la evolución del medio de control.

Para poder determinar las consecuencias de la reforma constitucional es necesario comparar el texto anterior de los artículos 103 y 107 de nuestra Carta Magna con la nueva redacción que entrará en vigor a partir del 4 de octubre de 2011.[8]

El siguiente cuadro comparativo permite apreciar los cambios en el texto constitucional; los párrafos que no fueron modificados se indican con puntos suspensivos (…) para mostrar sólo las modificaciones, subrayándose los elementos nuevos del texto.

---

[8] En este trabajo centraremos los comentarios sobre las reformas que afectan directamente al juicio de amparo; en los apéndices puede leerse el texto íntegro del decreto de reformas así como el publicado el 10 de junio de 2011, relativo al cambio en la referencia a garantías individuales a derechos humanos y sus garantías.

TEXTO ANTERIOR	TEXTO NUEVO
Artículo 94. Se deposita el ejercicio del Poder Judicial de la Federación en una Suprema Corte de Justicia, en un Tribunal Electoral, en Tribunales Colegiados y Unitarios de Circuito y en Juzgados de Distrito.	**Artículo 94**. ...
La administración, vigilancia y disciplina del Poder Judicial de la Federación, con excepción de la Suprema Corte de Justicia de la Nación, estarán a cargo del Consejo de la Judicatura Federal en los términos que, conforme a las bases que señala esta Constitución, establezcan las leyes.	...
La Suprema Corte de Justicia de la Nación se compondrá de once Ministros y funcionará en Pleno o en Salas.	...
En los términos que la ley disponga las sesiones del Pleno y de las Salas serán públicas, y por excepción secretas en los casos en que así lo exijan la moral o el interés público.	...
La competencia de la Suprema Corte, su funcionamiento en Pleno y Salas, la competencia de los Tribunales de Circuito, de los Juzgados de Distrito y del Tribunal Electoral, así como las responsabilidades en que incurran los servidores públicos del Poder Judicial de la Federación, se regirán por lo que dispongan las leyes, de conformidad con las bases que esta Constitución establece.	...
El Consejo de la Judicatura Federal determinará el número, división en circuitos, competencia territorial y, en su caso, especialización por materia, de los Tribunales Colegiados y Unitarios de Circuito y de los Juzgados de Distrito.	...

	Asimismo, mediante acuerdos generales establecerá Plenos de Circuito, atendiendo al número y especialización de los Tribunales Colegiados que pertenezcan a cada Circuito. Las leyes determinarán su integración y funcionamiento.
El Pleno de la Suprema Corte de Justicia estará facultado para expedir acuerdos generales, a fin de lograr una adecuada distribución entre las Salas de los asuntos que competa conocer a la Corte, así como remitir a los Tribunales Colegiados de Circuito, para mayor prontitud en el despacho de los asuntos, aquéllos en los que hubiera establecido jurisprudencia o los que, conforme a los referidos acuerdos, la propia corte determine para una mejor impartición de justicia. Dichos acuerdos surtirán efectos después de publicados.	El Pleno de la Suprema Corte de Justicia estará facultado para expedir acuerdos generales, a fin de lograr una adecuada distribución entre las Salas de los asuntos que competa conocer a la Corte, así como remitir a los Tribunales Colegiados de Circuito, para mayor prontitud en el despacho de los asuntos, aquéllos en los que hubiera establecido jurisprudencia o los que, conforme a los referidos acuerdos, la propia Corte determine para una mejor impartición de justicia. Dichos acuerdos surtirán efectos después de publicados.
	Los juicios de amparo, las controversias constitucionales y las acciones de inconstitucionalidad se substanciarán y resolverán de manera prioritaria cuando alguna de las Cámaras del Congreso, a través de su presidente, o el Ejecutivo Federal, por conducto del consejero jurídico del gobierno, justifique la urgencia atendiendo al interés social o al orden público, en los términos de lo dispuesto por las leyes reglamentarias.
La ley fijará los términos en que sea obligatoria la jurisprudencia que establezcan los tribunales del Poder Judicial de la Federación sobre interpretación de la Constitución, leyes y reglamentos federales o locales y tratados internacionales celebrados por el Estado Mexicano, así como los requisitos para su interrupción y modificación.	La ley fijará los términos en que sea obligatoria la jurisprudencia que establezcan los Tribunales del Poder Judicial de la Federación y los Plenos de Circuito sobre la interpretación de la Constitución y normas generales, así como los requisitos para su interrupción y sustitución.
La remuneración que perciban por sus servicios los Ministros de la Suprema Corte, los Magistrados de Circuito, los Jueces de Distrito y los Consejeros de la Judicatura Federal, así como los	La remuneración que perciban por sus servicios los Ministros de la Suprema Corte, los Magistrados de Circuito, los Jueces de Distrito y los Consejeros de la Judicatura Federal, así como los

Magistrados Electorales, no podrá ser disminuida durante su encargo. Los Ministros de la Suprema Corte de Justicia durarán en su encargo quince años, sólo podrán ser removidos del mismo en los términos del Título Cuarto de esta Constitución y, al vencimiento de su período, tendrán derecho a un haber por retiro. Ninguna persona que haya sido Ministro podrá ser nombrada para un nuevo período, salvo que hubiera ejercido el cargo con el carácter de provisional o interino.	Magistrados Electorales, no podrá ser disminuida durante su encargo. Los Ministros de la Suprema Corte de Justicia durarán en su encargo quince años, sólo podrán ser removidos del mismo en los términos del Título Cuarto de esta Constitución y, al vencimiento de su periodo, tendrán derecho a un haber por retiro. Ninguna persona que haya sido ministro podrá ser nombrada para un nuevo periodo, salvo que hubiera ejercido el cargo con el carácter de provisional o interino.
Artículo 103. Los tribunales de la Federación resolverán toda controversia que se suscite: I.- Por leyes o actos de la autoridad que viole las garantías individuales.	**Artículo 103.** Los Tribunales de la Federación resolverán toda controversia que se suscite: I. Por normas generales, actos u omisiones de la autoridad que violen los derechos humanos reconocidos y las garantías otorgadas para su protección por esta Constitución, así como por los tratados internacionales de los que el Estado Mexicano sea parte;
II.- Por leyes o actos de la autoridad federal que vulneren o restrinjan la soberanía de los Estados o la esfera de competencia del Distrito Federal, y III.- Por leyes o actos de las autoridades de los Estados o del Distrito Federal que invadan la esfera de competencia de la autoridad federal.	II. Por normas generales o actos de la autoridad federal que vulneren o restrinjan la soberanía de los estados o la esfera de competencia del Distrito Federal, y III. Por normas generales o actos de las autoridades de los Estados o del Distrito Federal que invadan la esfera de competencia de la autoridad federal.
Artículo 104.- Corresponde a los Tribunales de la Federación conocer: I.- De todas las controversias del orden	**Artículo 104.** Los Tribunales de la Federación conocerán: I. De los procedimientos relacionados con delitos del orden federal; II. De todas las controversias del orden

civil o <u>criminal</u> que se susciten sobre el cumplimiento y aplicación de leyes federales o de los tratados internacionales celebrados por el Estado Mexicano. <u>Cuando dichas controversias sólo afecten intereses particulares, podrán conocer también de ellas, a elección del actor, los jueces y tribunales del orden común de los Estados y del Distrito Federal.</u> Las sentencias de primera instancia podrán ser apelables <u>para ante</u> el superior inmediato del juez que conozca del asunto en primer grado.

<u>I-B</u>.- De los recursos de revisión que se interpongan contra las resoluciones definitivas de los tribunales de lo contencioso-administrativo a que se refieren la fracción XXIX-H del artículo 73 y fracción IV, inciso e) del artículo 122 de esta Constitución, sólo en los casos que señalen las leyes. Las revisiones, de las cuales conocerán los Tribunales Colegiados de Circuito, se sujetarán a los trámites que la ley reglamentaria de los artículos 103 y 107 de esta Constitución fije para la revisión en amparo indirecto, y en contra de las resoluciones que en ellas dicten los Tribunales Colegiados de Circuito no procederá juicio o recurso alguno;

II.- De todas las controversias que versen sobre derecho marítimo;

III.- De aquellas en que la Federación fuese parte;

IV.- De las controversias y de las acciones a que se refiere el artículo 105, mismas que serán del conocimiento exclusivo de la Suprema Corte de Justicia de la Nación;

V.- De las que surjan entre un Estado y uno o más vecinos de otro, y

VI.- De los casos concernientes a miembros del Cuerpo Diplomático y Consular.

civil o <u>mercantil</u> que se susciten sobre el cumplimiento y aplicación de leyes federales o de los tratados internacionales celebrados por el Estado Mexicano. <u>A elección del actor y cuando sólo se afecten intereses particulares, podrán conocer de ellas, los jueces y tribunales del orden común.</u>

Las sentencias de primera instancia podrán ser apelables <u>ante</u> el superior inmediato del juez que conozca del asunto en primer grado;

III. De los recursos de revisión que se interpongan contra las resoluciones definitivas de los tribunales de lo contencioso-administrativo a que se refieren la fracción XXIX-H del artículo 73 y fracción IV, inciso e) del artículo 122 de esta Constitución, sólo en los casos que señalen las leyes. Las revisiones, de las cuales conocerán los Tribunales Colegiados de Circuito, se sujetarán a los trámites que la ley reglamentaria de los artículos 103 y 107 de esta Constitución fije para la revisión en amparo indirecto, y en contra de las resoluciones que en ellas dicten los Tribunales Colegiados de Circuito no procederá juicio o recurso alguno;

IV. De todas las controversias que versen sobre derecho marítimo;

V. De aquellas en que la Federación fuese parte;

VI. De las controversias y de las acciones a que se refiere el artículo 105, mismas que serán del conocimiento exclusivo de la Suprema Corte de Justicia de la Nación;

VII. De las que surjan entre un Estado y uno o más vecinos de otro, y

VIII. De los casos concernientes a miembros del Cuerpo Diplomático y Consular.

Artículo 107. Todas las controversias de que habla el Artículo 103 se sujetarán a los <u>procedimientos y formas del orden jurídico</u> que determine la <u>ley</u>, de acuerdo <u>a</u> las bases siguientes:

I.- El juicio de amparo se seguirá siempre a instancia de <u>parte agraviada</u>.

II.- <u>La sentencia será siempre tal, que sólo se ocupe de individuos particulares</u>, limitándose a ampararlos y protegerlos <u>en el caso especial sobre el que verse la queja, sin hacer una declaración general respecto de la ley o acto que la motivare.</u>

Artículo 107. Las controversias de que habla el artículo 103 de esta Constitución, <u>con excepción de aquellas en materia electoral</u>, se sujetarán a los <u>procedimientos</u> que determine la <u>ley reglamentaria</u>, de acuerdo <u>con</u> las bases siguientes:

I. El juicio de amparo se seguirá siempre a instancia de <u>parte agraviada, teniendo tal carácter quien aduce ser titular de un derecho o de un interés legítimo individual o colectivo, siempre que alegue que el acto reclamado viola los derechos reconocidos por esta Constitución y con ello se afecte su esfera jurídica, ya sea de manera directa o en virtud de su especial situación frente al orden jurídico.</u>

<u>Tratándose de actos o resoluciones provenientes de tribunales judiciales, administrativos o del trabajo, el quejoso deberá aducir ser titular de un derecho subjetivo que se afecte de manera personal y directa;</u>

II. <u>Las sentencias que se pronuncien en los juicios de amparo sólo se ocuparán de los quejosos que lo hubieren solicitado</u>, limitándose a ampararlos y protegerlos, <u>si procediere, en el caso especial sobre el que verse la demanda.</u>

<u>Cuando en los juicios de amparo indirecto en revisión se resuelva la inconstitucionalidad de una norma general por segunda ocasión consecutiva, la Suprema Corte de Justicia de la Nación lo informará a la autoridad emisora correspondiente.</u>

<u>Cuando los órganos del Poder Judicial de la Federación establezcan jurisprudencia por reiteración en la cual se determine la inconstitucionalidad de una norma general, la Suprema Corte</u>

de Justicia de la Nación lo notificará a la autoridad emisora. Transcurrido el plazo de 90 días naturales sin que se supere el problema de inconstitucionalidad, la Suprema Corte de Justicia de la Nación emitirá, siempre que fuere aprobada por una mayoría de cuando menos ocho votos, la declaratoria general de inconstitucionalidad, en la cual se fijarán sus alcances y condiciones en los términos de la ley reglamentaria.

Lo dispuesto en los dos párrafos anteriores no será aplicable a normas generales en materia tributaria.

En el juicio de amparo deberá suplirse la deficiencia de la queja de acuerdo con lo que disponga la Ley Reglamentaria de los Artículos 103 y 107 de esta Constitución.

En el juicio de amparo deberá suplirse la deficiencia de los conceptos de violación o agravios de acuerdo con lo que disponga la ley reglamentaria.

Cuando se reclamen actos que tengan o puedan tener como consecuencia privar de la propiedad o de la posesión y disfrute de sus tierras, aguas, pastos y montes a los ejidos o a los núcleos de población que de hecho o por derecho guarden el estado comunal, o a los ejidatarios o comuneros, deberán recabarse de oficio todas aquellas pruebas que puedan beneficiar a las entidades o individuos mencionados y acordarse las diligencias que se estimen necesarias para precisar sus derechos agrarios, así como la naturaleza y efectos de los actos reclamados.

Cuando se reclamen actos que tengan o puedan tener como consecuencia privar de la propiedad o de la posesión y disfrute de sus tierras, aguas, pastos y montes a los ejidos o a los núcleos de población que de hecho o por derecho guarden el estado comunal, o a los ejidatarios o comuneros, deberán recabarse de oficio todas aquellas pruebas que puedan beneficiar a las entidades o individuos mencionados y acordarse las diligencias que se estimen necesarias para precisar sus derechos agrarios, así como la naturaleza y efectos de los actos reclamados.

En los juicios a que se refiere el párrafo anterior no procederán, en perjuicio de los núcleos ejidales o comunales, o de los ejidatarios o comuneros, el sobreseimiento por inactividad procesal ni la caducidad de la instancia, pero uno y otra sí podrán decretarse en su beneficio. Cuando se reclamen actos que afecten los derechos colectivos del núcleo tampoco procederán el desistimiento ni el consentimiento expreso de los propios actos, salvo que

En los juicios a que se refiere el párrafo anterior no procederán, en perjuicio de los núcleos ejidales o comunales, o de los ejidatarios o comuneros, el sobreseimiento por inactividad procesal ni la caducidad de la instancia, pero uno y otra sí podrán decretarse en su beneficio. Cuando se reclamen actos que afecten los derechos colectivos del núcleo tampoco procederán desistimiento ni el consentimiento expreso de los propios actos, salvo que el primero sea acordado por la Asamblea General o el segundo emane de ésta.

III.- Cuando se reclamen actos de tribunales judiciales, administrativos o del trabajo, el amparo sólo procederá en los casos siguientes:

a).- Contra sentencias definitivas o laudos y resoluciones que pongan fin al juicio, respecto de las cuales no proceda ningún recurso ordinario por el que puedan ser modificados o reformados, ya sea que la violación se cometa en ellos o que, cometida durante el procedimiento, afecte a las defensas del quejoso, trascendiendo al resultado del fallo; siempre que en materia civil haya sido impugnada la violación en el curso del procedimiento mediante el recurso ordinario establecido por la ley e invocada como agravio en la segunda instancia, si se cometió en la primera. Estos requisitos no serán exigibles en el amparo contra sentencias dictadas en controversias sobre acciones del estado civil o que afecten al orden y a la estabilidad de la familia;

---

el primero sea acordado por la Asamblea General o el segundo emane de ésta;

III. ...

a) Contra sentencias definitivas, laudos y resoluciones que pongan fin al juicio, ya sea que la violación se cometa en ellos o que, cometida durante el procedimiento, afecte las defensas del quejoso trascendiendo al resultado del fallo. En relación con el amparo al que se refiere este inciso y la fracción V de este artículo, el Tribunal Colegiado de Circuito deberá decidir respecto de todas las violaciones procesales que se hicieron valer y aquéllas que, cuando proceda, advierta en suplencia de la queja, y fijará los términos precisos en que deberá pronunciarse la nueva resolución. Si las violaciones procesales no se invocaron en un primer amparo, ni el Tribunal Colegiado correspondiente las hizo valer de oficio en los casos en que proceda la suplencia de la queja, no podrán ser materia de concepto de violación, ni de estudio oficioso en juicio de amparo posterior.

La parte que haya obtenido sentencia favorable y la que tenga interés jurídico en que subsista el acto reclamado, podrá presentar amparo en forma adhesiva al que promueva cualquiera de las partes que intervinieron en el juicio del que emana el acto reclamado. La ley determinará la forma y términos en que deberá promoverse.

Para la procedencia del juicio deberán agotarse previamente los recursos ordinarios que se establezcan en la ley de la materia, por virtud de los cuales aquellas sentencias definitivas, laudos y resoluciones puedan ser modificados o revocados, salvo el caso en que la ley permita la renuncia de los recursos.

	Al reclamarse la sentencia definitiva, laudo o resolución que ponga fin al juicio, deberán hacerse valer las violaciones a las leyes del procedimiento, siempre y cuando el quejoso las haya impugnado durante la tramitación del juicio mediante el recurso o medio de defensa que, en su caso, señale la ley ordinaria respectiva. Este requisito no será exigible en amparos contra actos que afecten derechos de menores o incapaces, al estado civil, o al orden o estabilidad de la familia, ni en los de naturaleza penal promovidos por el sentenciado;
b).- Contra actos en juicio cuya ejecución sea de imposible reparación, fuera de juicio o después de concluido, una vez agotados los recursos que en su caso procedan, y	b) ...
c).- Contra actos que afecten a personas extrañas al juicio.	c) ...
IV.- En materia administrativa el amparo procede, además, contra resoluciones que causen agravio no reparable mediante algún recurso, juicio o medio de defensa legal. No será necesario agotar éstos cuando la ley que los establezca exija, para otorgar la suspensión del acto reclamado, mayores requisitos que los que la Ley Reglamentaria del Juicio de Amparo requiera como condición para decretar esa suspensión.	IV. En materia administrativa el amparo procede, además, contra actos u omisiones que provengan de autoridades distintas de los tribunales judiciales, administrativos o del trabajo, y que causen agravio no reparable mediante algún medio de defensa legal. Será necesario agotar estos medios de defensa siempre que conforme a las mismas leyes se suspendan los efectos de dichos actos de oficio o mediante la interposición del juicio, recurso o medio de defensa legal que haga valer el agraviado, con los mismos alcances que los que prevé la ley reglamentaria y sin exigir mayores requisitos que los que la misma consigna para conceder la suspensión definitiva, ni plazo mayor que el que establece para el otorgamiento de la suspensión provisional, independientemente de que el acto en sí mismo considerado sea o no susceptible de ser suspendido de acuerdo con dicha ley.

	No existe obligación de agotar tales recursos o medios de defensa si el acto reclamado carece de fundamentación o cuando sólo se aleguen violaciones directas a esta Constitución;
V.- El amparo contra sentencias definitivas o laudos y resoluciones que pongan fin al juicio, sea que la violación se cometa durante el procedimiento o en la sentencia misma, se promoverá ante el tribunal colegiado de circuito que corresponda, conforme a la distribución de competencias que establezca la Ley Orgánica del Poder Judicial de la Federación, en los casos siguientes:	V. El amparo contra sentencias definitivas, laudos o resoluciones que pongan fin al juicio se promoverá ante el Tribunal Colegiado de Circuito competente de conformidad con la ley, en los casos siguientes:
a).- En materia penal, contra resoluciones definitivas dictadas por tribunales judiciales, sean éstos federales, del orden común o militares.	a) ...
b).- En materia administrativa, cuando se reclamen por particulares sentencias definitivas y resoluciones que ponen fin al juicio dictadas por tribunales administrativos o judiciales, no reparables por algún recurso, juicio o medio ordinario de defensa legal.	b) ...
c).- En materia civil, cuando se reclamen sentencias definitivas dictadas en juicios del orden federal o en juicios mercantiles, sea federal o local la autoridad que dicte el fallo, o en juicios del orden común.	c) ...
En los juicios civiles del orden federal las sentencias podrán ser reclamadas en amparo por cualquiera de las partes, incluso por la Federación, en defensa de sus intereses patrimoniales, y	...
d).- En materia laboral, cuando se reclamen laudos dictados por las Juntas Locales o la Federal de Conciliación y Arbitraje, o por el Tribunal Federal de Conciliación y Arbitraje de los Trabajadores al Servicio del Estado.	d) ...

La Suprema Corte de Justicia, de oficio o a petición fundada del correspondiente Tribunal Colegiado de Circuito, o del Procurador General de la República, podrá conocer de los amparos directos que por su interés y trascendencia así lo ameriten.

VI.- En los casos a que se refiere la fracción anterior, la <u>ley reglamentaria de los artículos 103 y 107 de esta Constitución</u> señalará el <u>trámite</u> y los términos a que deberán someterse los tribunales colegiados de circuito y, en su caso, la <u>Suprema Corte de Justicia</u>, para dictar sus respectivas resoluciones.

VII.- El amparo contra actos en juicio, fuera de juicio o después de concluido, o que afecten a personas extrañas al juicio, contra <u>leyes</u> o contra actos de autoridad administrativa, se interpondrá ante el juez de Distrito bajo cuya jurisdicción se encuentre el lugar en que el acto reclamado se ejecute o trate de ejecutarse, y su tramitación se limitará al informe de la autoridad, a una audiencia para la que se citará en el mismo auto en el que se mande pedir el informe y se recibirán las pruebas que las partes interesadas ofrezcan y oirán los alegatos, pronunciándose en la misma audiencia la sentencia.

VIII.- Contra las sentencias que pronuncien en amparo los Jueces de Distrito o los Tribunales Unitarios de Circuito procede revisión. De ella conocerá la Suprema Corte de Justicia:

a) Cuando habiéndose impugnado en la demanda de amparo, por estimarlos directamente violatorios de esta Constitución, <u>leyes federales o locales, tratados internacionales, reglamentos expedidos por el Presidente de la República de acuerdo con la fracción I del Artículo 89 de esta Constitución y</u>

...

VI. En los casos a que se refiere la fracción anterior, la <u>ley reglamentaria</u> señalará el <u>procedimiento</u> y los términos a que deberán someterse los Tribunales Colegiados de Circuito y, en su caso, la <u>Suprema Corte de Justicia de la Nación</u> para dictar sus resoluciones;

VII. El amparo contra actos u omisiones en juicio, fuera de juicio o después de concluido, o que afecten a personas extrañas al juicio, contra <u>normas generales</u> o contra actos <u>u omisiones</u> de autoridad administrativa, se interpondrá ante el Juez de Distrito bajo cuya jurisdicción se encuentre el lugar en que el acto reclamado se ejecute o trate de ejecutarse, y su tramitación se limitará al informe de la autoridad, a una audiencia para la que se citará en el mismo auto en el que se mande pedir el informe y se recibirán las pruebas que las partes interesadas ofrezcan y oirán los alegatos, pronunciándose en la misma audiencia la sentencia;

VIII. ...

a) Cuando habiéndose impugnado en la demanda de amparo <u>normas generales</u> por estimarlas directamente violatorias de esta Constitución, subsista en el recurso el problema de constitucionalidad.

reglamentos de leyes locales expedidos por los gobernadores de los Estados o por el Jefe del Distrito Federal, subsista en el recurso el problema de constitucionalidad;	
b) Cuando se trate de los casos comprendidos en las fracciones II y III del artículo 103 de esta Constitución.	b) ...
La Suprema Corte de Justicia, de oficio o a petición fundada del correspondiente Tribunal Colegiado de Circuito, o del Procurador General de la República, podrá conocer de los amparos en revisión, que por su interés y trascendencia así lo ameriten.	...
En los casos no previstos en los párrafos anteriores, conocerán de la revisión los tribunales colegiados de circuito y sus sentencias no admitirán recurso alguno.	...
IX.- Las resoluciones que en materia de amparo directo pronuncien los Tribunales Colegiados de Circuito no admiten recurso alguno, a menos de que decidan sobre la inconstitucionalidad de una ley o establezcan la interpretación directa de un precepto de la Constitución cuya resolución, a juicio de la Suprema Corte de Justicia y conforme a acuerdos generales, entrañe la fijación de un criterio de importancia y trascendencia. Sólo en esta hipótesis procederá la revisión ante la Suprema Corte de Justicia, limitándose la materia del recurso exclusivamente a la decisión de las cuestiones propiamente constitucionales.	IX. En materia de amparo directo procede el recurso de revisión en contra de las sentencias que resuelvan sobre la constitucionalidad de normas generales, establezcan la interpretación directa de un precepto de esta Constitución u omitan decidir sobre tales cuestiones cuando hubieren sido planteadas, siempre que fijen un criterio de importancia y trascendencia, según lo disponga la Suprema Corte de Justicia de la Nación, en cumplimiento de los acuerdos generales del Pleno. La materia del recurso se limitará a la decisión de las cuestiones propiamente constitucionales, sin poder comprender otras;
X.- Los actos reclamados podrán ser objeto de suspensión en los casos y mediante las condiciones y garantías que determine la ley, para lo cual se tomará en cuenta la naturaleza de la violación alegada, la dificultad de reparación de los daños y perjuicios que pueda sufrir el agraviado con su ejecución, los que la suspensión origine	X. Los actos reclamados podrán ser objeto de suspensión en los casos y mediante las condiciones que determine la ley reglamentaria, para lo cual el órgano jurisdiccional de amparo, cuando la naturaleza del acto lo permita, deberá realizar un análisis ponderado de la apariencia del buen derecho y del interés social.

a terceros perjudicados y el interés público.

Dicha suspensión deberá otorgarse respecto de las sentencias definitivas en materia penal al comunicarse la interposición del amparo, y <u>en materia civil</u>, mediante <u>fianza</u> que dé el quejoso para responder de los daños y perjuicios que tal suspensión <u>ocasionare, la cual quedará sin efecto si la otra parte da contrafianza</u> para asegurar la reposición de las cosas al estado que guardaban si se concediese el amparo, y a pagar los daños y perjuicios consiguientes.	Dicha suspensión deberá otorgarse respecto de las sentencias definitivas en materia penal al comunicarse la <u>promoción</u> del amparo, y <u>en las materias</u> civil, <u>mercantil y administrativa</u>, mediante <u>garantía</u> que dé el quejoso para responder de los daños y perjuicios que tal suspensión <u>pudiere ocasionar al tercero interesado. La suspensión quedará sin efecto si éste último da contragarantía</u> para asegurar la reposición de las cosas al estado que guardaban si se concediese el amparo y a pagar los daños y perjuicios consiguientes;
XI.- <u>La suspensión se pedirá ante la autoridad responsable cuando se trate de amparos directos promovidos ante los Tribunales Colegiados de Circuito y la propia autoridad responsable decidirá al respecto. En todo caso, el agraviado deberá presentar la demanda de amparo ante la propia autoridad responsable, acompañando copias de la demanda para las demás partes en el juicio, incluyendo al Ministerio Público y una para el expediente. En los demás casos, conocerán y resolverán sobre la suspensión los Juzgados de Distrito o los Tribunales Unitarios de Circuito.</u>	XI. <u>La demanda de amparo directo se presentará ante la autoridad responsable, la cual decidirá sobre la suspensión. En los demás casos la demanda se presentará ante los Juzgados de Distrito o los Tribunales Unitarios de Circuito los cuales resolverán sobre la suspensión, o ante los tribunales de los Estados en los casos que la ley lo autorice;</u>
XII.- La violación de las garantías de los artículos 16, en materia penal, 19 y 20 se reclamará ante el superior del tribunal que la cometa, o ante el Juez de Distrito o Tribunal Unitario de Circuito que corresponda, pudiéndose recurrir, en uno y otro caso, las resoluciones que se pronuncien, en los términos prescritos por la fracción VIII.	XII. ...
Si el Juez de Distrito o el Tribunal Unitario de Circuito no residieren en el mismo lugar en que reside la autoridad responsable, la ley determinará el juez o tribunal ante el que se ha de presentar el escrito de amparo, el que	...

podrá suspender provisionalmente el acto reclamado, en los casos y términos que la misma ley establezca.

XIII.- Cuando los Tribunales Colegiados de Circuito sustenten tesis contradictorias en los juicios de amparo de su competencia, los Ministros de la Suprema Corte de Justicia, el Procurador General de la República, los mencionados Tribunales o las partes que intervinieron en los juicios en que dichas tesis fueron sustentadas, podrán denunciar la contradicción ante la Suprema Corte de Justicia, a fin de que el Pleno o la Sala respectiva, según corresponda, decidan la tesis que debe prevalecer como jurisprudencia.

XIII. Cuando los Tribunales Colegiados de un mismo Circuito sustenten tesis contradictorias en los juicios de amparo de su competencia, el Procurador General de la República, los mencionados tribunales y sus integrantes, los Jueces de Distrito o las partes en los asuntos que los motivaron podrán denunciar la contradicción ante el Pleno del Circuito correspondiente, a fin de que decida la tesis que debe prevalecer como jurisprudencia.

Cuando los Plenos de Circuito de distintos Circuitos, los Plenos de Circuito en materia especializada de un mismo Circuito o los Tribunales Colegiados de un mismo Circuito con diferente especialización sustenten tesis contradictorias al resolver las contradicciones o los asuntos de su competencia, según corresponda, los Ministros de la Suprema Corte de Justicia de la Nación, los mismos Plenos de Circuito, así como los órganos a que se refiere el párrafo anterior, podrán denunciar la contradicción ante la Suprema Corte de Justicia, con el objeto de que el Pleno o la Sala respectiva, decida la tesis que deberá prevalecer.

Cuando las Salas de la Suprema Corte de Justicia sustenten tesis contradictorias en los juicios de amparo materia de su competencia, cualquiera de esas Salas, el Procurador General de la República o las partes que intervinieron en los juicios en que tales tesis hubieran sido sustentadas, podrán denunciar la contradicción ante la Suprema Corte de Justicia, que funcionando en pleno decidirá cuál tesis debe prevalecer.

Cuando las Salas de la Suprema Corte de Justicia de la Nación sustenten tesis contradictorias en los juicios de amparo cuyo conocimiento les competa, los ministros, los Tribunales Colegiados de Circuito y sus integrantes, los Jueces de Distrito, el Procurador General de la República o las partes en los asuntos que las motivaron, podrán denunciar la contradicción ante el Pleno de la Suprema Corte, conforme a la ley reglamentaria, para que éste resuelva la contradicción.

La resolución que pronuncien <u>las Salas o el Pleno de la Suprema Corte en los casos a que se refieren los dos párrafos anteriores</u>, sólo tendrá el efecto de fijar la jurisprudencia y no afectará las situaciones jurídicas concretas derivadas de las sentencias dictadas en los juicios en que hubiese ocurrido la contradicción, <u>y</u>	Las resoluciones que pronuncien <u>el Pleno o las Salas de la Suprema Corte de Justicia así como los Plenos de Circuito conforme a los párrafos anteriores</u>, sólo tendrá<u>n</u> el efecto de fijar la jurisprudencia y no afectar<u>án</u> las situaciones jurídicas concretas derivadas de las sentencias dictadas en los juicios en que hubiese ocurrido la contradicción;
XIV.- <u>Salvo lo dispuesto en el párrafo final de la fracción II de este artículo, se decretará el sobreseimiento del amparo o la caducidad de la instancia por inactividad del quejoso o del recurrente, respectivamente, cuando el acto reclamado sea del orden civil o administrativo, en los casos y términos que señale la ley reglamentaria. La caducidad de la instancia dejará firme la sentencia recurrida.</u>	XIV. <u>Se deroga;</u>
XV.- El Procurador General de la República o el Agente del Ministerio Público Federal que al efecto designare, será parte en todos los juicios de amparo; pero podrán abstenerse de intervenir en dichos juicios, cuando el caso de que se trate carezca a su juicio, de interés público.	XV. ...
XVI.- <u>Si concedido el amparo la autoridad responsable insistiere en la repetición del acto reclamado o tratare de eludir la sentencia de la autoridad federal, y la Suprema Corte de Justicia estima que es inexcusable el incumplimiento, dicha autoridad será inmediatamente separada de su cargo y consignada al Juez de Distrito que corresponda. Si fuere excusable, previa declaración de incumplimiento o repetición, la Suprema Corte requerirá a la responsable y le otorgará un plazo prudente para que ejecute la sentencia. Si la autoridad no ejecuta la sentencia en el término concedido, la Suprema Corte de Justicia procederá en los términos primeramente señalados.</u>	XVI. <u>Si la autoridad incumple la sentencia que concedió el amparo, pero dicho incumplimiento es justificado, la Suprema Corte de Justicia de la Nación, de acuerdo con el procedimiento previsto por la ley reglamentaria, otorgará un plazo razonable para que proceda a su cumplimiento, plazo que podrá ampliarse a solicitud de la autoridad. Cuando sea injustificado o hubiera transcurrido el plazo sin que se hubiese cumplido, procederá a separar de su cargo al titular de la autoridad responsable y a consignarlo ante el Juez de Distrito. Las mismas providencias se tomarán respecto del superior jerárquico de la autoridad responsable si hubiese incurrido en responsabilidad, así como de los</u>

	titulares que, habiendo ocupado con anterioridad el cargo de la autoridad responsable, hubieran incumplido la ejecutoria.
	Si concedido el amparo, se repitiera el acto reclamado, la Suprema Corte de Justicia de la Nación, de acuerdo con el procedimiento establecido por la ley reglamentaria, procederá a separar de su cargo al titular de la autoridad responsable, y dará vista al Ministerio Público Federal, salvo que no hubiera actuado dolosamente y deje sin efectos el acto repetido antes de que sea emitida la resolución de la Suprema Corte de Justicia de la Nación.
Cuando la naturaleza del acto lo permita, la Suprema Corte de Justicia, una vez que hubiera determinado el incumplimiento o repetición del acto reclamado, podrá disponer de oficio el cumplimiento substituto de las sentencias de amparo, cuando su ejecución afecte gravemente a la sociedad o a terceros en mayor proporción que los beneficios económicos que pudiera obtener el quejoso. Igualmente, el quejoso podrá solicitar ante el órgano que corresponda, el cumplimiento substituto de la sentencia de amparo, siempre que la naturaleza del acto lo permita.	El cumplimiento substituto de las sentencias de amparo podrá ser solicitado por el quejoso al órgano jurisdiccional, o decretado de oficio por la Suprema Corte de Justicia de la Nación, cuando la ejecución de la sentencia afecte a la sociedad en mayor proporción a los beneficios que pudiera obtener el quejoso, o cuando, por las circunstancias del caso, sea imposible o desproporcionadamente gravoso restituir la situación que imperaba antes de la violación. El incidente tendrá por efecto que la ejecutoria se dé por cumplida mediante el pago de daños y perjuicios al quejoso. Las partes en el juicio podrán acordar el cumplimiento substituto mediante convenio sancionado ante el propio órgano jurisdiccional.
La inactividad procesal o la falta de promoción de parte interesada, en los procedimientos tendientes al cumplimiento de las sentencias de amparo, producirá su caducidad en los términos de la ley reglamentaria.	No podrá archivarse juicio de amparo alguno, sin que se haya cumplido la sentencia que concedió la protección constitucional;
XVII.- La autoridad responsable será consignada a la autoridad correspondiente, cuando no suspenda el acto reclamado debiendo hacerlo, y cuando admita fianza que resulte ilusoria o insuficiente, siendo en estos	XVII. La autoridad responsable que desobedezca un auto de suspensión o que, ante tal medida, admita por mala fe o negligencia fianza o contrafianza que resulte ilusoria o insuficiente, será sancionada penalmente;

dos últimos casos, solidaria la responsabilidad civil de la autoridad con el que ofreciere la fianza y el que la prestare.	
XVIII.- (DEROGADA, D.O.F. 3 DE SEPTIEMBRE DE 1993)	XVIII. Se deroga.

La reforma constitucional provoca cambios sustanciales en el juicio de amparo, lo que obliga a reexaminar y reestructurar los conceptos teóricos y procesales que le son aplicables.

Al estudiar el juicio de amparo, generalmente se analizan los siguientes elementos:

- Objeto del juicio

- Materia del juicio

- Finalidad del juicio

- Vía

- Competencia

- Procedencia, en donde se incluyen los temas relativos a:

    o Legitimación activa

    o Legitimación pasiva

    o Plazo para ejercer la acción de amparo

    o Definitividad

- Sentencia, en donde se incluyen los temas relativos a:

    o Suplencia de las deficiencias

    o Declaración de inconstitucionalidad

    o Efectos de la sentencia (respecto de las partes y de terceros)

- Ejecución de la sentencia

- Responsabilidades

- Suspensión del acto reclamado

A continuación examinaremos los aspectos referidos, para comentar las consecuencias que, respecto de cada uno, produce la reforma constitucional.

3. Objeto del juicio

El objeto del juicio es el ser o ente sobre el que recaen las pretensiones de las partes y los efectos de las sentencias.

Tratándose del juicio de amparo, se ha considerado que debe ser, siempre, una ley o un acto de autoridad, en tanto que el artículo 103 Constitucional establecía que los Tribunales de la Federación conocerían de las controversias relativas a "leyes y actos de la autoridad"; sin embargo, el texto reformado de dicho precepto, que entrará en vigor el 4 de octubre de 2011, establece:

"103. Los Tribunales de la Federación resolverán toda controversia que se suscite:

I. Por normas generales, actos u omisiones de la autoridad que violen los derechos humanos reconocidos y las garantías otorgadas para su protección por esta Constitución, así como por los tratados internacionales de los que el Estado Mexicano sea parte;

II. Por normas generales o actos de la autoridad federal que vulneren o restrinjan la soberanía de los estados o la esfera de competencia del Distrito Federal, y

III. Por normas generales o actos de las autoridades de los Estados o del Distrito Federal que invadan la esfera de competencia de la autoridad federal."

La reforma constitucional modifica los conceptos que pueden ser objeto del juicio de amparo, generalizando el concepto de "leyes" a "normas generales" e incluyendo, expresamente, las omisiones.

Debe tenerse presente que el texto constitucional mantiene la condición de que los objetos del juicio de amparo provengan de autoridades al precisar "normas generales, actos u omisiones de la autoridad", lo que implica que se refiere sólo a las normas generales, actos u omisiones de órganos públicos, lo que impide considerar que se autoriza la impugnación, mediante el juicio de amparo, de normas, actos u omisiones de particulares.

Normas generales de la autoridad

Una norma general de la autoridad es una manifestación de voluntad del Estado que determina derechos y obligaciones para una categoría de sujetos no determinada individualmente.

Sus características son la generalidad, la permanencia y la abstracción; la característica de que sean "de la autoridad" limita el origen a que provengan de órganos del Estado en ejercicio de funciones públicas.

La generalidad significa que regulan los derechos y las obligaciones de todas las personas que se ubiquen en el supuesto que regulan.

La abstracción consiste en que la norma se emite sin identificar al destinatario en forma individualizada.

La permanencia implica que la norma subsiste mientras no sea derogada o abrogada, en forma expresa o tácita, independientemente del número de veces que se actualice el supuesto que regula o, dicho en otras palabras, la norma subsiste aunque se aplique o no se aplique en forma efectiva a casos concretos.

Las normas generales afectan a un número indeterminado, en principio, de personas en tanto que su finalidad es regular las situaciones en forma genérica, de tal manera que siempre que alguien se ubique en el supuesto normativo pueda conocerse qué derechos y obligaciones le corresponden por ese motivo.

Las normas generales por excelencia son las leyes (expedidas por el Poder Legislativo), y también se ubican en esa categoría los reglamentos (expedidos por el Poder Ejecutivo) e incluso la jurisprudencia obligatoria (expedida por el Poder Judicial); encontramos normas generales con múltiples denominaciones, por ejemplo, normas oficiales mexicanas, circulares, "resoluciones misceláneas", etc.; además, los tratados internaciones son también normas generales.

Al respecto, es aplicable el siguiente criterio:

Registro No. 180432

Novena Época

Instancia: Pleno

Fuente: Semanario Judicial de la Federación y su Gaceta

XX, Septiembre de 2004

Página: 1258

Tesis: P./J. 84/2004

Jurisprudencia

Materia(s): Constitucional

TRATADOS INTERNACIONALES. SON NORMAS GENERALES Y, POR TANTO, SON IMPUGNABLES EN CONTROVERSIA CONSTITUCIONAL.

Los tratados internacionales son normas generales, ya que reúnen las características de generalidad, permanencia y abstracción y, además, las materias enunciadas por la fracción X del artículo 89 de la Constitución Política de los Estados Unidos Mexicanos como propias de dichos instrumentos -autodeterminación de los pueblos, no intervención, solución pacífica de controversias, etcétera-, sólo pueden tener su expresión creadora y desarrollo lógico a través de normas generales, lo que se corrobora con lo previsto en el artículo 133 constitucional, que expresamente los coloca junto con otras normas, como la Ley Suprema de la Unión, siempre que sean acordes con la misma. En ese sentido, al tener los mencionados instrumentos internacionales la naturaleza de normas u ordenamientos generales, son susceptibles de control constitucional a través de la controversia que establece la fracción I del artículo 105 constitucional, que aunque no incluye de modo explícito entre los actos impugnables a la especie "tratados", sí menciona expresamente como actos sometidos a su control a las "disposiciones generales" que es el género, como se infiere de los incisos h), i), j) y k) de dicha fracción, además de que ese alcance se halla implícito en los demás incisos, donde no se excluyen más actos que los que corresponden a la materia electoral; aunado a que en el penúltimo párrafo de la mencionada fracción I, al señalar los efectos de la sentencia de invalidez se parte del supuesto de que la controversia constitucional procede en contra de disposiciones generales, que comprenden a los tratados.

Controversia constitucional 33/2002. Jefe de Gobierno del Distrito Federal. 29 de junio de 2004. Unanimidad de nueve votos. Ausente: Guillermo I. Ortiz Mayagoitia. Ponente: Juan Díaz Romero. Secretaria: Martha Elba Hurtado Ferrer.

Actos de la autoridad

Un acto de autoridad es, por principio de cuentas, un acto jurídico y, como tal, constituye una manifestación de voluntad que produce consecuencias jurídicas; esto es, que crea, modifica o extingue derechos y obligaciones.

La manifestación de voluntad puede actualizarse en forma expresa (por escrito, verbalmente o por signos inequívocos) o tácita (realizando una conducta que permita presumir la manifestación de voluntad); si bien el Estado es una persona moral y, por tanto, no tiene una voluntad psicológica propia, se le atribuyen las manifestaciones de voluntad de las personas físicas que desempeñan los cargos de la estructura orgánica del propio Estado.

Los actos de los órganos del Estado, para efectos del juicio de amparo, pueden clasificarse en las siguientes categorías:

	Actos de mera gestión	
Actos		De molestia
	Actos de autoridad	
		De privación

Los actos de mera gestión son todas las actividades que realizan los órganos del Estado que no afectan directamente a un particular; esto es, no crean, modifican ni extinguen derechos ni obligaciones de ningún gobernado; como ejemplo, podemos considerar la organización de una oficina pública, la limpieza de las calles, el mantenimiento de las instalaciones de los servicios públicos, etc.

En cambio, cuando la actividad de un órgano del Estado crea, modifica o extingue derechos u obligaciones de una persona concreta y ésta es un gobernado; es decir, un particular sujeto al imperio del Estado, entonces se denomina esa actividad estatal como acto de autoridad para efectos del amparo.

Históricamente se había considerado que la característica esencial del acto de autoridad era la posibilidad del uso de la fuerza pública para hacer cumplir la determinación pero la Suprema Corte de Justicia de la Nación precisó el concepto haciéndolo depender, esencialmente, de la unilateralidad de la afectación a los derechos y obligaciones del particular:

Registro No. 199459

Novena Época

Instancia: Pleno

Fuente: Semanario Judicial de la Federación y su Gaceta

V, Febrero de 1997

Página: 118

Tesis: P. XXVII/97

Tesis Aislada

Materia(s): Común

AUTORIDAD PARA EFECTOS DEL JUICIO DE AMPARO. LO SON AQUELLOS FUNCIONARIOS DE ORGANISMOS PUBLICOS QUE CON FUNDAMENTO EN LA LEY EMITEN ACTOS UNILATERALES POR LOS QUE CREAN, MODIFICAN O EXTINGUEN SITUACIONES JURIDICAS QUE AFECTAN LA ESFERA LEGAL DEL GOBERNADO.

Este Tribunal Pleno considera que debe interrumpirse el criterio que con el número 300 aparece publicado en la página 519 del Apéndice al Semanario Judicial de la Federación 1917-1988, Segunda Parte, que es del tenor siguiente: "AUTORIDADES PARA EFECTOS DEL JUICIO DE AMPARO. El término 'autoridades' para los efectos del amparo, comprende a todas aquellas personas que disponen de la fuerza pública en virtud de circunstancias, ya legales, ya de hecho, y que, por lo mismo, estén en posibilidad material de obrar como individuos que ejerzan actos públicos, por el hecho de ser pública la fuerza de que disponen.", cuyo primer precedente data de 1919, dado que la realidad en que se aplica ha sufrido cambios, lo que obliga a esta Suprema Corte de Justicia, máximo intérprete de la Constitución Política de los Estados Unidos Mexicanos, a modificar sus criterios ajustándolos al momento actual. En efecto, las atribuciones del Estado Mexicano se han incrementado con el curso del tiempo, y de un Estado de derecho pasamos a un Estado social de derecho con una creciente intervención de los entes públicos en diversas actividades, lo que ha motivado cambios constitucionales que dan paso a la llamada rectoría del Estado en materia económica, que a su vez modificó la estructura estadual, y gestó la llamada administración paraestatal formada por los organismos descentralizados y las empresas de participación estatal, que indudablemente escapan al concepto tradicional de autoridad establecido en el criterio ya citado. Por ello, la aplicación generalizada de éste en la actualidad conduce a la indefensión de los gobernados, pues estos organismos en su actuación, con independencia de la disposición directa que llegaren a tener o no de la fuerza pública, con fundamento en una norma legal pueden emitir actos unilaterales a través de los cuales crean, modifican o extinguen por sí o ante sí, situaciones jurídicas que afecten la esfera legal de los gobernados, sin la necesidad de acudir a los órganos judiciales ni del consenso de la voluntad del afectado. Esto es, ejercen facultades decisorias que les están atribuidas en la ley y que por ende constituyen una potestad administrativa, cuyo ejercicio es irrenunciable y que por tanto se traducen en verdaderos actos de autoridad al ser de naturaleza pública la fuente de tal potestad. Por ello, este Tribunal Pleno considera que el criterio supracitado no puede ser aplicado actualmente en forma indiscriminada sino que debe atenderse a las particularidades de la especie o del acto mismo; por ello, el juzgador de amparo, a fin de establecer si a quien se atribuye el acto es autoridad para efectos del juicio de amparo, debe atender a la norma legal y examinar si lo faculta o no para tomar decisiones o resoluciones que afecten unilateralmente la esfera jurídica del interesado, y que deben exigirse mediante el uso de la fuerza pública o bien a través de otras autoridades.

Amparo en revisión 1195/92. Julio Oscar Trasviña Aguilar. 14 de noviembre de 1996. Unanimidad de diez votos. Ausente: Humberto Román Palacios. Ponente: Juventino V. Castro y Castro. Secretario: José Pablo Pérez Villalba.

Con base en ese criterio, se ha definido que, por ejemplo, el Instituto Mexicano del Seguro Social es autoridad para efectos del amparo cuando resuelve un recurso de inconformidad:

Registro No. 168898

Novena Época

Instancia: Segunda Sala

Fuente: Semanario Judicial de la Federación y su Gaceta

XXVIII, Septiembre de 2008

Página: 224

Tesis: 2a./J. 129/2008

Jurisprudencia

Materia(s): Administrativa

INSTITUTO MEXICANO DEL SEGURO SOCIAL. ES AUTORIDAD PARA EFECTOS DEL JUICIO DE AMPARO CUANDO RESUELVE EL RECURSO DE INCONFORMIDAD INTERPUESTO CONTRA LA DETERMINACIÓN DE LA INSTANCIA DE QUEJA ADMINISTRATIVA, EN LA QUE SE RECLAMÓ EL REEMBOLSO DE GASTOS MÉDICOS EXTRAINSTITUCIONALES.

Conforme a los artículos 251, fracción XXXIV, de la Ley del Seguro Social, 1, 2, 3, 6, 16, 18, 19, 20, 21, 22, 23, 25 y 29 del Reglamento del Recurso de Inconformidad, el Instituto Mexicano del Seguro Social, por sí o a través de sus órganos competentes, está facultado para conocer y resolver el recurso de inconformidad establecido en el artículo 294 de la Ley citada, cuyo trámite, disposiciones aplicables, ante quien se interpone, plazo para ello y pruebas que pueden ofrecerse, están previstos en las indicadas disposiciones, en las que se precisa que aquel recurso culminará con la emisión de una resolución no sujeta a regla especial alguna, pero que deberá ocuparse de todos los motivos de impugnación hechos valer por el inconforme, decidir sobre las pretensiones deducidas, analizar las pruebas recabadas, expresar los fundamentos jurídicos en que se apoyen los puntos decisorios y que será ejecutable, características que son propias de los actos de un ente investido de potestad pública cuyo ejercicio es irrenunciable y que, por ende, emite actos administrativos decisorios identificados como actos de autoridad al crear, modificar o extinguir, por sí o ante sí, situaciones jurídicas que afectan la esfera jurídica del inconforme, dictados de manera unilateral, sin la necesidad de acudir a los órganos judiciales y sin el consenso de la voluntad del afectado, pues éste solamente interpone el recurso y el organismo público descentralizado lo resuelve con plenitud de atribuciones como medio de control interno de la legalidad de sus propios actos. En ese tenor, cuando el Instituto Mexicano del Seguro Social decide el recurso de inconformidad interpuesto contra un acto definitivo mediante el cual niega el reembolso de gastos médicos extrainstitucionales, como lo es la determinación de la instancia de queja administrativa prevista en el artículo 296 de la indicada Ley, regulada por su instructivo respectivo, se origina una relación de naturaleza administrativa de supra a subordinación, en la que el interesado como gobernado se somete al imperio del Instituto, quien ante él adquiere el carácter de autoridad para efectos del juicio de amparo, independientemente de que conforme al principio de definitividad, para acudir a aquél, debiera agotarse previamente otro medio de defensa.

Contradicción de tesis 86/2008-SS. Entre las sustentadas por el Primer Tribunal Colegiado del Vigésimo Noveno Circuito y el Segundo Tribunal Colegiado del Décimo Quinto Circuito. 3 de septiembre de 2008. Cinco votos. Ponente: Mariano Azuela Güitrón. Secretario: Óscar Palomo Carrasco.

O bien, que un notario no realiza actos de autoridad cuando tramita una sucesión:

Registro No. 167897

Novena Época

Instancia: Primera Sala

Fuente: Semanario Judicial de la Federación y su Gaceta

XXIX, Febrero de 2009

Página: 199

Tesis: 1a./J. 99/2008

Jurisprudencia

Materia(s): Civil

NOTARIOS PÚBLICOS. CUANDO UN TERCERO EXTRAÑO RECLAMA EL TRÁMITE DE UNA SUCESIÓN LLEVADA ANTE ELLOS, NO TIENEN EL CARÁCTER DE AUTORIDAD RESPONSABLE PARA EFECTOS DEL JUICIO DE AMPARO (LEGISLACIONES DE LOS ESTADOS DE JALISCO Y NUEVO LEÓN).

Conforme a los artículos 934, 935, 936, 937 y 938 del Código de Procedimientos Civiles del Estado de Jalisco y 800, 881, 882, 883, 884 y 885 del Código de Procedimientos Civiles del Estado de Nuevo León, una vez radicada la sucesión ante el juez natural y hecha la declaratoria de herederos, cuando éstos sean mayores de edad, los menores estén debidamente representados y haya designación del albacea, podrá continuarse extrajudicialmente el trámite sucesorio ante notario público, siempre y cuando no se suscite controversia, pues en caso de haberla, el mencionado fedatario debe suspender su intervención y a costa de los interesados remitir testimonio de lo que haya practicado al juzgado que previno, para que judicialmente continúe el procedimiento, sin que los interesados puedan volver a separarse de éste. Así, el notario público actúa en dicho trámite como simple fedatario de los actos o hechos que para su protocolización le someten los particulares, de manera que si entre éstos y aquél no existe una relación de supra a subordinación, en tanto que la actividad del fedatario no es un acto unilateral que pueda prescindir del consentimiento de los gobernados, pues son ellos quienes la solicitan, es evidente que su intervención no puede considerarse acto de autoridad; máxime que no actúa unilateralmente para crear, modificar o extinguir por sí o ante sí situaciones jurídicas que afectan la esfera legal de los particulares, sino que sólo las hace constar. En ese sentido, se concluye que cuando un tercero que se dice extraño al trámite de una sucesión llevada ante notario público, lo reclama alegando que se le desconocieron sus derechos hereditarios, en términos del artículo 11 de la Ley de Amparo el aludido fedatario no tiene el carácter de autoridad responsable para los efectos del juicio de amparo, además de que la falta de llamamiento al trámite indicado no constituye un acto definitivo sino una controversia que debe resolver el juez natural que previno en el conocimiento del juicio sucesorio.

Contradicción de tesis 3/2007-PS. Entre las sustentadas por el Quinto Tribunal Colegiado en Materia Civil del Tercer Circuito y el Tercer Tribunal Colegiado del Cuarto Circuito, actualmente en Materia de Trabajo del mismo circuito. 10 de septiembre de 2008. Mayoría de cuatro votos. Disidente: José Ramón Cossío Díaz. Ponente: Sergio A. Valls Hernández. Secretario: Miguel Ángel Antemate Chigo.

La reforma constitucional que comentamos no afecta directamente este objeto del juicio de amparo en tanto que mantiene la disposición de que el amparo proceda contra actos de autoridad.

Los actos de autoridad pueden ubicarse en tiempo y espacio en tanto que su realización se produce en un lugar y una época específicos.

Actos de molestia y actos de privación

La Constitución distingue, en los artículos 14 y 16, entre actos de privación y actos de molestia; en ambos casos se trata de actos de autoridad; es decir, de actos que crean, modifican o extinguen derechos y obligaciones de un particular.

La diferencia entre ambos es la finalidad de la afectación; los actos de privación constituyen una decisión definitiva de un órgano del Estado; es decir, la afectación se produce como fin de la actividad del órgano estatal; en cambio, los actos de molestia constituyen medios para preparar o permitir una posterior decisión final del Estado; esto es, la afectación al particular no constituye un fin en sí misma sino sólo el medio que permita al Estado emitir, posteriormente, una decisión final.

Registro No. 200080

Novena Época

Instancia: Pleno

Fuente: Semanario Judicial de la Federación y su Gaceta

IV, Julio de 1996

Página: 5

Tesis: P./J. 40/96

Jurisprudencia

Materia(s): Común

ACTOS PRIVATIVOS Y ACTOS DE MOLESTIA. ORIGEN Y EFECTOS DE LA DISTINCION.

El artículo 14 constitucional establece, en su segundo párrafo, que nadie podrá ser privado de la vida, de la libertad o de sus propiedades, posesiones o derechos, sino mediante juicio seguido ante los tribunales previamente establecidos, en el que se cumplan las formalidades esenciales del procedimiento y conforme a las leyes expedidas con anterioridad al hecho; en tanto, el artículo 16 de ese mismo Ordenamiento Supremo determina, en su primer párrafo, que nadie puede ser molestado en su persona, familia, domicilio, papeles o posesiones, sino en virtud de mandamiento escrito de la autoridad competente, que funde y motive la causa legal del procedimiento. Por consiguiente, la Constitución Federal distingue y regula de manera diferente los actos privativos respecto de los actos de molestia, pues a los primeros, que son aquellos que producen como efecto la disminución, menoscabo o supresión definitiva de un derecho del gobernado, los autoriza solamente a través del cumplimiento de determinados requisitos precisados en el artículo 14, como son, la existencia de un juicio seguido ante un tribunal previamente establecido, que cumpla con las formalidades esenciales del procedimiento y en el que se apliquen las leyes expedidas con anterioridad al hecho juzgado. En cambio, a los actos de molestia que, pese a constituir afectación a la esfera jurídica del gobernado, no producen los mismos efectos que los actos privativos, pues sólo restringen de manera provisional o preventiva un derecho con el objeto de proteger determinados bienes jurídicos, los autoriza, según lo dispuesto por el artículo 16, siempre y cuando preceda mandamiento escrito girado por una autoridad con competencia legal para ello, en donde ésta funde y motive la causa legal del procedimiento. Ahora bien, para dilucidar la constitucionalidad o inconstitucionalidad de un acto de autoridad impugnado como privativo, es necesario precisar si verdaderamente lo es y, por ende, requiere del cumplimiento de las formalidades establecidas por el primero de aquellos numerales, o si es un acto de molestia y por ello es suficiente el cumplimiento de los requisitos que el segundo de ellos exige. Para efectuar esa distinción debe advertirse la finalidad que con el acto se persigue, esto es, si la privación de un bien material o inmaterial es la finalidad connatural perseguida por el acto de autoridad, o bien, si por su propia índole tiende sólo a una restricción provisional.

Amparo en revisión 1038/94. Construcciones Pesadas Toro, S.A. de C.V. 24 de octubre de 1995. Mayoría de diez votos. Ponente: José de Jesús Gudiño Pelayo. Secretaria: Susana Alva Chimal.

Amparo en revisión 1074/94. Transportes de Carga Rahe, S.A. de C.V. 24 de octubre de 1995. Mayoría de diez votos. Ponente: José de Jesús Gudiño Pelayo. Secretaria: Felisa Díaz Ordaz Vera.

Amparo en revisión 1150/94. Sergio Quintanilla Cobián. 24 de octubre de 1995. Mayoría de diez votos. Ponente: José de Jesús Gudiño Pelayo. Secretaria: Susana Alva Chimal.

Amparo en revisión 1961/94. José Luis Reyes Carbajal. 24 de octubre de 1995. Mayoría de diez votos. Ponente: José de Jesús Gudiño Pelayo. Secretaria: Felisa Díaz Ordaz Vera.

Amparo en revisión 576/95. Tomás Iruegas Buentello y otra. 30 de octubre de 1995. Mayoría de nueve votos. Ponente: Juventino V. Castro y Castro. Secretario: Teódulo Angeles Espino.

Como consecuencia de dicha distinción, los requisitos exigidos por la Constitución para la realización de uno u otro tipo de actos cambian:

- Los actos de molestia requieren sólo ser emitidos por escrito, fundados y motivados, y pueden ser realizados por cualquier autoridad.

- Los actos de privación están reservados, conforme al modelo constitucional, a los tribunales previamente establecidos y su emisión se condiciona a la realización de un juicio en el que se sigan las formalidades esenciales del procedimiento y se apliquen las leyes expedidas con anterioridad a los hechos; es lo que se conoce como debido proceso o audiencia previa.[9]

La reforma constitucional que comentamos no afecta esta distinción en cuanto al objeto del juicio de amparo.

Omisiones de la autoridad

Un cambio importante incluido en la reforma constitucional es la determinación expresa de que los tribunales federales resuelvan las controversias derivadas de *"omisiones de la autoridad"*.

Una omisión es la ausencia de la realización de un acto; es decir, es lo contrario a la actuación y, en consecuencia, no constituye en sí misma una manifestación de voluntad, por lo que no puede ubicarse en un solo momento ni lugar.

La Suprema Corte de Justicia de la Nación creó, desde hace mucho tiempo, el concepto de "acto negativo" o "acto omisivo" para permitir la procedencia del juicio de amparo en los casos en que se impugnaba el

---

[9] Más adelante, al tratar la materia del juicio de amparo, comentaremos la transformación de nuestro sistema jurídico con motivo de la reforma publicada el 10 de junio de 2011, que sustituyó el concepto "garantías individuales" por "derechos humanos y sus garantías".

incumplimiento a garantías que obligaban a la autoridad a actuar positivamente; por ejemplo, el artículo 8° Constitucional obliga a las autoridades a responder las peticiones que se les formulen por escrito, en forma pacífica y respetuosa, mediante la emisión de un acuerdo que debe ser notificado en breve término al peticionario.

Si una persona hace una petición a una autoridad y ésta no le responde dentro del plazo que legalmente corresponda, se actualiza una violación al artículo 8° Constitucional; sin embargo, la autoridad no realiza realmente ningún acto; por el contrario, la violación se actualiza precisamente por su omisión de actuar y cumplir con lo que ordena la Constitución.

Atendiendo al texto del artículo 103 Constitucional, el juicio de amparo sería improcedente puesto que no se reclamaría un acto de autoridad; por ello, la Suprema Corte de Justicia de la Nación consideró que la conducta de la autoridad constituía un *"acto negativo"* o *"acto omisivo"* y, por tanto, podía ser objeto del juicio de amparo.

Como consecuencia de dicho criterio, se incluyó en la Ley de Amparo la disposición de que la sentencia que concede el amparo obliga, tratándose de actos positivos, a dejarlos insubsistentes y regresar las cosas al estado que guardaban antes de la violación y, tratándose de actos negativos, a que la autoridad actúe conforme a la garantía violada.

Registro No. 330977

Quinta Época

Instancia: Primera Sala

Fuente: Semanario Judicial de la Federación

LVIII

Página: 3284

Tesis Aislada

Materia(s): Administrativa

ACTOS PROHIBITIVOS Y ACTOS NEGATIVOS, DIFERENCIA ENTRE LOS (EXPLOTACION DE BOSQUES).

Si se reclama en amparo la resolución de un Delegado Forestal y de Caza y Pesca, en el sentido de suspender al quejoso un permiso de explotación de bosques y el uso de guías forestales, hasta que las autoridades correspondientes resuelvan en definitiva el litigio que existe entre el permisionario y otra persona, respecto a los terrenos en que se hace la explotación, no se trata de actos negativos, sino de actos prohibitivos, puesto que los primeros consisten en rehusarse a hacer algo o a otorgar un permiso, una concesión o un derecho a que se cree acreedor el demandante; y los actos prohibitivos se caracterizan, en términos generales, por el hecho de que la autoridad impide al demandante, el ejercicio de un derecho o la continuación de una actividad a que está dedicado, siendo susceptibles de suspenderse, en virtud de que tienen efectos de carácter positivo sobre la persona y el patrimonio del quejoso, como sucede en el caso, puesto que el Delegado Forestal y de Caza y Pesca, por medio de la suspensión de las guías y licencias forestales, impide al quejoso la continuación de sus trabajos; y la suspensión debe concederse, mediante fianza, para garantizar los daños y perjuicios que pudieran ocasionarse al tercero perjudicado.

Amparo administrativo. Revisión del incidente de suspensión 3743/38. Septién Carlos. 10 de diciembre de 1938. Unanimidad de cuatro votos. Ausente: Rodolfo Chávez. La publicación no menciona el nombre del ponente.

Registro No. 316826

Quinta Época

Instancia: Segunda Sala

Fuente: Semanario Judicial de la Federación

CXXV

Página: 1755

Tesis Aislada

Materia(s): Común

ACTO RECLAMADO, NATURALEZA DEL (ACTOS POSITIVOS Y NEGATIVOS).

Debe tenerse presente que no es lo mismo el carácter o naturaleza que el sentido del acto reclamado. Por que el acto es de naturaleza o de carácter negativo cuando consiste en una conducta omisiva, esto es, en una abstención, en dejar de hacer lo que la ley ordena; en tanto que es de naturaleza o de carácter positivo cuando consiste en una conducta comisiva, esto es, en una acción, en hacer lo que la ley ordena. por su parte, el sentido de los actos de naturaleza negativa o positiva puede ser igualmente negativo o positivo. La abstención de la autoridad puede redundar en una prohibición, o en no dictar un mandamiento imperativo, y, así, la omisión tendrá sentido positivo o negativo en la afectación del interés jurídico del quejoso, El acto comisivo de la autoridad, asimismo, puede redundar en conceder o negar lo que se pide, lo cual le dará su sentido positivo o negativo; pero basta que el acto sea resolutorio o decisivo para que no pueda calificarse como omisivo, es decir, de naturaleza o de carácter negativo.

Amparo administrativo en revisión 2503/55. Mont García Wenceslao. 29 de agosto de 1955. Unanimidad de cuatro votos. Ausente: Franco Carreño. Ponente: José Rivera Pérez Campos.

Ahora, el texto constitucional prevé expresamente la procedencia del amparo contra las omisiones de la autoridad, lo que implica que ya no será necesaria la ficción de que la omisión es un *"acto negativo"*; sin embargo, los criterios sostenidos sobre los *"actos negativos"* seguirán siendo aplicables, puesto que corresponden, al final de cuentas, a las omisiones.

Al señalar la Constitución *"omisiones de la autoridad"* no hace ninguna distinción del tipo de autoridad, lo que obliga a considerar que podrán ser objeto del juicio de amparo las omisiones en que incurran las autoridades legislativas, administrativas, judiciales e incluso de los órganos autónomos previstos en la Carta Magna.[10]

---

[10] En este apartado comentamos sólo el objeto del juicio de amparo; la cuestión relativa a que las omisiones violen derechos humanos o sus garantías constituye un aspecto de la materia del juicio de amparo, al que nos referimos más adelante; sobre todo porque el que se violen o no tales derechos es la condición para obtener sentencia favorable y no propiamente una cuestión de procedencia del juicio.

4. Materia del juicio

La materia del juicio es el aspecto del objeto del juicio que puede analizarse en la sentencia.

Si el objeto del juicio, por ejemplo, es una orden de aprehensión (acto de autoridad), la materia del juicio está constituida por los aspectos de ese acto que pueden analizarse en la sentencia; así, puede analizarse su estructura gramatical para determinar si está bien o mal redactada conforme a las reglas del idioma español; puede analizarse su trascendencia histórica en caso de afectar a alguna figura pública; puede considerarse su impacto sociológico o la época histórica en la que se expide; sin embargo, en el juicio de amparo sólo se analizará si viola o no derechos humanos; ésta es la materia específica del juicio de amparo y del resultado del análisis que se efectúe, dependerá si la sentencia concede o niega el amparo.

Hasta antes de la reforma publicada en el Diario Oficial de la Federación el 6 de junio de 2011, la materia del juicio de amparo eran las *"garantías individuales"* entendidas éstas como los derechos que *"otorgaba"* la Constitución.[11] El concepto es positivista en tanto que las garantías eran otorgadas por la Carta Magna y, en consecuencia, su contenido dependía sólo de las propias disposiciones constitucionales; ello también motivaba que se llamara, al juicio de amparo, *"juicio de garantías"*.

La reforma que comentamos sustituyó la materia del juicio de amparo al modificarse los artículos 103, fracción I, y 107, fracción I, Constitucionales que, a partir del 4 de octubre de 2011, establecen:

"103. Los Tribunales de la Federación resolverán toda controversia que se suscite:

I. Por normas generales, actos u omisiones de la autoridad que violen los derechos humanos reconocidos y las garantías otorgadas para su protección por esta Constitución, así como por los tratados internacionales de los que el Estado Mexicano sea parte:

[...]"

---

[11] El artículo 1° Constitucional establecía que todo individuo gozaría de las *"garantías que otorga esta Constitución"* y el artículo 103, fracción I, preveía que los tribunales federales resolvieran las controversias suscitadas por leyes y actos de autoridad que *"violen garantías individuales"*.

"107. Las controversias de que habla el artículo 103 de esta Constitución, con excepción de aquellas en materia electoral, se sujetarán a los procedimientos que determine la ley reglamentaria, de acuerdo con las bases siguientes:

*I. El juicio de amparo se seguirá siempre a instancia de parte agraviada, teniendo tal carácter quien aduce ser titular de un derecho o de un interés legítimo individual o colectivo, **siempre que alegue que el acto reclamado viola los <u>derechos reconocidos por esta Constitución</u>** y con ello se afecte su esfera jurídica, ya sea de manera directa o en virtud de su especial situación frente al orden jurídico.*

[...]"

El nuevo texto constitucional prevé expresamente que los tribunales federales resuelvan controversias sobre normas generales, actos u omisiones de la autoridad que violen:

- Los derechos humanos reconocidos por la Constitución y los tratados internacionales en los que el Estado Mexicano sea parte.

- Las garantías otorgadas para su protección por la Constitución y los tratados internacionales en los que el Estado Mexicano sea parte.

Sin embargo, la disposición general del artículo 103 encuentra una precisión en el artículo 107, fracción I, del mismo texto constitucional debido a que éste indica expresamente que el juicio de amparo se seguirá siempre a instancia de parte agraviada y define a ésta como quien aduzca ser titular de un derecho o interés legítimo individual o colectivo pero condiciona el concepto al agregar *"siempre que alegue que el acto reclamado viola los derechos reconocidos por esta Constitución".*

El uso de la palabra *"siempre"* en dos ocasiones limita expresamente el significado de *"parte agraviada"* y de las cuestiones que puede invocar en el juicio de amparo.

La primera parte indica que el juicio de amparo siempre se seguirá a instancia de parte agraviada; esto es, contrario sensu, en ningún caso podrá seguirse a instancia de un parte distinta.

La segunda parte define lo que significa *"parte agraviada"* y establece que será siempre quien alegue que el acto reclamado viola los *"derechos reconocidos por la Constitución"* y con ello se afecte su esfera jurídica.

Ahora bien, los derechos reconocidos por la Constitución son los denominados *"derechos humanos"* que, por definición, son anteriores y superiores al Estado y sus ordenamientos concretos, de tal manera que existen antes e independientemente del sistema jurídico nacional, razón por la cual la Constitución se limita a *"reconocerlos"* y no los otorga ni los crea.

El cambio en la terminología constitucional es trascendental porque pasamos, de un concepción positivista en la que la Constitución *otorgaba* las garantías individuales, a una concepción naturalista en la que la Constitución *reconoce* los derechos humanos.

Además, se distingue expresamente entre los *derechos humanos* y las *garantías otorgadas para su protección*; esto es, la Constitución y los tratados internacionales reconocen derechos humanos y, por otra parte, otorgan garantías para protegerlos pero dichas garantías son distintas a los *derechos humanos*.

Sin embargo, la parte agraviada será quien alegue que el acto reclamado viola los *derechos reconocidos por la Constitución*; lo que significa que la parte agraviada será quien invoque violación a sus *derechos humanos*, pero ello deja fuera de la materia de estudio del juicio de amparo las garantías otorgadas para proteger derechos humanos y, atendiendo al texto constitucional, también deja fuera los derechos humanos reconocidos en tratados internacionales.

Podría pensarse que deben incluirse las garantías en el concepto de *derechos humanos*, pero entonces estaríamos dejando de aplicar la distinción expresa contenida en el texto constitucional, sobre todo porque la reforma constitucional publicada en el Diario Oficial de la Federación el 10 de junio de 2011 también hace explícita la distinción entre los derechos humanos y sus garantías, lo que impide identificarlos como un único concepto.

Por otra parte, también podría plantearse que la ley reglamentaria incluya expresamente las garantías otorgadas como materia de estudio del juicio de amparo; sin embargo, tal solución debe considerarse inadecuada en tanto que el artículo 107 Constitucional expresamente establece que el juicio de amparo se regirá por la ley reglamentaria pero *"de acuerdo con las bases"* que la propia Constitución establece; lo anterior debe entenderse en el sentido de que, en los aspectos en que existe disposición constitucional expresa, el legislador ordinario no podrá establecer disposiciones distintas a las constitucionales puesto que estaría regulando el juicio sin cumplir su obligación de hacerlo de acuerdo con el texto constitucional.[12]

De lo anterior emerge que el juicio de amparo, a partir de la reforma constitucional que comentamos, ya no tiene por materia las garantías[13] y ya no debe, técnicamente, denominarse juicio de garantías.

Además, los derechos humanos susceptibles de ser protegidos mediante el juicio de amparo deberán ser sólo los reconocidos en la propia Constitución pues su artículo 107, al definir *"parte agraviada"*, omite referirse a los derechos humanos reconocidos en los tratados internacionales.

Es cierto que el artículo 103 Constitucional dispone que los tribunales federales conozcan de los juicios relacionados con derechos humanos reconocidos en la Constitución y los tratados internacionales, pero esa disposición está limitada, como ya se precisó, por el artículo 107 que regula expresamente el juicio de amparo y obliga a que la ley reglamentaria se sujete las bases que establece el propio artículo 107; es decir, si conforme al artículo 103 los tribunales federales pueden conocer de controversias relacionadas con derechos humanos y sus garantías reconocidas por la Constitución y los tratados internacionales, el juicio de amparo regulado por el artículo 107 sólo permite que se invoque violación a los derechos humanos reconocidos en la propia Constitución y, por tanto, los reconocidos en los tratados y las garantías podrían ser materia de otros procedimientos que el legislador ordinario podría implementar, pero no del juicio de amparo.[14]

---

[12] Sin embargo, la idea generalizada es que la reforma permite que el amparo se ocupe de derechos humanos y garantías, tanto citados en la Constitución como en los tratados internacionales. La Suprema Corte de Justicia de la Nación deberá determinar la interpretación que deba darse al texto constitucional, pero debe entenderse limitada por el texto de la propia Constitución porque, si con el pretexto de interpretarla, el tribunal expide una norma distinta a la propia Constitución, estaría colocándose de facto por encima de la Carta Magna; por tal motivo debe estimarse que la Constitución debe interpretarse en forma estricta y apegada a su texto.

[13] Las *garantías individuales* dejaron de existir en el sistema jurídico mexicano el 11 de junio de 2011, al entrar en vigor la diversa reforma constitucional publicada en el Diario Oficial de la Federación el 10 de junio de 2011, pues fueron sustituidas por los conceptos *derechos humanos* y *garantías otorgadas para su protección*; sin embargo, como se precisa, el artículo 107 limita el amparo a la invocación de *derechos humanos*, sin prever las *garantías otorgadas* para su protección.

[14] Tenemos aquí un caso en que la opinión generalizada considera "imposible" que las reformas constitucionales hayan limitado el juicio de amparo; sin embargo, como ya comentamos al principio de este trabajo, la Constitución debe aplicarse con base en su texto y su interpretación debe sujetarse al mismo, independientemente de que al operador jurídico "le guste", le parezca "adecuada" o "correcta", o todo lo contrario, la disposición constitucional

Resulta ahora necesario determinar cuáles son los derechos humanos, cuáles los derechos humanos que reconoce la Constitución, cuáles son los derechos humanos reconocidos en los tratados internacionales y, sobre todo, cuáles son las garantías otorgadas para protegerlos.

Derechos humanos y garantías otorgadas para su protección. La reforma constitucional de 10 de junio de 2011.

El 10 de junio de 2011 se publicó en el Diario Oficial de la Federación otra reforma constitucional en virtud de la cual se modificó la denominación del capítulo primero del título primero de nuestra Constitución así como otros artículos para incluir el reconocimiento expreso a los derechos humanos y distinguirlos de las garantías otorgadas para su protección.

El siguiente cuadro comparativo permite apreciar los cambios en el texto constitucional; los párrafos que no fueron modificados se indican con puntos suspensivos (…) para mostrar sólo las modificaciones, subrayándose los elementos nuevos del texto.

TEXTO ANTERIOR	TEXTO NUEVO
TITULO PRIMERO.	TÍTULO PRIMERO
CAPITULO I.	CAPÍTULO I
De las garantías individuales.	De los Derechos Humanos y sus Garantías
Artículo 1o.- En los Estados Unidos Mexicanos todo individuo gozará de las garantías que otorga esta Constitución, las cuales no podrán restringirse ni suspenderse, sino en los casos y con las condiciones que ella misma establece.	**Artículo 1o.** En los Estados Unidos Mexicanos todas las personas gozarán de los derechos humanos reconocidos en esta Constitución y en los tratados internacionales de los que el Estado Mexicano sea parte, así como de las garantías para su protección, cuyo ejercicio no podrá restringirse ni suspenderse, salvo en los casos y bajo las condiciones que esta Constitución establece.

Las normas relativas a los derechos humanos se interpretarán de |

---

pues de lo contrario, el operador se colocaría por encima de la Constitución al calificar de adecuado o inadecuado su contenido o pretender modificarlo.

	conformidad con esta Constitución y con los tratados internacionales de la materia favoreciendo en todo tiempo a las personas la protección más amplia. Todas las autoridades, en el ámbito de sus competencias, tienen la obligación de promover, respetar, proteger y garantizar los derechos humanos de conformidad con los principios de universalidad, interdependencia, indivisibilidad y progresividad. En consecuencia, el Estado deberá prevenir, investigar, sancionar y reparar las violaciones a los derechos humanos, en los términos que establezca la ley.
Está prohibida la esclavitud en los Estados Unidos Mexicanos. Los esclavos del extranjero que entren al territorio nacional alcanzarán, por este solo hecho, su libertad y la protección de las leyes.	(...)
Queda prohibida toda discriminación motivada por origen étnico o nacional, el género, la edad, las discapacidades, la condición social, las condiciones de salud, la religión, las opiniones, las preferencias, el estado civil o cualquier otra que atente contra la dignidad humana y tenga por objeto anular o menoscabar los derechos y libertades de las personas.	Queda prohibida toda discriminación motivada por origen étnico o nacional, el género, la edad, las discapacidades, la condición social, las condiciones de salud, la religión, las opiniones, las preferencias sexuales, el estado civil o cualquier otra que atente contra la dignidad humana y tenga por objeto anular o menoscabar los derechos y libertades de las personas.
Artículo 3o.- Todo individuo tiene derecho a recibir educación. El Estado -federación, estados, Distrito Federal y municipios-, impartirá educación preescolar, primaria y secundaria. La educación preescolar, primaria y la secundaria conforman la educación básica obligatoria.	**Artículo 3o.** (...)
La educación que imparta el Estado tenderá a desarrollar armónicamente todas las facultades del ser humano y fomentará en él, a la vez, el amor a la Patria y la conciencia de la solidaridad internacional, en la independencia y en la justicia.	La educación que imparta el Estado tenderá a desarrollar armónicamente, todas las facultades del ser humano y fomentará en él, a la vez, el amor a la Patria, el respeto a los derechos humanos y la conciencia de la solidaridad internacional, en la

	independencia y en la justicia.
I. Garantizada por el artículo 24 la libertad de creencias, dicha educación será laica y, por tanto, se mantendrá por completo ajena a cualquier doctrina religiosa;	I a VIII. (...)
II. El criterio que orientará a esa educación se basará en los resultados del progreso científico, luchará contra la ignorancia y sus efectos, las servidumbres, los fanatismos y los prejuicios.	(...)
Además:	(...)
a) Será democrático, considerando a la democracia no solamente como una estructura jurídica y un régimen político, sino como un sistema de vida fundado en el constante mejoramiento económico, social y cultural del pueblo;	(...)
b) Será nacional, en cuanto -sin hostilidades ni exclusivismos- atenderá a la comprensión de nuestros problemas, al aprovechamiento de nuestros recursos, a la defensa de nuestra independencia política, al aseguramiento de nuestra independencia económica y a la continuidad y acrecentamiento de nuestra cultura, y	(...)
c) Contribuirá a la mejor convivencia humana, tanto por los elementos que aporte a fin de robustecer en el educando, junto con el aprecio para la dignidad de la persona y la integridad de la familia, la convicción del interés general de la sociedad, cuanto por el cuidado que ponga en sustentar los ideales de fraternidad e igualdad de derechos de todos los hombres, evitando los privilegios de razas, de religión, de grupos, de sexos o de individuos;	(...)
III. Para dar pleno cumplimiento a lo dispuesto en el segundo párrafo y en la fracción II, el Ejecutivo Federal	(...)

determinará los planes y programas de estudio de la educación preescolar, primaria, secundaria y normal para toda la República. Para tales efectos, el Ejecutivo Federal considerará la opinión de los gobiernos de las entidades federativas y del Distrito Federal, así como de los diversos sectores sociales involucrados en la educación, en los términos que la ley señale;	
IV. Toda la educación que el Estado imparta será gratuita;	(...)
V. Además de impartir la educación preescolar, primaria y secundaria señaladas en el primer párrafo, el Estado promoverá y atenderá todos los tipos y modalidades educativos - incluyendo la educación inicial y a la educación superior- necesarios para el desarrollo de la nación, apoyará la investigación científica y tecnológica, y alentará el fortalecimiento y difusión de nuestra cultura;	(...)
VI. Los particulares podrán impartir educación en todos sus tipos y modalidades. En los términos que establezca la ley, el Estado otorgará y retirará el reconocimiento de validez oficial a los estudios que se realicen en planteles particulares. En el caso de la educación preescolar, primaria, secundaria y normal, los particulares deberán:	(...)
a) Impartir la educación con apego a los mismos fines y criterios que establecen el segundo párrafo y la fracción II, así como cumplir los planes y programas a que se refiere la fracción III, y	(...)
b) Obtener previamente, en cada caso, la autorización expresa del poder público, en los términos que establezca la ley;	(...)
VII. Las universidades y las demás instituciones de educación superior a	(...)

las que la ley otorgue autonomía, tendrán la facultad y la responsabilidad de gobernarse a sí mismas; realizarán sus fines de educar, investigar y difundir la cultura de acuerdo con los principios de este artículo, respetando la libertad de cátedra e investigación y de libre examen y discusión de las ideas; determinarán sus planes y programas; fijarán los términos de ingreso, promoción y permanencia de su personal académico; y administrarán su patrimonio. Las relaciones laborales, tanto del personal académico como del administrativo, se normarán por el apartado A del artículo 123 de esta Constitución, en los términos y con las modalidades que establezca la Ley Federal del Trabajo conforme a las características propias de un trabajo especial, de manera que concuerden con la autonomía, la libertad de cátedra e investigación y los fines de las instituciones a que esta fracción se refiere, y

VIII. El Congreso de la Unión, con el fin de unificar y coordinar la educación en toda la República, expedirá las leyes necesarias, destinadas a distribuir la función social educativa entre la Federación, los Estados y los Municipios, a fijar las aportaciones económicas correspondientes a ese servicio público y a señalar las sanciones aplicables a los funcionarios que no cumplan o no hagan cumplir las disposiciones relativas, lo mismo que a todos aquellos que las infrinjan.

(...)

Artículo 11.- Todo hombre tiene derecho para entrar en la República, salir de ella, viajar por su territorio y mudar de residencia, sin necesidad de carta de seguridad, pasaporte, salvoconducto u otros requisitos semejantes. El ejercicio de este derecho estará subordinado a las facultades de la autoridad judicial, en los casos de responsabilidad criminal o civil, y a las de la autoridad administrdativa (sic),

Artículo 11. Toda persona tiene derecho para entrar en la República, salir de ella, viajar por su territorio y mudar de residencia, sin necesidad de carta de seguridad, pasaporte, salvoconducto u otros requisitos semejantes. El ejercicio de este derecho estará subordinado a las facultades de la autoridad judicial, en los casos de responsabilidad criminal o civil, y a las de la autoridad administrativa, por lo por lo que toca a las limitaciones que impongan las leyes sobre emigración, inmigración y salubridad general de la República, o sobre extranjeros perniciosos residentes en el país.

Artículo 15.- No se autoriza la celebración de tratados para la extradición de reos políticos, ni para la de aquellos delincuentes del orden común que hayan tenido en el país donde cometieron el delito, la condición de esclavos; ni de convenios o tratados en virtud de los que se alteren las garantías y derechos establecidos por esta Constitución para el hombre y el ciudadano.

Artículo 18.- Sólo por delito que merezca pena privativa de libertad habrá lugar a prisión preventiva. El sitio de ésta será distinto del que se destinare para la extinción de las penas y estarán completamente separados.

El sistema penitenciario se organizará sobre la base del trabajo, la capacitación para el mismo, la educación, la salud y el deporte como medios para lograr la reinserción del sentenciado a la sociedad y procurar que no vuelva a delinquir, observando los beneficios que para él prevé la ley. Las mujeres compurgarán sus penas en lugares separados de los destinados a los hombres para tal efecto.

La Federación, los Estados y el Distrito Federal podrán celebrar convenios para que los sentenciados por delitos del ámbito de su competencia extingan

---

que toca a las limitaciones que impongan las leyes sobre emigración, inmigración y salubridad general de la República, o sobre extranjeros perniciosos residentes en el país.

En caso de persecución, por motivos de orden político, toda persona tiene derecho de solicitar asilo; por causas de carácter humanitario se recibirá refugio. La ley regulará sus procedencias y excepciones.

Artículo 15. No se autoriza la celebración de tratados para la extradición de reos políticos, ni para la de aquellos delincuentes del orden común que hayan tenido en el país donde cometieron el delito, la condición de esclavos; ni de convenios o tratados en virtud de los que se alteren los derechos humanos reconocidos por esta Constitución y en los tratados internacionales de los que el Estado Mexicano sea parte.

Artículo 18. (...)

El sistema penitenciario se organizará sobre la base del respeto a los derechos humanos, del trabajo, la capacitación para el mismo, la educación, la salud y el deporte como medios para lograr la reinserción del sentenciado a la sociedad y procurar que no vuelva a delinquir, observando los beneficios que para él prevé la ley. Las mujeres compurgarán sus penas en lugares separados de los destinados a los hombres para tal efecto.

(...)

las penas en establecimientos penitenciarios dependientes de una jurisdicción diversa.	
La Federación, los Estados y el Distrito Federal establecerán, en el ámbito de sus respectivas competencias, un sistema integral de justicia que será aplicable a quienes se atribuya la realización de una conducta tipificada como delito por las leyes penales y tengan entre doce años cumplidos y menos de dieciocho años de edad, en el que se garanticen los derechos fundamentales que reconoce esta Constitución para todo individuo, así como aquellos derechos específicos que por su condición de personas en desarrollo les han sido reconocidos. Las personas menores de doce años que hayan realizado una conducta prevista como delito en la ley, solo serán sujetos a rehabilitación y asistencia social.	(...)
La operación del sistema en cada orden de gobierno estará a cargo de instituciones, tribunales y autoridades especializados en la procuración e impartición de justicia para adolescentes. Se podrán aplicar las medidas de orientación, protección y tratamiento que amerite cada caso, atendiendo a la protección integral y el interés superior del adolescente.	(...)
Las formas alternativas de justicia deberán observarse en la aplicación de este sistema, siempre que resulte procedente. En todos los procedimientos seguidos a los adolescentes se observará la garantía del debido proceso legal, así como la independencia entre las autoridades que efectúen la remisión y las que impongan las medidas. Éstas deberán ser proporcionales a la conducta realizada y tendrán como fin la reintegración social y familiar del adolescente, así como el pleno desarrollo de su persona y capacidades. El internamiento se	(...)

utilizará solo como medida extrema y por el tiempo más breve que proceda, y podrá aplicarse únicamente a los adolescentes mayores de catorce años de edad, por la comisión de conductas antisociales calificadas como graves.	
Los sentenciados de nacionalidad mexicana que se encuentren compurgando penas en países extranjeros, podrán ser trasladados a la República para que cumplan sus condenas con base en los sistemas de reinserción social previstos en este artículo, y los sentenciados de nacionalidad extranjera por delitos del orden federal o del fuero común, podrán ser trasladados al país de su origen o residencia, sujetándose a los Tratados Internacionales que se hayan celebrado para ese efecto. El traslado de los reclusos sólo podrá efectuarse con su consentimiento expreso.	(...)
Los sentenciados, en los casos y condiciones que establezca la ley, podrán compurgar sus penas en los centros penitenciarios más cercanos a su domicilio, a fin de propiciar su reintegración a la comunidad como forma de reinserción social. Esta disposición no aplicará en caso de delincuencia organizada y respecto de otros internos que requieran medidas especiales de seguridad.	(...)
Para la reclusión preventiva y la ejecución de sentencias en materia de delincuencia organizada se destinarán centros especiales. Las autoridades competentes podrán restringir las comunicaciones de los inculpados y sentenciados por delincuencia organizada con terceros, salvo el acceso a su defensor, e imponer medidas de vigilancia especial a quienes se encuentren internos en estos establecimientos. Lo anterior podrá aplicarse a otros internos que requieran medidas especiales de seguridad, en términos de la ley.	(...)

Artículo 29.- En los casos de invasión, perturbación grave de la paz pública, o de cualquier otro que ponga a la sociedad en grave peligro o conflicto, solamente el Presidente de los Estados Unidos Mexicanos, de acuerdo con los Titulares de las Secretarías de Estado y la Procuraduría General de la República y con la aprobación del Congreso de la Unión y, en los recesos de éste, de la Comisión Permanente, podrá suspender en todo el país o en lugar determinado las garantías que fuesen obstáculo para hacer frente, rápida y fácilmente a la situación; pero deberá hacerlo por un tiempo limitado, por medio de prevenciones generales y sin que la suspensión se contraiga a determinado individuo. Si la suspensión tuviese lugar hallándose el Congreso reunido, éste concederá las autorizaciones que estime necesarias para que el Ejecutivo haga frente a la situación; pero si se verificase en tiempo de receso, se convocará sin demora al Congreso para que las acuerde.	**Artículo 29**. En los casos de invasión, perturbación grave de la paz pública, o de cualquier otro que ponga a la sociedad en grave peligro o conflicto, solamente el Presidente de los Estados Unidos Mexicanos, de acuerdo con los titulares de las Secretarías de Estado y la Procuraduría General de la República y con la aprobación del Congreso de la Unión o de la Comisión Permanente <u>cuando aquel no estuviere reunido</u>, podrá <u>restringir o</u> suspender en todo el país o en lugar determinado <u>el ejercicio de los derechos y</u> las garantías que fuesen obstáculo para hacer frente, rápida y fácilmente a la situación; pero deberá hacerlo por un tiempo limitado, por medio de prevenciones generales y sin que la restricción o suspensión se contraiga a <u>determinada persona</u>. Si la restricción o suspensión tuviese lugar hallándose el Congreso reunido, éste concederá las autorizaciones que estime necesarias para que el Ejecutivo haga frente a la situación; pero si se verificase en tiempo de receso, se convocará <u>de inmediato</u> al Congreso para que las acuerde.
	<u>En los decretos que se expidan, no podrá restringirse ni suspenderse el ejercicio de los derechos a la no discriminación, al reconocimiento de la personalidad jurídica, a la vida, a la integridad personal, a la protección a la familia, al nombre, a la nacionalidad; los derechos de la niñez; los derechos políticos; las libertades de pensamiento, conciencia y de profesar creencia religiosa alguna; el principio de legalidad y retroactividad; la prohibición de la pena de muerte; la prohibición de la esclavitud y la servidumbre; la prohibición de la desaparición forzada y la tortura; ni las garantías judiciales indispensables para la protección de tales derechos.</u>
	<u>La restricción o suspensión del ejercicio de los derechos y garantías debe estar</u>

	fundada y motivada en los términos establecidos por esta Constitución y ser proporcional al peligro a que se hace frente, observando en todo momento los principios de legalidad, racionalidad, proclamación, publicidad y no discriminación. Cuando se ponga fin a la restricción o suspensión del ejercicio de los derechos y garantías, bien sea por cumplirse el plazo o porque así lo decrete el Congreso, todas las medidas legales y administrativas adoptadas durante su vigencia quedarán sin efecto de forma inmediata. El Ejecutivo no podrá hacer observaciones al decreto mediante el cual el Congreso revoque la restricción o suspensión. Los decretos expedidos por el Ejecutivo durante la restricción o suspensión, serán revisados de oficio e inmediatamente por la Suprema Corte de Justicia de la Nación, la que deberá pronunciarse con la mayor prontitud sobre su constitucionalidad y validez.
Artículo 33.- Son extranjeros los que no posean las calidades determinadas en el artículo 30. Tienen derecho a las garantías que otorga el Capítulo I, Título Primero, de la presente Constitución; pero el Ejecutivo de la Unión tendrá la facultad exclusiva de hacer abandonar el territorio nacional, inmediatamente y sin necesidad de juicio previo, a todo extranjero cuya permanencia juzgue inconveniente.	**Artículo 33**. Son personas extranjeras las que no posean las calidades determinadas en el artículo 30 constitucional y gozarán de los derechos humanos y garantías que reconoce esta Constitución. El Ejecutivo de la Unión, previa audiencia, podrá expulsar del territorio nacional a personas extranjeras con fundamento en la ley, la cual regulará el procedimiento administrativo, así como el lugar y tiempo que dure la detención.
Los extranjeros no podrán de ninguna manera inmiscuirse en los asuntos políticos del país.	(...)
Artículo 89.- Las facultades y obligaciones del Presidente, son las siguientes:	**Artículo 89**. (...)

I.- Promulgar y ejecutar las leyes que expida el Congreso de la Unión, proveyendo en la esfera administrativa a su exacta observancia.	I a IX. (...)
II.- Nombrar y remover libremente a los secretarios del despacho, remover a los agentes diplomáticos y empleados superiores de Hacienda, y nombrar y remover libremente a los demás empleados de la Unión, cuyo nombramiento o remoción no esté determinado de otro modo en la Constitución o en las leyes.	(...)
III.- Nombrar los ministros, agentes diplomáticos y cónsules generales, con aprobación del Senado.	(...)
IV.- Nombrar, con aprobación del Senado, los Coroneles y demás oficiales superiores del Ejército, Armada y Fuerza Aérea Nacionales, y los empleados superiores de Hacienda.	(...)
V.- Nombrar a los demás oficiales del Ejército, Armada y Fuerza Aérea Nacionales, con arreglo a las leyes.	(...)
VI.- Preservar la seguridad nacional, en los términos de la ley respectiva, y disponer de la totalidad de la Fuerza Armada permanente o sea del Ejército, de la Armada y de la Fuerza Aérea para la seguridad interior y defensa exterior de la Federación.	(...)
VII.- Disponer de la Guardia Nacional para los mismos objetos, en los términos que previene la fracción IV del artículo 76.	(...)
VIII.- Declarar la guerra en nombre de los Estados Unidos Mexicanos, previa ley del Congreso de la Unión.	(...)
IX.- Designar, con ratificación del Senado, al Procurador General de la República.	(...)
X.- Dirigir la política exterior y celebrar	X. Dirigir la política exterior y celebrar

tratados internacionales, así como terminar, denunciar, suspender, modificar, enmendar, retirar reservas y formular declaraciones interpretativas sobre los mismos, sometiéndolos a la aprobación del Senado. En la conducción de tal política, el titular del Poder Ejecutivo observará los siguientes principios normativos: la autodeterminación de los pueblos; la no intervención; la solución pacífica de controversias; la proscripción de la amenaza o el uso de la fuerza en las relaciones internacionales; la igualdad jurídica de los Estados; la cooperación internacional para el desarrollo; y la lucha por la paz y la seguridad internacionales.	tratados internacionales, así como terminar, denunciar, suspender, modificar, enmendar, retirar reservas y formular declaraciones interpretativas sobre los mismos, sometiéndolos a la aprobación del Senado. En la conducción de tal política, el titular del Poder Ejecutivo observará los siguientes principios normativos: la autodeterminación de los pueblos; la no intervención; la solución pacífica de controversias; la proscripción de la amenaza o el uso de la fuerza en las relaciones internacionales; la igualdad jurídica de los Estados; la cooperación internacional para el desarrollo; <u>el respeto, la protección y promoción de los derechos humanos</u> y la lucha por la paz y la seguridad internacionales;
XI.- Convocar al Congreso a sesiones extraordinarias, cuando lo acuerde la Comisión Permanente.	XI a XX. (...)
XII.- Facilitar al Poder Judicial los auxilios que necesite para el ejercicio expedito de sus funciones.	(...)
XIII.- Habilitar toda clase de puertos, establecer aduanas marítimas y fronterizas, y designar su ubicación.	(...)
XIV.- Conceder, conforme a las leyes, indultos a los reos sentenciados por delitos de competencia de los tribunales federales y a los sentenciados por delitos del orden común, en el Distrito Federal.	(...)
XV.- Conceder privilegios exclusivos por tiempo limitado, con arreglo a la ley respectiva, a los descubridores, inventores o perfeccionadores de algún ramo de la industria.	(...)
XVI.- Cuando la Cámara de Senadores no esté en sesiones, el Presidente de la República podrá hacer los nombramientos de que hablan las fracciones III, IV y IX, con aprobación de la Comisión Permanente.	(...)

XVII.- (DEROGADA, D.O.F. 25 DE OCTUBRE DE 1993)	(...)
XVIII.- Presentar a consideración del Senado, la terna para la designación de Ministros de la Suprema Corte de Justicia y someter sus licencias y renuncias a la aprobación del propio Senado.	(...)
XIX.- (DEROGADA, D.O.F. 28 DE DICIEMBRE DE 1982)	(...)
XX.- Las demás que le confiere expresamente esta Constitución.	(...)
Artículo 97.- Los Magistrados de Circuito y los Jueces de Distrito serán nombrados y adscritos por el Consejo de la Judicatura Federal, con base en criterios objetivos y de acuerdo a los requisitos y procedimientos que establezca la ley. Durarán seis años en el ejercicio de su encargo, al término de los cuales, si fueran ratificados o promovidos a cargos superiores, sólo podrán ser privados de sus puestos en los casos y conforme a los procedimientos que establezca la ley.	**Artículo 97**. (...)
La Suprema Corte de Justicia de la Nación podrá <u>nombrar alguno o algunos de sus miembros o algún Juez de Distrito o Magistrado de Circuito, o designar uno o varios comisionados especiales, cuando así lo juzgue conveniente o lo pidiere el Ejecutivo Federal o alguna de las Cámaras del Congreso de la Unión, o el Gobernador de algún Estado, únicamente para que averigüe algún hecho o hechos que constituyan una grave violación de alguna garantía individual. También podrá</u> solicitar al Consejo de la Judicatura Federal, que averigüe la conducta de algún juez o magistrado federal.	La Suprema Corte de Justicia de la Nación podrá solicitar al Consejo de la Judicatura Federal que averigüe la conducta de algún juez o magistrado federal.
La Suprema Corte de Justicia nombrará y removerá a su secretario y demás funcionarios y empleados. Los	(...)

Magistrados y jueces nombrarán y removerán a los respectivos funcionarios y empleados de los Tribunales de Circuito y de los Juzgados de Distrito, conforme a lo que establezca la ley respecto de la carrera judicial.	
Cada cuatro años, el Pleno elegirá de entre sus miembros al Presidente de la Suprema Corte de Justicia de la Nación, el cual no podrá ser reelecto para el período inmediato posterior.	(...)
Cada Ministro de la Suprema Corte de Justicia, al entrar a ejercer su encargo, protestará ante el Senado, en la siguiente forma:	(...)
Presidente: "¿Protestáis desempeñar leal y patrióticamente el cargo de Ministro de la Suprema Corte de Justicia de la Nación que se os ha conferido y guardar y hacer guardar la Constitución Política de los Estados Unidos Mexicanos y las leyes que de ella emanen, mirando en todo por el bien y prosperidad de la Unión?"	(...)
Ministro: "Sí protesto"	(...)
Presidente: "Si no lo hiciereis así, la Nación os lo demande".	(...)
Los Magistrados de Circuito y los Jueces de Distrito protestarán ante la Suprema Corte de Justicia y el Consejo de la Judicatura Federal.	(...)
Artículo 102.-	**Artículo 102.**
A. La ley organizará el Ministerio Publico de la Federación, cuyos funcionarios serán nombrados y removidos por el Ejecutivo, de acuerdo con la ley respectiva. El Ministerio Público de la Federación estará presidido por un Procurador General de la República, designado por el Titular del Ejecutivo Federal con ratificación del Senado o, en sus recesos, de la	A. (...)

Comisión Permanente. Para ser Procurador se requiere: ser ciudadano mexicano por nacimiento; tener cuando menos treinta y cinco años cumplidos el día de la designación; contar, con antigüedad mínima de diez años, con título profesional de licenciado en derecho; gozar de buena reputación, y no haber sido condenado por delito doloso. El procurador podrá ser removido libremente por el Ejecutivo.	
Incumbe al Ministerio Público de la Federación, la persecución, ante los tribunales, de todos los delitos del orden federal; y, por lo mismo, a él le corresponderá solicitar las órdenes de aprehensión contra los inculpados; buscar y presentar las pruebas que acrediten la responsabilidad de éstos; hacer que los juicios se sigan con toda regularidad para que la administración de justicia sea pronta y expedita; pedir la aplicación de las penas e intervenir en todos los negocios que la ley determine.	(...)
El Procurador General de la República intervendrá personalmente en las controversias y acciones a que se refiere el artículo 105 de esta Constitución.	(...)
En todos los negocios en que la Federación fuese parte; en los casos de los diplomáticos y los cónsules generales y en los demás en que deba intervenir el Ministerio Público de la Federación, el Procurador General lo hará por sí o por medio de sus agentes.	(...)
El Procurador General de la República y sus agentes, serán responsables de toda falta, omisión o violación a la ley en que incurran con motivo de sus funciones.	(...)
La función de consejero jurídico del Gobierno, estará a cargo de la dependencia del Ejecutivo Federal que, para tal efecto, establezca la ley.	(…)

B. El Congreso de la Unión y las legislaturas de las entidades federativas, en el ámbito de sus respectivas competencias, establecerán organismos de protección de los derechos humanos que ampara el orden jurídico mexicano, los que conocerán de quejas en contra de actos u omisiones de naturaleza administrativa provenientes de cualquier autoridad o servidor público, con excepción de los del Poder Judicial de la Federación, que violen estos derechos.	B. (...)
Los organismos a que se refiere el párrafo anterior, formularán recomendaciones públicas, no vinculatorias y denuncias y quejas ante las autoridades respectivas.	Los organismos a que se refiere el párrafo anterior, formularán recomendaciones públicas, no vinculatorias, denuncias y quejas ante las autoridades respectivas. <u>Todo servidor público está obligado a responder las recomendaciones que les presenten estos organismos. Cuando las recomendaciones emitidas no sean aceptadas o cumplidas por las autoridades o servidores públicos, éstos deberán fundar, motivar y hacer pública su negativa; además, la Cámara de Senadores o en sus recesos la Comisión Permanente, o las legislaturas de las entidades federativas, según corresponda, podrán llamar, a solicitud de estos organismos, a las autoridades o servidores públicos responsables para que comparezcan ante dichos órganos legislativos, a efecto de que expliquen el motivo de su negativa.</u>
Estos organismos no serán competentes tratándose de asuntos electorales, <u>laborales</u> y jurisdiccionales.	Estos organismos no serán competentes tratándose de asuntos electorales y jurisdiccionales.
El organismo que establezca el Congreso de la Unión se denominará Comisión Nacional de los Derechos Humanos; contará con autonomía de gestión y presupuestaria, personalidad jurídica y patrimonio propios.	(...)
	<u>Las Constituciones de los Estados y el Estatuto de Gobierno del Distrito</u>

	Federal establecerán y garantizarán la autonomía de los organismos de protección de los derechos humanos.
La Comisión Nacional de los Derechos Humanos tendrá un Consejo Consultivo integrado por diez consejeros que serán elegidos por el voto de las dos terceras partes de los miembros presentes de la Cámara de Senadores o, en sus recesos, por la Comisión Permanente del Congreso de la Unión, con la misma votación calificada. La ley determinará los procedimientos a seguir para la presentación de las propuestas por la propia Cámara. Anualmente serán substituidos los dos consejeros de mayor antigüedad en el cargo, salvo que fuesen propuestos y ratificados para un segundo período.	(...)
El Presidente de la Comisión Nacional de los Derechos Humanos, quien lo será también del Consejo Consultivo, será elegido en los mismos términos del párrafo anterior. Durará en su encargo cinco años, podrá ser reelecto por una sola vez y sólo podrá ser removido de sus funciones en los términos del Título Cuarto de esta Constitución.	(...)
	La elección del titular de la presidencia de la Comisión Nacional de los Derechos Humanos, así como de los integrantes del Consejo Consultivo, y de titulares de los organismos de protección de los derechos humanos de las entidades federativas, se ajustarán a un procedimiento de consulta pública, que deberá ser transparente, en los términos y condiciones que determine la ley.
El Presidente de la Comisión Nacional de los Derechos Humanos presentará anualmente a los Poderes de la Unión un informe de actividades. Al efecto comparecerá ante las Cámaras del Congreso en los términos que disponga la ley.	(...)

La Comisión Nacional de los Derechos Humanos conocerá de las inconformidades que se presenten en relación con las recomendaciones, acuerdos u omisiones de los organismos equivalentes en las entidades federativas.	(...) La Comisión Nacional de los Derechos Humanos podrá investigar hechos que constituyan violaciones graves de derechos humanos, cuando así lo juzgue conveniente o lo pidiere el Ejecutivo Federal, alguna de las Cámaras del Congreso de la Unión, el gobernador de un Estado, el Jefe de Gobierno del Distrito Federal o las legislaturas de las entidades federativas.
Artículo 105. La Suprema Corte de Justicia de la Nación conocerá, en los términos que señale la ley reglamentaria, de los asuntos siguientes:	**Artículo 105.** La Suprema Corte de Justicia de la Nación conocerá, en los términos que señale la ley reglamentaria, de los asuntos siguientes:
I.- De las controversias constitucionales que, con excepción de las que se refieran a la materia electoral y a lo establecido en el artículo 46 de esta Constitución, se susciten entre:	I. De las controversias constitucionales que, con excepción de las que se refieran a la materia electoral y a lo establecido en el artículo 46 de esta Constitución, se susciten entre:
a).- La Federación y un Estado o el Distrito Federal;	a - k) (...)
b).- La Federación y un municipio;	(...)
c).- El Poder Ejecutivo y el Congreso de la Unión; aquél y cualquiera de las Cámaras de éste o, en su caso, la Comisión Permanente, sean como órganos federales o del Distrito Federal;	(...)
d).- Un Estado y otro;	(...)
e).- Un Estado y el Distrito Federal;	(...)
f).- El Distrito Federal y un municipio;	(...)
g).- Dos municipios de diversos	(...)

Estados;	
h).- Dos Poderes de un mismo Estado, sobre la constitucionalidad de sus actos o disposiciones generales;	(...)
i).- Un Estado y uno de sus municipios, sobre la constitucionalidad de sus actos o disposiciones generales;	(...)
j).- Un Estado y un municipio de otro Estado, sobre la constitucionalidad de sus actos o disposiciones generales; y	(...)
k).- Dos órganos de gobierno del Distrito Federal, sobre la constitucionalidad de sus actos o disposiciones generales.	(...)
Siempre que las controversias versen sobre disposiciones generales de los Estados o de los municipios impugnadas por la Federación, de los municipios impugnadas por los Estados, o en los casos a que se refieren los incisos c), h) y k) anteriores, y la resolución de la Suprema Corte de Justicia las declare inválidas, dicha resolución tendrá efectos generales cuando hubiera sido aprobada por una mayoría de por lo menos ocho votos.	(...)
En los demás casos, las resoluciones de la Suprema Corte de Justicia tendrán efectos únicamente respecto de las partes en la controversia.	(...)
II.- De las acciones de inconstitucionalidad que tengan por objeto plantear la posible contradicción entre una norma de carácter general y esta Constitución.	II. De las acciones de inconstitucionalidad que tengan por objeto plantear la posible contradicción entre una norma de carácter general y esta Constitución.
Las acciones de inconstitucionalidad podrán ejercitarse, dentro de los treinta días naturales siguientes a la fecha de publicación de la norma, por:	Las acciones de inconstitucionalidad podrán ejercitarse, dentro de los treinta días naturales siguientes a la fecha de publicación de la norma, por:
a).- El equivalente al treinta y tres por ciento de los integrantes de la Cámara de Diputados del Congreso de la	a - f) (...)

Unión, en contra de leyes federales o del Distrito Federal expedidas por el Congreso de la Unión;	
b).- El equivalente al treinta y tres por ciento de los integrantes del Senado, en contra de leyes federales o del Distrito Federal expedidas por el Congreso de la Unión o de tratados internacionales celebrados por el Estado Mexicano;	(...)
c).- El Procurador General de la República, en contra de leyes de carácter federal, estatal y del Distrito Federal, así como de tratados internacionales celebrados por el Estado Mexicano;	(...)
d).- El equivalente al treinta y tres por ciento de los integrantes de alguno de los órganos legislativos estatales, en contra de leyes expedidas por el propio órgano, y	(...)
e).- El equivalente al treinta y tres por ciento de los integrantes de la Asamblea de Representantes del Distrito Federal, en contra de leyes expedidas por la propia Asamblea;	(...)
f).- Los partidos políticos con registro ante el Instituto Federal Electoral, por conducto de sus dirigencias nacionales, en contra de leyes electorales federales o locales; y los partidos políticos con registro estatal, a través de sus dirigencias, exclusivamente en contra de leyes electorales expedidas por el órgano legislativo del Estado que les otorgó el registro.	(...)
g).- La Comisión Nacional de los Derechos Humanos, en contra de leyes de carácter federal, estatal y del Distrito Federal, así como de tratados internacionales celebrados por el Ejecutivo Federal y aprobados por el Senado de la República, que vulneren los derechos humanos consagrados en esta Constitución. Asimismo los organismos de protección de los	g) La Comisión Nacional de los Derechos Humanos, en contra de leyes de carácter federal, estatal y del Distrito Federal, así como de tratados internacionales celebrados por el Ejecutivo Federal y aprobados por el Senado de la República, que vulneren los derechos humanos consagrados en esta Constitución <u>y en los tratados internacionales de los que México sea</u>

derechos humanos equivalentes en los estados de la República, en contra de leyes expedidas por las legislaturas locales y la Comisión de Derechos Humanos del Distrito Federal, en contra de leyes emitidas por la Asamblea Legislativa del Distrito Federal.	parte. Asimismo, los organismos de protección de los derechos humanos equivalentes en los estados de la República, en contra de leyes expedidas por las legislaturas locales y la Comisión de Derechos Humanos del Distrito Federal, en contra de leyes emitidas por la Asamblea Legislativa del Distrito Federal.
La única vía para plantear la no conformidad de las leyes electorales a la Constitución es la prevista en este artículo.	(...)
Las leyes electorales federal y locales deberán promulgarse y publicarse por lo menos noventa días antes de que inicie el proceso electoral en que vayan a aplicarse, y durante el mismo no podrá haber modificaciones legales fundamentales.	(...)
Las resoluciones de la Suprema Corte de Justicia sólo podrán declarar la invalidez de las normas impugnadas, siempre que fueren aprobadas por una mayoría de cuando menos ocho votos.	(...)
III.- De oficio o a petición fundada del correspondiente Tribunal Unitario de Circuito o del Procurador General de la República, podrá conocer de los recursos de apelación en contra de sentencias de Jueces de Distrito dictadas en aquellos procesos en que la Federación sea parte y que por su interés y trascendencia así lo ameriten.	III. (...)
La declaración de invalidez de las resoluciones a que se refieren las fracciones I y II de este artículo no tendrá efectos retroactivos, salvo en materia penal, en la que regirán los principios generales y disposiciones legales aplicables de esta materia.	(...)
En caso de incumplimiento de las resoluciones a que se refieren las fracciones I y II de este artículo se aplicarán, en lo conducente, los procedimientos establecidos en los dos	(...)

primeros párrafos de la fracción XVI del artículo 107 de esta Constitución.	

El cambio en el texto constitucional debe conducirnos a preguntar: ¿Qué son los derechos humanos? Esta pregunta no ha podido ser respondida de manera tal que sea aceptada universalmente; lo más que se ha logrado es una aproximación general a la idea de que son el conjunto de prerrogativas inherentes a la naturaleza humana que, por tal motivo, todo ser humano debe tener como condición necesaria para vivir con dignidad humana.[15]

Lo anterior genera el problema de que, al no existir una definición concreta universalmente aceptada, tampoco puede existir una enumeración concreta de cuáles sean esos derechos que derivan de la naturaleza humana.

Todavía más, la referencia genérica a la *"naturaleza humana"* y a la dignidad obligan a resolver primero los problemas relativos a cuál sea tal naturaleza (cuestión que filosóficamente no ha podido ser resuelta de manera aceptable universalmente), así como el alcance del concepto *"dignidad humana"*, sobre el que tampoco existe acuerdo unánime.

Tales dificultades han obligado a que, a nivel internacional, se haya colocado en segundo plano la pretensión de definir qué son los derechos humanos y, en su lugar, privilegiar su identificación y enumeración[16] lo que ha llevado a que progresivamente se hayan ido reconociendo como *"derechos humanos"* nuevos aspectos de la vida humana; así se habla de derechos de primera, segunda y tercera generaciones (incluso algunos autores hablan de cuarta generación), en función de las épocas de su reconocimiento y el valor común entre ellos[17].

Básicamente, el concepto de *derechos humanos* es una concepción filosófica, más que jurídica, puesto que se trata de ideas generales que no

---

[15] Norberto Bobbio consideró imposible encontrar un fundamento absoluto para los derechos humanos, lo que parece confirmarse por la multiplicidad de teorías que pretenden explicarlos, pues existen posturas iusnaturalistas, positivistas, realistas, dualistas, etc., e incluso quienes opinan que no existen realmente.

[16] Aunque el problema de esta forma de enfrentar el problema es que no existe seguridad en cuanto a qué criterios determinan el considerar algo en particular como un derecho humano, lo que, al final de cuentas, resulta del contenido que los acuerdos internacionales definan.

[17] La primera generación comprendería los derechos derivados de la libertad; la segunda, los de la igualdad; la tercera, los de la solidaridad; algunos autores hablan de una cuarta generación relacionada con la protección al medio ambiente o el uso de las nuevas tecnologías.

se traducen en sí mismas en derechos y obligaciones reconocidas por un sistema jurídico específico.

La evolución del reconocimiento de los derechos humanos y la necesidad de obligar a los pueblos y gobiernos a respetarlos, generó a nivel internacional, sobre todo después de la segunda guerra mundial, la idea de que debían reconocerse en instrumentos internacionales para que, al ser éstos normas jurídicas de derecho internacional, pudieran volverse exigibles en la vida práctica.

El problema fundamental que deriva de esta actividad es que los derechos humanos, como concepto filosófico y, en consecuencia, abierto, abstracto, con pretensión de validez absoluta y sin excepciones, se traduce a expresiones normativas concretas que ya no son absolutas sino que admiten excepciones.

Por ejemplo, se considera que los derechos humanos son universales (para todos los seres humanos) y absolutos (no admiten excepciones); así, la vida como derecho humano (concepto filosófico) sería absoluto y sin excepciones de tal manera que no puede admitirse, bajo ninguna circunstancia, que pueda privarse de la vida a un ser humano (lo que incluye considerar ilegítima la pena de muerte, pero también la muerte de un agresor en legítima defensa, puesto que permitir a alguien matar en defensa sería una excepción al derecho absoluto a la vida de que gozaría el agresor).

Sin embargo, cuando se normaliza (es decir, se regula en normas) el derecho humano a la vida, en los tratados internacionales los Estados formulan reservas y se aceptan limitaciones o excepciones, como por ejemplo, la posibilidad de considerar la legítima defensa como caso de excepción para considerar legítimo el que alguien mate a otro ser humano; a partir de ese momento, los operadores internacionales ya no trabajan directamente con el derecho humano como concepto filosófico, sino con la norma internacional que regula los derechos y obligaciones establecidos al respecto.

Cuando ese modelo se traslada a los sistemas jurídicos particulares, podemos advertir que, aunque se considere la existencia de derechos humanos como conceptos filosóficos, los sistemas jurídicos funcionan con base en las normas que los estructuran, de tal manera que los operadores no trabajan directamente con *derechos humanos* sino con los derechos y obligaciones establecidos en las normas que, por tanto, se sujetan a la interpretación y aplicación característicos de cada sistema jurídico concreto.

Así, los sistemas jurídicos no regulan realmente *derechos humanos* como concepciones filosóficas, sino derechos concretos precisados en sus normas que quedan, por tal motivo, limitados por las expresiones normativas y condicionados a la interpretación y aplicación que efectúen los operadores jurídicos.

A los derechos previstos en las normas fundamentales de los sistemas jurídicos se les denomina generalmente derechos fundamentales respecto a cuyo contenido se afirma frecuentemente la pretensión de que coinciden con los denominados derechos humanos.

Como consecuencia de que los derechos humanos en sí no son categorías jurídicas y que los derechos fundamentales son los derechos reconocidos en las normas básicas de los sistemas jurídicos, tendríamos que concluir que las reformas constitucionales[18] de 6 y 10 de junio de 2011 lo que hicieron fue modificar la concepción filosófica que sustenta la identificación de los derechos fundamentales de nuestro sistema jurídico para cambiar, de la concepción positivista de otorgamiento de garantías individuales, a la concepción naturalista de reconocimiento de derechos humanos a través de su definición normativa (derechos fundamentales).

Además, en ambas reformas se precisa la distinción entre los derechos humanos reconocidos por la Constitución y los tratados internacionales y *"sus garantías"* o las *"garantías otorgadas para su protección"*, lo que obliga a diferenciar ambos conceptos.

Antes de la reforma de 10 de junio de 2011, nuestra Constitución establecía (artículo 1°) que toda persona gozaba de las garantías que otorgaba la propia Constitución y el concepto de garantía individual se llegó a identificar con todos los derechos establecidos en el texto constitucional a favor de los gobernados, de tal manera que, como consecuencia, el juicio de amparo, al ser el medio para resolver las controversias suscitadas por leyes o actos de autoridad que violaran garantías individuales, servía como control de constitucionalidad de casi todos los actos de autoridad y con relación a prácticamente todos los preceptos constitucionales.

El nuevo texto constitucional obliga a distinguir entre los derechos humanos reconocidos y las garantías que la Constitución otorga para su protección; por tanto, ya no podemos identificar garantías con todos los derechos establecidos en la Constitución a favor de los gobernados, sino

---

[18] En los anexos de este trabajo pueden consultarse los decretos de reformas constitucionales que se mencionan.

que debemos precisar su contenido como los medios previstos en el sistema para asegurar el respeto a los *derechos humanos reconocidos* tanto en la propia Constitución como en los tratados internacionales, debido a que garantía significa, precisamente, lo que asegura y protege contra un riesgo o necesidad[19].

Así, las garantías otorgadas para la protección de los derechos humanos incluirían:

- El propio texto constitucional que fija los derechos fundamentales y reconoce, entre ellos, derechos humanos.

- El juicio de amparo.

- Las acciones de inconstitucionalidad (en la reforma de 10 de junio se prevé expresamente que procederán contra leyes que violen los derechos humanos).

- El sistema de medios de impugnación en materia electoral (debido a que los derechos políticos son derechos humanos reconocidos en los tratados internacionales).

- La obligación de todas las autoridades de promover, respetar, proteger y garantizar los derechos humanos[20].

- La obligación del Estado de prevenir, investigar, sancionar y reparar las violaciones a los derechos humanos.

- Las actividades de las Comisiones de Derechos Humanos, tanto federal como locales.

- El procedimiento ante la Comisión Interamericana de Derechos Humanos (garantía otorgada en tratado internacional).

- El juicio ante la Corte Interamericana de Derechos Humanos (garantía otorgada en tratado internacional).

- En general, los medios de protección establecidos en el sistema universal de derechos humanos (ONU).

---

[19] Diccionario de la Lengua Española, Real Academia Española, 22ª. Ed., Madrid, 2001.

[20] Artículo 1°, párrafo 3, Constitucional.- Todas las autoridades, en el ámbito de sus competencias, tienen la obligación de promover, respetar, proteger y garantizar los derechos humanos de conformidad con los principios de universalidad, interdependencia, indivisibilidad y progresividad. En consecuencia, el Estado deberá prevenir, investigar, sancionar y reparar las violaciones a los derechos humanos, en los términos que establezca la ley.

Tales garantías deben operar como medios de protección de los derechos humanos reconocidos en la Constitución y en los tratados internacionales, por lo que deberán identificarse cuáles éstos.

Derechos humanos reconocidos por la Constitución

¿Qué derechos humanos reconoce nuestra Constitución?

Debe partirse de una precisión: todos los derechos regulados en la Constitución son derechos fundamentales en el sentido de que están establecidos normativamente en la Carta Magna, que es la norma esencial del sistema; sin embargo, no necesariamente todos los derechos fundamentales son derechos humanos en tanto que puede haber derechos que se otorguen en la Constitución pero que no deriven directamente de la naturaleza humana sino de conveniencias históricas concretas; así, por ejemplo, los derechos otorgados por la Constitución a las personas morales o colectivas no pueden considerarse, por sí mismos, derechos humanos puesto que su titular no es un ser humano[21].

Lo anterior obliga a reexaminar el contenido de nuestra Carta Magna para determinar cuál es el origen de los derechos que regula y poder determinar, en cada caso, si corresponden a un derecho humano o no puesto que dependerá de que se trate de un derecho que pueda considerarse anterior al Estado y al sistema jurídico, de tal manera importante para preservar la dignidad humana que sea imposible concluir que pueda restringirse o no existir en el sistema jurídico, razón por la cual la Constitución no lo otorga sino sólo lo reconoce.

El problema de fondo deriva de la circunstancia de que, como ya comentamos, no existe una definición específica de lo que sea un derecho humano y, por tanto, los operadores jurídicos estarán, de hecho, en posibilidad de determinar, en cada caso, si un derecho constitucionalmente reconocido tiene la categoría de derecho humano o no[22]; para ello, una guía útil será la identificación de derechos humanos reconocidos en los tratados

---

[21] Los derechos humanos protegen la dignidad del ser humano; todos los tratados internacionales, en sus declaraciones iniciales, ponen énfasis en que su intención es proteger al ser humano y ninguna menciona que los derechos humanos sean atribuibles a las corporaciones; la Convención Americana sobre derechos humanos *"Pacto de San José de Costa Rica"* dispone expresamente, en el párrafo 2 de su artículo primero que: *"Para los efectos de esta Convención, persona es todo ser humano."*

[22] En opinión personal del autor de este trabajo, esto conduce a la inseguridad, más que a la verdadera protección de las personas puesto que deja un margen de actuación demasiado amplio para lo que cada tribunal quiera reconocer como derecho humano.

internacionales para poder establecer un paralelo con los reconocidos en nuestra Carta Magna.

Los derechos humanos tienen la pretensión de ser anteriores al Estado y al sistema jurídico, que sólo los reconoce, no los crea, además de ser universales (para todas las personas) y absolutos (sin excepciones); si un derecho no se reconoce para todas las personas, no puede considerarse que derive o se relacione directamente con la dignidad humana; además, si admite excepciones; es decir, casos en los cuales ese derecho no esté protegido o pueda ser restringido, significaría, también, que no deriva directamente de la vida ni de la dignidad humanas en tanto que estos bienes deben considerarse irrenunciables e inafectables en todos los casos, de tal manera que restringirlos implicaría directamente una afectación a la vida o la dignidad humanas que es lo que el concepto de derechos humanos busca proteger.

Por ese motivo consideramos que debe definirse, primero, qué debe entenderse por derecho humano y determinar sus características, a fin de poder distinguir qué derechos se reconocen en los tratados como derechos humanos y qué derechos se otorgan en ellos como fundamentales, pero no necesariamente como derechos humanos.

Tampoco puede aceptarse que los tribunales y demás organismos de derechos humanos decidan en cada caso qué cosa se considera derecho humano y cuál no, puesto que eso generaría inseguridad; además, la absoluta libertad a los tribunales para resolver fuera de los límites de las leyes que los regulan debe considerarse una violación al principio de legalidad que, paradójicamente, se considera generalmente un derecho humano; entonces, sería un contrasentido decir que los tribunales pueden decidir libremente qué se considera derecho humano y qué no, porque entonces estarían actuando fuera del principio de legalidad y violando este derecho humano.

Por lo anterior, se insiste, los derechos humanos deben considerarse aquéllos que satisfagan los requisitos de:

- Derivar de la naturaleza humana o, al menos estar directamente relacionados con la dignidad humana.

- Ser universales; es decir, aplicables a todos los seres humanos, sin excepción.

- Ser absolutos; es decir, no aceptar casos de excepción en los que no se reconozcan o puedan ser disminuidos o restringidos.

Si un derecho no satisface estos requisitos, no podría considerarse realmente un derecho humano, puesto que ya no protegería la esencia humana sino algún otro aspecto, que podría entonces reconocerse a algunos seres humanos y a otros no, o protegerse sólo en algunos casos y en otros no, lo que implicaría que no estaría realmente en juego la dignidad humana pues sería un contrasentido aceptar que ésta pudiera dejar de protegerse o reconocerse en ciertos casos; lo anterior no impide pueda considerarse la existencia de otros derechos fundamentales o con una protección especial; simplemente se trataría de derechos muy importantes, fundamentales, pero no derechos humanos.

La reforma constitucional de 10 de junio de 2011 permite identificar los derechos humanos expresamente reconocidos como tales en la propia Constitución al establecer, en el artículo 29, la posibilidad de restringir o suspender en todo el país o en lugar determinado el ejercicio de los derechos y las garantías que fuesen obstáculo para hacer frente a los casos de invasión, perturbación grave de la paz pública, o de cualquier otro que ponga a la sociedad en grave peligro o conflicto pero también dispone expresamente que no podrá restringirse ni suspenderse el ejercicio de los derechos a la no discriminación, al reconocimiento de la personalidad jurídica, a la vida, a la integridad personal, a la protección a la familia, al nombre, a la nacionalidad; los derechos de la niñez; los derechos políticos; las libertades de pensamiento, conciencia y de profesar creencia religiosa alguna; el principio de legalidad y retroactividad; la prohibición de la pena de muerte; la prohibición de la esclavitud y la servidumbre; la prohibición de la desaparición forzada y la tortura; ni las garantías judiciales indispensables para la protección de tales derechos.

Por tanto, si sólo debe considerarse, en estricto sentido, como derecho humano reconocido por la Constitución, un derecho con características universales y absolutas: precisamente las características que tienen ahora casi todos los derechos enumerados en el artículo 29 Constitucional[23] y las garantías judiciales esenciales para su protección son manifestación, en todo caso, del derecho humano a la legalidad, que también está incluido en el catálogo de derechos que no pueden suspenderse ni restringirse[24], habría

---

[23] Deben excluirse los derechos a la no discriminación, a la nacionalidad y los políticos, puesto que el propio texto constitucional establece excepciones y limitaciones, lo que impide considerarlos universales y absolutos.

[24] Esto no significa que la Constitución no reconozca otros derechos ni que éstos no sean importantes; por el contrario, todos los derechos regulados en la Constitución son derechos fundamentales por estar en el texto fundamental de nuestro sistema jurídico; sólo que se trata de derechos que otorga la Constitución y, por tanto, puede el Estado regularlos como considere necesario, restringirlos, suspenderlos o incluso eliminarlos, a diferencia de los

que concluir que son derechos humanos reconocidos en la Constitución, los siguientes:

- Derecho al reconocimiento de la personalidad jurídica.

- Derecho a la vida.

- Derecho a la integridad personal.

- Derecho a la protección a la familia.

- Derecho al nombre.

- Derechos de la niñez.

- Derecho a la libertad de pensamiento.

- Derecho a la libertad de conciencia y de profesar creencia religiosa alguna.

- Derecho a la legalidad y retroactividad.

- Derecho a la no imposición de la pena de muerte.

- Derecho a la proscripción de la esclavitud y la servidumbre.

- Derecho a la proscripción de la desaparición forzada.

- Derecho a la proscripción de la tortura.

Además, debe tomarse en cuenta que el concepto de derecho humano implica la imposibilidad para el Estado de restringirlo precisamente por ser anterior al Estado mismo y a su orden jurídico, de tal manera que técnicamente no debería considerarse como *derecho humano reconocido* a los demás derechos consignados constitucionalmente pero que sí pueden ser restringidos o suspendidos; estos últimos son derechos fundamentales, por estar consignados en el texto constitucional, pero deben estimarse otorgados por la Constitución, no reconocidos como anteriores ni superiores a la misma.

El citado artículo 29 Constitucional prevé también que no podrán suspenderse las garantías judiciales indispensables para la protección de los derechos que no pueden restringirse, lo que es acorde con el modelo de distinción y separación entre derechos humanos y garantías; entonces, ¿cuáles serían esas garantías judiciales indispensables? Consideramos que serían:

---

derechos humanos que, al ser reconocidos por el Estado, se consideran anteriores al mismo y no pueden ser eliminados o desconocidos, ni siquiera parcialmente, por el Estado.

- En general, la garantía de acceso a la justicia y el funcionamiento de tribunales independientes.

- El juicio de amparo.

- Las acciones de inconstitucionalidad.

- El sistema de medios de impugnación en materia electoral.

Además, también habría que considerar que el Estado Mexicano no puede suspender ni restringir:

- El procedimiento ante la Comisión Interamericana de Derechos Humanos (garantía otorgada en tratado internacional).

- El juicio ante la Corte Interamericana de Derechos Humanos (garantía otorgada en tratado internacional).

- Los juicios previstos en el sistema universal de derechos humanos (ONU).

Debido a que se trata de garantías que están previstas en tratados internacionales y no dependen sólo del Estado Mexicano; en todo caso, podría denunciar los tratados respectivos y separarse de la comunidad internacional que los aplica, pero eso debe estimarse poco probable pues, por otra parte, los tratados prevén términos mínimos de espera entre la manifestación de denuncia y la terminación de la obligatoriedad para el estado denunciante. A lo que habría que agregar algunos criterios de tribunales internacionales sobre derechos humanos que consideran inválidas las renuncias o reservas sobre la materia, por lo que existe la posibilidad de que se estimara que la denuncia al tratado no eximiera al Estado de la obligación de acatar los fallos de los tribunales internacionales.

Derecho al reconocimiento de la personalidad jurídica.

Ningún precepto constitucional establece expresamente la personalidad jurídica del ser humano[25]; sin embargo, debe entenderse reconocido tal derecho en la medida en que el artículo 29 dispone que no es susceptible de ser suspendido ni restringido.

Además, está prohibida la esclavitud en el artículo 1°, párrafo cuarto, Constitucional, que también dispone que cualquier esclavo del extranjero,

---

[25] Tampoco de las personas morales o colectivas; éstas tienen casi los mismos atributos, salvo que la expresión que las identifica no es un nombre sino una denominación o razón social y carecen de estado civil, al no tener familia ni poder celebrar matrimonio.

por el solo hecho de entrar al territorio nacional, alcanzará su libertad y la protección de las leyes, lo que debe entenderse como reconocimiento de su personalidad jurídica.

La personalidad jurídica es la capacidad para ser titular de derechos y obligaciones y, en consecuencia, de actuar como sujeto de derecho dentro del sistema jurídico; la personalidad jurídica se manifiesta a través de los denominados atributos de la personalidad, que son:

- Capacidad jurídica; que se subdivide en capacidad de goce y de ejercicio; la primera es la aptitud de ser titular de derechos y obligaciones; la segunda, la aptitud para ejercer o cumplir, por sí mismo, tales derechos y obligaciones.

- Nombre; es la expresión que se usa para identificar e individualizar al ser humano; las leyes regulan la forma de efectuar la asignación del nombre que, en nuestro país, se integra por un nombre de pila, un apellido paterno y un apellido materno, lo que permite identificar, también, la familia a la que pertenezca el individuo.

- Domicilio; es el lugar donde reside la persona con el propósito de establecerse en él; los códigos civiles prevén, por regla general que, a falta de éste, se considere domicilio el lugar del principal asiento de los negocios de la persona o incluso el lugar donde se encuentre.

- Nacionalidad; es el vínculo de pertenencia a una comunidad política (pueblo o nación) y, como consecuencia, su inclusión a la población de un Estado; se regula con base en la filiación y el lugar de nacimiento; la mayoría de los países permite la adopción de su nacionalidad satisfaciendo ciertos requisitos; nuestra Constitución establece que la ningún mexicano por nacimiento podrá ser privado de su nacionalidad (art. 37, inciso A)).

- Estado civil; es el vínculo que guarde la persona humana con una familia, de tal manera que, en sentido amplio, el estado civil se integra por el conjunto de relaciones establecidas con los ascendientes y descendientes, así como con los parientes colaterales; en la práctica, sin embargo, se asocia el estado civil a la relación que se guarde con la institución denominada matrimonio; así, cuando se pregunta por el estado civil, se responde casado o soltero, según se tenga celebrado o no un contrato de matrimonio.

- Patrimonio; es el conjunto de derechos y obligaciones de un persona; en tiempos antiguos se consideraban sólo los derechos y obligaciones susceptibles de ser apreciados en dinero, pero se ha reconocido también que existen derechos y obligaciones que no son susceptibles de valuación económica; en estos casos se habla de patrimonio moral.

Todos estos atributos se regulan en diferentes disposiciones legales, casi siempre en los códigos civiles, aunque también puede haber disposiciones relacionadas en ordenamientos de otro tipo; por ejemplo, la Ley Federal del Trabajo (artículo 23), reconoce capacidad de ejercicio a los mayores de 16 años para efectos laborales.

Derecho a la vida.

Ningún precepto constitucional establece expresamente el derecho a la vida; sin embargo, debe entenderse reconocido tal derecho en la medida en que el artículo 29 dispone que no es susceptible de ser suspendido ni restringido, además de que también puede considerarse implícitamente reconocido el derecho a la vida al prohibirse la pena de muerte (art. 22 Constitucional).

El derecho a la vida puede considerarse el primer derecho humano en tanto que, si no existe, ninguno de los otros derechos puede tener sentido.

El problema es que no hay una definición unánimemente aceptada de lo que significa *"vida"* ni, más específicamente, *"vida humana"*, lo que lleva a profundos conflictos a la hora de determinar los momentos en que empieza o termina[26].

Quizás el problema de fondo radique en la imposibilidad de definir con exactitud lo que significa *"humano"*; incluso la referencia a la estructura genética resulta insuficiente puesto ningún ser humano tiene exactamente el mismo código genético que otros, de tal manera que existen opiniones en el sentido de que compartimos aproximadamente un 99% de código genético; sin embargo, un ser con problemas genéticos que redujeran sus componentes genéticos comunes a un 98% o 97% ¿seguiría siendo humano?[27]

---

[26] Nuestra Constitución no define lo que debe entenderse por vida ni vida humana ni, tampoco, a partir de qué momento inicie o en qué momento termina.

[27] Los científicos consideran que compartimos un 98% de código genético con los chimpancés, por ejemplo.

Derecho a la integridad personal.

La integridad personal es el derecho a conservar todas las partes del cuerpo; en nuestra Constitución no se define expresamente tal derecho humano aunque debe entenderse reconocido en la medida en que el artículo 29 dispone que no es susceptible de ser suspendido ni restringido.

Además, también puede considerarse implícitamente reconocido el derecho a la integridad personal al prohibirse las penas de mutilación (art. 22 Constitucional).

El texto constitucional también hace referencia a la *integridad de las mujeres*, al reconocer el derecho de los pueblos y las comunidades indígenas a aplicar sus propios sistemas normativos en la regulación y solución de sus conflictos internos, con la condición de que se ajusten a los principios generales de la propia Constitución (art. 2°, apartado A, fracción II).

Derecho a la protección a la familia.

Este derecho humano está reconocido en varias disposiciones constitucionales:

El artículo 4° Constitucional establece:

"El varón y la mujer son iguales ante la ley. Esta protegerá la organización y el desarrollo de la familia.

[...]

Toda familia tiene derecho a disfrutar de vivienda digna y decorosa. La Ley establecerá los instrumentos y apoyos necesarios a fin de alcanzar tal objetivo.

[...]"

El artículo 3°, fracción II, inciso c), Constitucional, prevé que la educación que imparta el estado se regirá por un criterio que contribuya a robustecer en el educando, entre otras cosas, el aprecio para la dignidad de la persona y la integridad de la familia.

El artículo 16 Constitucional prevé que nadie sea molestado en su familia sin mandamiento escrito de autoridad competente que funde y motive la causa legal del procedimiento.

El artículo 18 Constitucional prevé que las medidas que se tomen respecto de adolescentes infractores tengan como fin su reintegración social y familiar.

El artículo 27, fracción XVII, último párrafo, Constitucional, dispone:

"Las leyes locales organizarán el patrimonio de familia, determinando los bienes que deben constituirlo, sobre la base de que será inalienable y no estará sujeto a embargo ni a gravamen ninguno."

Y el artículo 123, Apartado A, fracción XXVIII, Constitucional, sobre el mismo tema, establece:

"Las leyes determinarán los bienes que constituyan el patrimonio de la familia, bienes que serán inalienables, no podrán sujetarse a gravámenes reales ni embargos, y serán transmisibles a título de herencia con simplificación de las formalidades de los juicios sucesorios."

El artículo 107, fracción III, inciso a), Constitucional, prevé que no exija que se agoten los recursos ordinarios cuando se impugnen violaciones procesales en amparo directo si se afecta el orden o la estabilidad de la familia.

El artículo 123, Apartado A, fracción VI, segundo párrafo, Constitucional, dispone:

"Los salarios mínimos generales deberán ser suficientes para satisfacer las necesidades normales de un jefe de familia, en el orden material, social y cultural, y para proveer a la educación obligatoria de los hijos."

La fracción XXIV del artículo 123, Apartado A, Constitucional prohíbe exigir a los miembros de la familia del trabajador deudas que haya contraído éste con su patrón, asociados, familiares o dependientes.

La fracción XXV del artículo 123, Apartado A, Constitucional otorga preferencia en la colocación de trabajadores a los que sean la única fuente de ingresos en su familia; idéntica disposición de preferencia se otorga a los trabajadores al servicio del Estado, tratándose de la aplicación de escalafón, en la fracción VIII del Apartado B del citado artículo 123 Constitucional.

En cuanto a la seguridad social, se prevé a favor de los familiares del trabajador en el artículo 123, Apartado A, fracción XXIX, y en los incisos d) y e) de la fracción XI del apartado B; también se prevé a favor de las familias de los miembros del personal del Ministerio Público, de las corporaciones policiales y de los servicios periciales, así como, en idénticas condiciones (lo que incluye a sus familias) de los miembros en el activo del Ejército, Fuerza Aérea y Armada (fracción XIII).

Derecho al nombre.

El derecho humano al nombre no está definido expresamente en ningún precepto constitucional pero sí está previsto que no puede ser restringido ni suspendido (art. 29).

Además de lo ya comentado sobre los atributos de la personalidad, habría que considerar que el derecho al nombre incluye la exigencia de que no sea variado sin el consentimiento de su titular, así como para que sea protegido del uso indebido por parte de otros.

Derechos de la niñez.

Sobre los derechos de los niños, la Constitución contiene varias disposiciones expresas:

El artículo 2°, apartado B, fracción VIII, Constitucional obliga a las autoridades federales, estatales y municipales a:

"apoyar con programas especiales de educación y nutrición a niños y jóvenes de familias migrantes; velar por el respeto de sus derechos humanos y promover la difusión de sus culturas."

La parte final del artículo 4° Constitucional dispone:

"Los niños y las niñas tienen derecho a la satisfacción de sus necesidades de alimentación, salud, educación y sano esparcimiento para su desarrollo integral.

Los ascendientes, tutores y custodios tienen el deber de preservar estos derechos. El Estado proveerá lo necesario para propiciar el respeto a la dignidad de la niñez y el ejercicio pleno de sus derechos.

El Estado otorgará facilidades a los particulares para que coadyuven al cumplimiento de los derechos de la niñez."

El texto constitucional no define expresamente la edad límite para considerar a una persona dentro de la etapa de la niñez; sin embargo, el artículo 18 Constitucional sí define que se considera adolescentes a quienes tengan entre doce años cumplidos y menos de dieciocho años de edad, por lo que habría que considerar niños a todos los seres humanos menores de 12 años.

El mismo artículo 18 Constitucional establece que:

"Las personas menores de doce años que hayan realizado una conducta prevista como delito en la ley, solo serán sujetos a rehabilitación y asistencia social."

Derecho a la libertad de pensamiento, de conciencia y de profesar creencia religiosa alguna.

Las ideas que pueda tener una persona no pueden ser limitadas en forma alguna en tanto existen en el ámbito interno de la mente humana. No puede forzarse a una persona a aceptar o sostener ideas contra su voluntad así como tampoco puede prohibírsele que piense de determinada forma.

La libertad de conciencia y de profesar una religión constituye, en sí, una manifestación del derecho a la libertad de pensamiento pero relativa a un elemento sociológico e histórico de la mayor importancia: la religión.

La Constitución prohíbe cualquier discriminación con motivo de la religión que se profese (art. 1°) además de ordenar que el criterio que rija la educación pública tienda a evitar los privilegios de cualquier religión (art. 3°), pero es esencialmente en el artículo 4° Constitucional en donde se reconoce este derecho:

"Todo hombre es libre para profesar la creencia religiosa que más le agrade y para practicar las ceremonias, devociones o actos del culto respectivo, siempre que no constituyan un delito o falta penados por la ley.

El Congreso no puede dictar leyes que establezcan o prohiban religión alguna.

Los actos religiosos de culto público se celebrarán ordinariamente en los templos. Los que extraordinariamente se celebren fuera de éstos se sujetarán a la ley reglamentaria."

Debe precisarse que la libertad para profesar cualquier religión incluye la de no profesar ninguna, puesto que la idea de negar la existencia de uno o varios dioses queda incluida en el derecho a la libertad de pensamiento.

Además, la mera profesión o manifestación de una creencia religiosa no provoca ninguna limitación al ejercicio de otros derechos, pero el fungir como ministro religioso sí acarrea algunas limitaciones como, por ejemplo:

-   No poder ser diputado o senador federal ni presidente de la república (arts. 55, fracción VI, 58, y 82, fracción IV, Constitucionales).

-   No desempeñar cargos públicos ni ser votados para los mismos (art. 130, inciso d), Constitucional).

-   No poder asociarse con fines políticos ni realizar proselitismo a favor o en contra de candidato, partido o asociación política alguna, así como tampoco pueden, en reunión pública, en actos del culto o de propaganda religiosa, ni en publicaciones de carácter religioso, oponerse a las leyes del país o a sus instituciones, ni agraviar, de cualquier forma, los símbolos patrios (art. 130, inciso e), Constitucional).

- Ser incapaces para heredar por testamento, de las personas a quienes hayan dirigido o auxiliado espiritualmente y no tengan parentesco dentro del cuarto grado; esta limitación se extiende a los ascendientes, descendientes, hermanos y cónyuges de los ministros de culto, así como las asociaciones religiosas a que pertenezcan (art. 130, antepenúltimo párrafo, Constitucional).

La Constitución reconoce personalidad jurídica a las asociaciones religiosas y les otorga ciertos derechos y algunas prohibiciones específicas; sin embargo, a diferencia de lo que ocurre con los partidos políticos[28], debe concluirse que la afectación a los derechos de una asociación religiosa no trascendería al derecho humano de libertad de religión puesto que la asociación en sí no es un elemento indispensable para que el ser humano profese su creencia religiosa, por lo que, en este caso, sólo los derechos individuales serían susceptibles de protección como derechos humanos; las asociaciones religiosas sólo podrán acudir a medios ordinarios en defensa de sus derechos y no al juicio de amparo[29].

Derecho a la legalidad y retroactividad.

El derecho humano a la legalidad consiste en que los seres humanos pueden exigir que el sistema jurídico se aplique correctamente en su totalidad.

Los derechos humanos derivan de la naturaleza humana y, por tanto, su respeto es exigible al Estado y sus órganos pero, también, a los particulares en tanto que todos, autoridades y gobernados, son sujetos del sistema jurídico y, por tanto, todos deben cumplir con las normas que lo constituyen.

Debe tomarse en cuenta que el artículo 17 Constitucional prohíbe a las personas hacerse justicia por sí mismas y hacer violencia para ejercer sus derechos, lo que obliga a los particulares a acudir a las instituciones para obtener la protección y, en su caso, reparación de las violaciones que se produzcan a sus derechos; por tanto, resulta indispensable que las instituciones funcionen de acuerdo con las leyes que las establezcan para

---

[28] Supra, derechos políticos.

[29] Cfr. Infra, imposibilidad de que las personas morales promuevan el amparo.

que los particulares puedan tener la certeza de que sus derechos serán protegidos; tal expectativa de certeza tiene razón de ser tanto frente a otros particulares como frente a las autoridades, puesto que la prohibición de hacerse justicia por sí mismo es genérica respecto de cualquier derecho, oponible a un particular o a un ente público.

Nuestra Constitución ha otorgado siempre la garantía de legalidad (tradicionalmente referida a actos de molestia y actos de privación), pero ahora debe considerarse un derecho humano en sí mismo.

Legalidad

El derecho humano a la legalidad está reconocido en los siguientes preceptos constitucionales:

21, párrafo noveno: *"La actuación de las instituciones de seguridad pública se regirá por los principios de legalidad [...]"*

29, al incluirlo entre los derechos que no pueden ser suspendidos ni restringidos, así como entre los principios que deben regir la suspensión o restricción de otros derechos.

31, fracción IV, al prever como obligación de los mexicanos: *"Contribuir para los gastos públicos, así de la Federación, como del Distrito Federal o del Estado y Municipio en que residan, de la manera proporcional y equitativa que dispongan las leyes."*

41, fracción V, al regular la función estatal de organización de las elecciones: *"[...] En el ejercicio de esta función estatal, la certeza, legalidad, independencia, imparcialidad y objetividad serán principios rectores."*, y fracción VI, al prever que el sistema de medios de impugnación en materia electoral tendrá como finalidad garantizar los principios de constitucionalidad y legalidad de los actos y resoluciones electorales; respecto a la función electoral en los estados, el artículo 116, fracción IV, inciso b), establece los mismos principios y el inciso l) refiere que los sistemas de medios de impugnación electoral garantizarán que los actos y resoluciones electorales se sujetarán al principio de legalidad.

79, segundo párrafo: *"La función de fiscalización será ejercida conforme a los principios de posterioridad, anualidad, legalidad, definitividad, imparcialidad y confiabilidad."*; respecto a la fiscalización en las entidades federativas, el artículo 116, fracción II, párrafo sexto, establece los mismos principios; el artículo 122, Apartado C, Base Primera, inciso e), los reproduce para el Distrito Federal.

109, fracción III: *"Se aplicarán sanciones administrativas a los servidores públicos por los actos u omisiones que afecten la legalidad, honradez, lealtad, imparcialidad y eficiencia que deban observar en el desempeño de sus empleos, cargos o comisiones."*

113: *"Las leyes sobre responsabilidades administrativas de los servidores públicos, determinarán sus obligaciones a fin de salvaguardar la legalidad, honradez, lealtad, imparcialidad, y eficiencia en el desempeño de sus funciones, empleos, cargos y comisiones [...]"*

115, fracción II, inciso a), al establecer que las leyes estatales relativas a los municipios tendrán como finalidad establecer: *"Las bases generales de la administración pública municipal y del procedimiento administrativo, incluyendo los medios de impugnación y los órganos para dirimir las controversias entre dicha administración y los particulares, con sujeción a los principios de igualdad, publicidad, audiencia y legalidad [...]"*

Sin embargo, como ya se comentó, es en los artículos 14, 16 y 17 en que se reconoce con mayor precisión el principio de legalidad, al establecer[30]:

Artículo 14, párrafos 2, 3 y 4:

"Nadie podrá ser privado de la libertad o de sus propiedades, posesiones o derechos, sino mediante juicio seguido ante los tribunales previamente establecidos, en el que se cumplan las formalidades esenciales del procedimiento y conforme a las Leyes expedidas con anterioridad al hecho.

En los juicios del orden criminal queda prohibido imponer, por simple analogía, y aún por mayoría de razón, pena alguna que no esté decretada por una ley exactamente aplicable al delito de que se trata.

En los juicios del orden civil, la sentencia definitiva deberá ser conforme a la letra o a la interpretación jurídica de la ley, y a falta de ésta se fundará en los principios generales del derecho."

Artículo 16, primer párrafo:

"Nadie puede ser molestado en su persona, familia, domicilio, papeles o posesiones, sino en virtud de mandamiento escrito de la

---

[30] Nos remitimos a lo comentado, al tratar del objeto del juicio de amparo, sobre la distinción entre actos de molestia y actos de privación a que se refieren, respectivamente, los artículos 16 y 14 Constitucionales.

autoridad competente, que funde y motive la causa legal del procedimiento."

Artículo 17, párrafos 1, 2, 3 y 4:

"Ninguna persona podrá hacerse justicia por sí misma, ni ejercer violencia para reclamar su derecho.

Toda persona tiene derecho a que se le administre justicia por tribunales que estarán expeditos para impartirla en los plazos y términos que fijen las leyes, emitiendo sus resoluciones de manera pronta, completa e imparcial. Su servicio será gratuito, quedando, en consecuencia, prohibidas las costas judiciales.

El Congreso de la Unión expedirá las leyes que regulen las acciones colectivas. Tales leyes determinarán las materias de aplicación, los procedimientos judiciales y los mecanismos de reparación del daño. Los jueces federales conocerán de forma exclusiva sobre estos procedimientos y mecanismos.

Las leyes preverán mecanismos alternativos de solución de controversias. En la materia penal regularán su aplicación, asegurarán la reparación del daño y establecerán los casos en los que se requerirá supervisión judicial."

El texto constitucional prevé tribunales judiciales, administrativos y del trabajo; los primeros integran el Poder Judicial, tanto federal como en los estados; los segundos están previstos para resolver controversias entre la administración pública y los gobernados y los tribunales laborales (juntas de conciliación y arbitraje para trabajo regido por el apartado A del artículo 123 y los tribunales de arbitraje para servidores públicos); también hay que agregar a los tribunales agrarios, previstos en el artículo 27 Constitucional[31].

Retroactividad

El artículo 14, primer párrafo, constitucional, dispone:

"A ninguna ley se dará efecto retroactivo en perjuicio de persona alguna."

Las leyes (en realidad, todas las normas generales), deben aplicarse a actos y situaciones posteriores al inicio de su vigencia, precisamente para dar oportunidad a los destinatarios de las obligaciones que establezcan de

---

[31] El Tribunal Electoral forma parte del Poder Judicial de la Federación, por lo que es un tribunal judicial.

conocerlas y, en consecuencia, estar en aptitud de cumplirlas; igualmente, respecto de los derechos que generen, lo lógico es que operen con posterioridad a la vigencia de la ley o norma respectiva puesto que, de lo contrario, sería imposible haberlos ejercido con anticipación a su creación[32], aunque el reconocimiento, a posteriori, de derechos, no puede considerarse que produzca perjuicio y, por tanto, por regla general no se encuentra prohibido; así se desprende del texto constitucional que indica que la prohibición es a dar efecto retroactivo en perjuicio de alguna persona, lo que implica que se autoriza el efecto retroactivo si sólo produce beneficios.

En realidad, el derecho reconocido es a la irretroactividad de la ley, por lo que así debe entenderse la expresión usada en el artículo 29 Constitucional, al referirse a que no serán suspendibles ni restringibles el principio de legalidad y retroactividad.

Retroactividad de las disposiciones constitucionales

El artículo 14 constitucional reconoce el principio de irretroactividad de la ley entendida ésta como norma general secundarias del sistema, sin incluir a las propias disposiciones constitucionales que, por tal motivo, se ha considerado que sí pueden aplicarse retroactivamente; al respecto existe la siguiente jurisprudencia, desde la Quinta Época del Semanario Judicial:

Registro No. 389755

Quinta Época

Instancia: Pleno

Fuente: Apéndice de 1995

Tomo I, Parte SCJN

Página: 282

Tesis: 302

Jurisprudencia

Materia(s): Constitucional

RETROACTIVIDAD DE LA LEY, PRECEPTOS CONSTITUCIONALES NO SON IMPUGNABLES POR.

---

[32] Es claro que esta consideración no aplica a los derechos humanos que, como se ha comentado, se consideran anteriores al Estado y al sistema jurídico.

Las leyes retroactivas, o las dicta el legislador común o las expide el Constituyente al establecer los preceptos del Código Político. En el primer caso, no se les podrá dar efecto retroactivo, en perjuicio de alguien, porque lo prohibe la Constitución; en el segundo, deberán aplicarse retroactivamente, a pesar del artículo 14 constitucional, y sin que ello importe violación de garantía individual alguna. En la aplicación de los preceptos constitucionales hay que procurar armonizarlos, y si resultan unos en oposición con otros, hay que considerar los especiales como excepción de aquellos que establecen principios o reglas generales. El legislador constituyente, en uso de sus facultades amplísimas, pudo, por altas razones políticas, sociales o de interés general, establecer casos de excepción al principio de no retroactividad, y cuando así haya procedido, tales preceptos deberán aplicarse retroactivamente. Para que una ley sea retroactiva, se requiere que obre sobre el pasado y que lesione derechos adquiridos bajo el amparo de leyes anteriores, y esta última circunstancia es esencial.

Quinta Epoca:

Tomo IX, pág. 432. Amparo en revisión. The Texas Company of Mexico, S. A. 30 de agosto de 1921. Unanimidad de once votos.

Amparo en revisión 667/20. International Petroleum Company. 8 de mayo de 1922. Mayoría de nueve votos.

Amparo en revisión 7/19. International Petroleum Company. 10 de mayo de 1922. Mayoría de nueve votos.

Amparo en revisión 437/20. Tamiahua Petroleum Company. 12 de mayo de 1922. Mayoría de nueve votos.

Amparo en revisión 452/20. Tamiahua Petroleum Company. 12 de mayo de 1922. Mayoría de nueve votos.

Este criterio ha sido reiterado más recientemente:

Registro No. 189267

Novena Época

Instancia: Segunda Sala

Fuente: Semanario Judicial de la Federación y su Gaceta

XIV, Julio de 2001

Página: 512

Tesis: 2a. CVI/2001

Tesis Aislada

Materia(s): Constitucional

REFORMAS CONSTITUCIONALES. CUANDO RESTRINGEN ALGÚN DERECHO DE LOS GOBERNADOS, LAS AUTORIDADES CONSTITUIDAS DEBEN APLICARLAS SUJETÁNDOSE AL ÁMBITO TEMPORAL DE VALIDEZ QUE EL PODER REVISOR LES FIJÓ.

Como se reconoció por el Pleno de la Suprema Corte de Justicia de la Nación en la tesis jurisprudencial visible con el número 302 en la página 282 del Tomo I del Apéndice al Semanario Judicial de la Federación 1917-1995, de rubro: "RETROACTIVIDAD DE LA LEY, PRECEPTOS CONSTITUCIONALES NO SON IMPUGNABLES POR.", el Poder Revisor de la Constitución puede imprimir a una reforma constitucional el ámbito temporal de validez que estime conveniente e, incluso, puede darle efectos retroactivos. En tal virtud, si de la interpretación de la reforma a un precepto constitucional, mediante la cual se restringe algún derecho de los gobernados, se advierte que fue voluntad de la expresión soberana fijarle un específico ámbito temporal de validez, las autoridades constituidas deben someterse a esa voluntad, con independencia de que ello implique afectar derechos adquiridos o, en el extremo contrario, respetar meras expectativas de derecho, que a juicio del referido poder, deben preservarse; todo ello, en aras de respetar el principio de supremacía constitucional.

Inconformidad 357/2001. Juan Carlos Amador Alvarado. 25 de mayo de 2001. Unanimidad de cuatro votos. Ausente: Juan Díaz Romero. Ponente: Guillermo I. Ortiz Mayagoitia. Secretario: Rafael Coello Cetina."

Pero, a partir de las reformas de junio de 2011, si consideramos que la teoría sobre derechos humanos plantea que éstos existen antes que el Estado y el sistema jurídico y, consecuentemente, son anteriores también a la propia Constitución, habría que considerar que las disposiciones constitucionales (especialmente sus reformas) no deberían ser aplicadas a hechos y situaciones anteriores a su entrada en vigor, lo que implica una limitación al ejercicio de la facultad de reformar la Constitución puesto que ya no podrá el legislador constitucional dar efectos retroactivos a las disposiciones de la Carta Magna porque ello implicaría violar el derecho humano a la no retroactividad al que debe sujetarse el Estado y todo el sistema jurídico, incluida la Constitución, por ser los derechos humanos anteriores y, por tanto, superiores[33].

Derecho a la no imposición de la pena de muerte.

El artículo 22 Constitucional prohíbe la aplicación de la pena de muerte, lo que implica el reconocimiento al derecho humano a la vida, como ya comentamos en el apartado anterior correspondiente.

Derecho a la proscripción de la esclavitud y la servidumbre.

Como ya comentamos al tratar el tema del reconocimiento de la personalidad jurídica, nuestra Constitución prohíbe la esclavitud y establece que cualquier esclavo extranjero, por el solo hecho de ingresar al territorio nacional, adquirirá su libertad y el reconocimiento de sus derechos.

La esclavitud también se relaciona con el derecho fundamental a la libertad personal, entendida como la libertad de trasladarse sin trabas a cualquier lugar, incluso entrar o salir del país.

La servidumbre es una figura típica del derecho medieval (feudal) que constituye un estado intermedio entre el esclavo y el hombre libre; el siervo no se considera "cosa" (objeto) sino persona, pero está obligado a vivir en el lugar de su nacimiento o donde sea colocado por su señor, sin poder abandonar ese lugar, incluso a veces bajo pena de muerte.

La constitución no prohíbe expresamente la servidumbre pero sí incluye su prohibición dentro de los derechos que no pueden suspenderse.

El texto constitucional prevé que las personas puedan trasladarse dentro y fuera del territorio nacional, pero no incluye la libertad deambulatoria dentro de los derechos que no pueden suspenderse ni restringirse; ¿significa eso que no se reconoce como derecho humano, sino sólo como derecho fundamental? La trascendencia de la respuesta a esta pregunta es que el amparo sólo protege, a partir de las reformas de 6 de

---

[33] Esto implica que ya no sea técnicamente correcto decir que la Constitución es la ley suprema puesto que ahora incluso ella misma está condicionada a la obligación del Estado de respetar los derechos humanos y a las garantías que los tratados internacionales establecen al respecto; las disposiciones constitucionales también pueden ser impugnadas ante la Corte Interamericana de Derechos Humanos que puede declararlas violatorias de derechos humanos y nuestro país estaría obligado a cumplir la sentencia y modificar la Constitución para reparar la violación.

junio de 2011, los derechos humanos y las garantías otorgadas para su protección. Analizaremos esto más adelante[34].

Derecho a la proscripción de la desaparición forzada.

La desaparición forzada es una figura que no está tipificada en el texto constitucional; sólo se menciona en el artículo 29 al enumerar los derechos que no son susceptibles de ser restringidos o suspendidos.

La desaparición forzada está definida en la *Convención interamericana sobre desaparición forzada de personas*[35], aprobada por la Organización de Estados Americanos el 9 de junio de 1994, aprobada por el Senado Mexicano el 10 de diciembre de 2001 y en vigor a partir del 9 de mayo de 2002, en los siguientes términos:

"Para los efectos de la presente Convención, se considera desaparición forzada la privación de la libertad a una o más personas, cualquiera que fuere su forma, cometida por agentes del Estado o por personas o grupos de personas que actúen con la autorización, el apoyo o la aquiescencia del Estado, seguida de la falta de información o de la negativa a reconocer dicha privación de libertad o de informar sobre el paradero de la persona, con lo cual se impide el ejercicio de los recursos legales y de las garantías procesales pertinentes."

Derecho a la proscripción de la tortura.

El artículo 20, apartado B, fracción II, Constitucional, establece respecto de toda persona imputada de la comisión de un delito:

"[…] Queda prohibida y será sancionada por la ley penal, toda incomunicación, intimidación o tortura […]"

Además, el artículo 22 Constitucional prohíbe la marca, los azotes, los palos y el tormento de cualquier especie.

El artículo 3° de la Ley Federal para Prevenir y Sancionar la Tortura define ésta en los siguientes términos:

"Comete el delito de tortura el servidor público que, con motivo de sus atribuciones, inflija a una persona dolores o sufrimientos graves, sean

---

[34] Infra, Otros derechos citados en la Constitución (susceptibles de ser restringidos o suspendidos).

[35] Aunque la desaparición forzada está definida y prohibida en instrumentos internacionales como el citado, en nuestro sistema jurídico está reconocido el derecho a su proscripción en el texto expreso de la Constitución, por eso lo incluimos en este apartado.

físicos o psíquicos con el fin de obtener, del torturado o de un tercero, información o una confesión, o castigarla por un acto que haya cometido o se sospeche ha cometido, o coaccionarla para que realice o deje de realizar una conducta determinada.

No se considerarán como tortura las molestias o penalidades que sean consecuencia únicamente de sanciones legales, que sean inherentes o incidentales a éstas, o derivadas de un acto legítimo de autoridad."

Clasificación de los derechos a la no discriminación, a la nacionalidad y políticos, citados en el artículo 29 Constitucional

El artículo 29 Constitucional enumera, entre los derechos que no pueden ser restringidos ni suspendidos, los relativos a la no discriminación, a la nacionalidad y los políticos, lo que apuntaría a considerarlos como derechos humanos; sin embargo, estos derechos tienen restricciones y excepciones previstas en el propio texto constitucional y, consecuentemente, no cumplen los requisitos de ser universales ni absolutos, por lo que deben estimarse sólo derechos fundamentales[36].

Derecho a la no discriminación.

Este derecho está reconocido en los artículos 1°, último párrafo, que establece:

"Queda prohibida toda discriminación motivada por origen étnico o nacional, el género, la edad, las discapacidades, la condición social, las condiciones de salud, la religión, las opiniones, las preferencias sexuales, el estado civil o cualquier otra que atente contra la dignidad humana y tenga por objeto anular o menoscabar los derechos y libertades de las personas."

También se refiere a él el primer párrafo del apartado B del artículo 2° Constitucional:

"La Federación, los Estados y los Municipios, para promover la igualdad de oportunidades de los indígenas y eliminar cualquier práctica discriminatoria, establecerán las instituciones y determinarán las políticas necesarias para garantizar la vigencia de los derechos de los indígenas y

---

[36] De ninguna manera pretendemos que estos derechos no sean importantes; por el contrario, deben considerarse derechos fundamentales pero, al carecer de universalidad y no ser absolutos (admiten excepciones), no alcanzan el reconocimiento como derechos humanos.

el desarrollo integral de sus pueblos y comunidades, las cuales deberán ser diseñadas y operadas conjuntamente con ellos."

Además, se incluye como principio que debe regir la restricción o suspensión de otros derechos, según se precisa en el tercer párrafo del artículo 29 Constitucional:

"La restricción o suspensión del ejercicio de los derechos y garantías debe estar fundada y motivada en los términos establecidos por esta Constitución y ser proporcional al peligro a que se hace frente, observando en todo momento los principios de legalidad, racionalidad, proclamación, publicidad y no discriminación."

Respecto al derecho a la no discriminación debe tomarse en cuenta que no toda distinción lo viola.

Discriminar es, fundamentalmente, elegir entre varias opciones, lo que implica que, cuando elegimos una, dejamos de elegir otra; por ejemplo, si yo escojo ir al cine en vez de ir al teatro, discrimino la asistencia a este último lugar; toda la vida humana transcurre, a cada momento, efectuando elecciones entre las posibilidades de actuación que se nos presentan; sin embargo, se considera que las elecciones relacionadas con el trato que damos a otros seres humanos debe regularse para no afectar su dignidad y, entonces, se prohíbe hacer discriminación (esto es, distinción de trato) a los seres humanos cuando derive de su origen étnico o nacional, el género, la edad, las discapacidades, la condición social, las condiciones de salud, la religión, las opiniones, las preferencias sexuales, el estado civil.

El texto constitucional agrega la prohibición a toda discriminación motivada por cualquier otra circunstancia que atente contra la dignidad humana y tenga por objeto anular o menoscabar los derechos y libertades de las personas.

No obstante, el mismo texto constitucional prevé algunos sujetos a los que se restringen ciertos derechos en atención a su origen nacional o a su condición:

- Extranjeros; si bien se prevé que gozan de los derechos humanos reconocidos en la Constitución y sus garantías, tienen limitaciones en su capacidad para ocupar algunos cargos públicos, para adquirir cierto tipo de bienes inmuebles y para participar en algunas actividades (reservadas sólo para nacionales), incluso algunas abarcan a los nacionales mexicanos que adquieran otra nacionalidad; estas limitaciones derivan del origen nacional de las personas y, por tanto, son excepciones al derecho a no ser discriminado por motivos de origen nacional, lo que impide considerar este derecho como reconocido en forma universal y absoluta.

- Indígenas; la Constitución prevé derechos específicos para los miembros de las comunidades indígenas y ello implica que los demás miembros de la sociedad, por no ser indígenas, ven reducidos algunos de sus derechos (por ejemplo, el consumo o uso de ciertas substancias u objetos prohibidos para todos los mexicanos, en general, encontrará autorización si se trata de indígenas y el consumo o uso de esas substancias u objetos se incluye dentro de sus tradiciones ancestrales); tal distinción se motiva en el origen étnico de las personas y, por tanto, constituye una excepción constitucional a la prohibición de discriminar por origen étnico, lo que impide considerar este derecho como universal y absoluto.

- Ministros de culto; el texto constitucional establece limitaciones para ellos pues no pueden ser votados a cargos públicos, no pueden opinar en público sobre asuntos políticos del país, no pueden adquirir por herencia de determinadas personas; tales limitaciones derivan de la condición social y de la religión, por lo que también son excepciones que impiden considerar este derecho como universal y absoluto.

Independientemente de lo anterior, la no discriminación presenta, a veces, en la práctica, dificultades serias para la identificación de los casos que la violen; por ejemplo, si se exhibe una película clasificada como D (muestra explícitamente actos de violencia y daño a seres humanos), la posibilidad de ingresar a verla en una sala de cine sólo está autorizada a mayores de 21 años ¿puede alegar una persona de 19 años (mayor de 18 y, por tanto, con plena capacidad de ejercicio) que se viola en su perjuicio la garantía de no discriminación por impedírsele ejercer su derecho a ver la película y tal prohibición deriva de su edad? [37]

Derecho a la nacionalidad.

Como ya comentamos en el apartado de personalidad jurídica, la nacionalidad es el vínculo que une a una persona con un Estado y lo sujeta a las disposiciones del orden jurídico correspondiente; nuestra Constitución regula las condiciones para adquirir la nacionalidad mexicana (por

---

[37] No es la finalidad de este trabajo hacer un análisis exhaustivo de los derechos humanos; ello requiere de un estudio especializado que, por otra parte, resultaría muy extenso; aquí sólo apuntamos algunos elementos básicos para identificarlos de acuerdo a las disposiciones de nuestra Constitución.

nacimiento o por naturalización), los efectos básicos que produce así como las causas para perder la adquirida por naturalización (artículos 30, 32 y 37 Constitucionales); por tanto, al permitirse la eliminación de la nacionalidad por naturalización, nuestro texto constitucional prevé una excepción al derecho a la nacionalidad que, por tanto, ya no puede considerarse absoluto, lo que impide incluirlo en el catálogo de derechos humanos reconocidos por la Constitución y, por tanto, debe incluirse entre los demás derechos fundamentales.

Derechos políticos.

Los derechos políticos son las facultades para intervenir en la integración de los órganos públicos y participar en la toma de las decisiones públicas.

Constitucionalmente están reservados a los ciudadanos mexicanos[38], con exclusión de los extranjeros y eso impide considerarlos derechos universales, puesto que existen seres humanos los que no se les reconocen dentro de nuestro sistema; por tanto, los derechos políticos no deben considerarse derechos humanos reconocidos por la Constitución, sino sólo derechos fundamentales otorgados por el texto constitucional.

Además, tratándose de los mexicanos, no todos ellos gozan de derechos políticos, puesto que están excluidos los menores de 18 años; además, algunos mexicanos tienen restricciones a sus derechos políticos, como por ejemplo, los ministros de culto (no pueden ser votados, no pueden opinar en público sobre asuntos políticos) e incluso quienes adquieran otra nacionalidad también tienen limitación para ocupar ciertos cargos reservados para los mexicanos por nacimiento; se trata, pues, de derechos fundamentales pero no humanos al no ser otorgados de manera universal ni absoluta.

Los derechos políticos se enumeran en el artículo 35 Constitucional como prerrogativas:

"I.- Votar en las elecciones populares;

II.- Poder ser votado para todos los cargos de elección popular, y nombrado para cualquier otro empleo o comisión, teniendo las calidades que establezca la ley;

---

[38] El artículo 34 Constitucional define que son ciudadanos los varones y mujeres mexicanos mayores de 18 años que cuenten con un modo honesto de vivir (el cual se presume, salvo prueba en contrario).

III.- Asociarse individual y libremente para tomar parte en forma pacífica en los asuntos políticos del país;

IV.- Tomar las armas en el Ejército o Guardia Nacional, para la defensa de la República y de sus instituciones, en los términos que prescriben las leyes; y

V.- Ejercer en toda clase de negocios el derecho de petición."

También debe considerarse como un derecho político el derecho a cumplir las obligaciones previstas en el artículo 36 Constitucional:

"I.- Inscribirse en el catastro de la municipalidad, manifestando la propiedad que el mismo ciudadano tenga, la industria, profesión o trabajo de que subsista; así como también inscribirse en el Registro Nacional de Ciudadanos, en los términos que determinen las leyes.

La organización y el funcionamiento permanente del Registro Nacional de Ciudadanos y la expedición del documento que acredite la ciudadanía mexicana son servicios de interés público, y por tanto, responsabilidad que corresponde al Estado y a los ciudadanos en los términos que establezca la ley;

II.- Alistarse en la Guardia Nacional;

III.- Votar en las elecciones populares en los términos que señale la ley;

IV.- Desempeñar los cargos de elección popular de la Federación o de los Estados, que en ningún caso serán gratuitos; y

V.- Desempeñar los cargos concejiles del municipio donde resida, las funciones electorales y las de jurado."

El derecho de asociación en materia política se ejerce a través de los partidos políticos, que cuentan con una regulación específica en diversos preceptos constitucionales que les otorgan diversos derechos.

Los derechos de los partidos políticos, en sí mismos considerados, tampoco son derechos humanos puesto que sus titulares no son humanos[39].

Las reformas constitucionales mantienen la exclusión de los asuntos electorales de la materia de estudio del juicio de amparo (*el artículo 107 expresamente prevé que la regulación que establece es con excepción de*

---

[39] Como veremos más adelante, en el apartado de legitimación, las personas morales, por sí mismas, no podrán promover el juicio de amparo, pero ello no impide, en forma absoluta, que sus integrantes, socios o afiliados, puedan promoverlo si la afectación a la persona moral trasciende a sus propios derechos humanos.

aquellas en materia electoral), por lo que la protección a los derechos políticos se efectúa a través del Tribunal Electoral del Poder Judicial de la Federación y el sistema de medios de impugnación en materia electoral, que son las garantías judiciales de dichos derechos.

Otros derechos citados en la Constitución (susceptibles de restricción o suspensión)

Los derechos enumerados en los apartados anteriores tienen todas las características de derechos humanos, especialmente el reconocimiento a que no pueden ser suspendidos ni restringidos (deben estimarse, entonces, absolutos, pues no admiten excepciones)[40].

Pero en el texto constitucional existe la referencia a muchos otros derechos que, por estar en la Constitución, en nuestra terminología anterior llamábamos garantías individuales; incluso, a pesar de que sólo el capítulo primero del título primero de la Carta Magna tenía esa denominación, considerábamos garantías individuales todos los derechos expresados en artículos posteriores al 29; además, existían otros derechos que no se consideraban garantías individuales pero que también estaban expresamente regulados en el texto constitucional como, por ejemplo, los derechos políticos y las denominadas garantías sociales relacionadas con la educación (art. 3°), la propiedad agrícola (art. 27) y la regulación del trabajo humano (art. 123).

Derechos humanos y las anteriores garantías individuales y sociales

El texto anterior de nuestra Constitución establecía que todo individuo gozaría de las garantías que otorgaba, denominadas garantías individuales con motivo de que el capítulo primero del título primero de la Carta Magna era, precisamente, *"De las garantías individuales"*; el concepto era evidentemente derivado de una concepción positivista del Derecho y su función en la vida social: La Constitución, como norma suprema, otorgaba a los sujetos del sistema jurídico algunos derechos que, en principio, ningún operador jurídico podría violar, eliminar ni restringir, fuera de los casos que la propia Constitución preveía.

La consecuencia inmediata de tal concepción era que todo derecho establecido en el texto constitucional podía ser considerado, en principio, *"garantía individual"* y protegerse, por tanto, a través del juicio de

---

[40] Excepto los derechos relativos a la no discriminación, nacionalidad y políticos, como ya se precisó.

amparo, por lo que éste se constituyó en un medio de control de constitucionalidad de prácticamente todo el sistema jurídico; incluso ese tratamiento se dio a los derechos esencialmente colectivos previstos en los artículos 3°, 27 y 123 conocidos también como garantías sociales y cuya aplicación a casos concretos (sobre todo los derechos laborales) se garantizaba, al final de cuentas, por medio del amparo.

Las reformas constitucionales de 6 y 10 de junio de 2011 han cambiado el fundamento filosófico de la Constitución y se ha regresado a una concepción iusnaturalista que plantea la existencia de "derechos" anteriores al Estado y al sistema jurídico y que, por tanto, son superiores incluso a la propia Constitución, al grado de que ésta no los *otorga* sino sólo los *reconoce*, pero ello implica, también, que la Constitución ni ninguna otra norma del sistema, debería dejar de observarlos.

Hemos identificado los derechos humanos que ahora reconoce expresamente como tales el artículo 29 Constitucional, atendiendo a la característica de inviolabilidad, que los pone a salvo incluso de la posibilidad de que el Estado los suspenda o restrinja; sin embargo, es necesario determinar si los derechos que antes denominábamos garantías individuales reconocen derechos humanos o no.

No puede identificarse, de entrada, el concepto *garantía individual* con el diverso *derecho humano* puesto que el primero implica algo que es otorgado por el Estado, por tanto, creado por éste, y el segundo algo reconocido, anterior al Estado mismo; además, las reformas constitucionales de junio de 2011 distinguen expresamente entre los derechos humanos y las garantías otorgadas para su protección, lo que implicaría, en todo caso, la posibilidad de que nuestras anteriores garantías individuales sean ahora garantías otorgadas para proteger derechos humanos, pero entonces subsiste el problema de determinar qué derechos humanos protejan las disposiciones que antes denominábamos garantías individuales pues, en caso de que dichas disposiciones no protejan ningún derecho humano, no podrían ser materia del juicio de amparo[41].

---

[41] El artículo 103 Constitucional prevé que los tribunales federales conozcan de las controversias suscitadas por normas generales, actos u omisiones de la autoridad que violen derechos humanos o garantías otorgadas para su protección, de tal manera que no incluye, por sí mismos, a los demás derechos considerados en el texto constitucional; no obstnte, dicha distinción tendrá interés solamente teórico pues, en la práctica, el derecho a la legalidad está reconocido como derecho humano y no puede suspenderse ni restringirse, por lo que, como lo hicimos cuando era considerado una garantía individual, a través de él podrá obtenerse el cumplimiento de todas las normas previstas en la Constitución y el resto del sistema; aunque en el amparo no sería materia directa de estudio la violación a los otros derechos fundamentales otorgados por la Constitución, sino sólo como medio para acreditar la violación al derecho humano a la legalidad.

De acuerdo con la obra "Las garantías individuales. Parte General"[42], de la Suprema Corte de Justicia de la Nación, las garantías individuales otorgadas en la Constitución se clasificaban en:

- Garantías de igualdad, previstas en los artículos 1°, 2°, 4°, 5°, 12, 13 y 31, fracción IV, y relativas a:

    o Prohibición de la esclavitud y de la discriminación.

    o Protección a las comunidades indígenas y sus integrantes.

    o Igualdad entre el varón y la mujer.

    o Prohibición de títulos de nobleza, prerrogativas y honores hereditarios.

    o Prohibición de tribunales especiales y leyes privativas.

    o Limitación de la jurisdicción de los tribunales militares (no puede hacerse extensiva a los civiles).

    o Equidad en las obligaciones tributarias.

- Garantías de libertad, previstas en los artículos 1°, 2°, 3°, 4°, 5°, 6°, 7°, 9°, 10, 11, 15, 16, 24 y 28, relativas a:

    o Prohibición de la esclavitud y reconocimiento a la autodeterminación de los pueblos indígenas.

    o Libertad de educación.

    o Libertad de procreación.

    o Libertad de trabajo.

    o Nulidad de pactos contra la dignidad humana.

    o Libertad de pensamiento y expresión.

    o Libertad de imprenta.

    o Libertad de reunión y asociación, incluso con fines políticos.

    o Derecho a poseer armas en el domicilio.

    o Derecho a portar armas.

    o Libertad de tránsito.

---

[42] Las garantías individuales. Parte General. Suprema Corte de Justicia de la Nación, México, 2005, pp. 73 a 82.

o Prohibición de extradición de reos políticos.

o Derecho a la intimidad.

o Libertad de conciencia y de culto.

o Libertad de concurrencia en el mercado.

- Garantías de seguridad jurídica, previstas en los artículos 8°, 14 y del 16 al 23 y relativas a:

o Derecho de petición.

o Irretroactividad de la ley.

o Audiencia y legalidad.

o Prohibición de justicia por propia mano y acceso a la justicia (tribunales).

o Prohibición de encarcelamiento por deudas puramente civiles.

o Requisitos para la orden de aprehensión, el auto de vinculación a proceso (antes de formal prisión) y la prisión preventiva.

o Derechos de los inculpados de la comisión de delitos.

o Monopolio de la imposición de las penas (Poder Judicial) y de la acción penal (Ministerio Público).

o Prohibición de ciertas penas.

o Principio non bis in ídem.

A ellas habría que agregar otros derechos constitucionales no considerados tradicionalmente como garantías individuales; por ejemplo, las denominadas garantías sociales establecidas en los artículos 3° (educación), 27 (propiedad agrícola) y 123 (derecho al trabajo), y otras más recientes como el derecho a la protección de la salud y al medio ambiente adecuado (art. 4° Constitucional) además de las denominadas garantías de propiedad, derivadas de lo previsto en los artículos 14, 16 y 27 (derecho a la propiedad privada y a no ser molestado o privado de ella sin respetar los principios de legalidad y audiencia).

En términos generales, parece no haber problema en identificar casi todas las disposiciones que antes llamábamos garantías individuales con garantías que protegen algún derecho humano[43]; sin embargo, existen algunas en las que no es claro qué derecho humano podrían proteger (entendiendo por derecho humano una prerrogativa que emane directamente de la naturaleza humana, que deba considerarse anterior al Estado y al orden jurídico y que, por tanto, no debiera ser desconocida).

En caso de que un derecho establecido en la Constitución no pueda considerarse expresión de un derecho humano ni como garantía de un derecho humano, habría que concluir que tendría el carácter de derecho fundamental, por estar previsto en el texto constitucional, pero no de garantía de un derecho humano; por tal motivo, como lo analizamos más adelante, no podría ser materia directa del juicio de amparo, limitada en el artículo 103 Constitucional a los derechos humanos y las garantías otorgadas para su protección, y restringida aún más en el artículo 107 al exigir que se invoque violación a los derechos reconocidos en la Constitución; es decir, derechos humanos, pues los demás son derechos otorgados por la Constitución. La consecuencia sería, como ya se comentó, que no podría invocarse directamente en amparo la violación a los derechos que no constituyan derechos humanos ni garantía para proteger alguno y que su invocación deba hacerse como medio para acreditar la violación a la derecho humano a la legalidad, que sí está reconocido como tal e incluido en el catálogo de derechos que no pueden ser suspendidos ni restringidos.

Comentemos cada caso brevemente.

Garantías de igualdad

En general, la protección a las comunidades indígenas y sus integrantes, la igualdad entre el varón y la mujer, la prohibición de títulos de nobleza, prerrogativas y honores hereditarios así como la de tribunales especiales y leyes privativas, constituyen formas de proteger el derecho a la no discriminación; es decir, los derechos citados, previstos en la Constitución, pueden considerarse garantías del derecho a no ser discriminado por causa de origen étnico, género, condición social o cualquier otra que atente contra la dignidad humana; es decir, la dignidad humana implica que todo ser humano sea tratado en forma idéntica a los demás que se encuentren en la misma situación jurídica, razón por la cual no tienen cabida distinciones entre indígenas y mestizos, entre varones y mujeres, entre todos los gobernados (por lo que se prohíben los títulos de

---

[43] Hay que recordar que las reformas constitucionales de junio de 2011 establecen una distinción clara entre los derechos humanos reconocidos y las garantías otorgadas para su protección.

nobleza o hereditarios), además de que todos tienen acceso a los mismos tribunales y derecho a que se les apliquen las mismas leyes.

La prohibición de la esclavitud constituye la afirmación de que no puede desconocerse la personalidad jurídica de un ser humano y, por ello, deberá ser tratado en forma igualitaria respecto a todos los demás.

La prohibición de la discriminación constituye expresamente el reconocimiento del derecho fundamental a la no discriminación.

Y la limitación de la jurisdicción de los tribunales militares, al no poder hacerse extensiva a los civiles, si bien implica el reconocimiento de la jurisdicción especializada sobre los miembros de las fuerzas armadas, también constituye un reconocimiento de que todos los civiles tienen derecho a acceder a los mismos tribunales que todos los demás civiles.

La garantía de equidad en las obligaciones tributarias (art. 31, fracción IV, Constitucional) también puede considerarse una garantía del derecho a la no discriminación puesto que obliga a que todas las personas contribuyan al pago de los gastos públicos en forma equitativa; es decir, sin sujetar a obligaciones mayores a ninguna persona que esté en la misma situación jurídica que las demás, lo que constituiría una forma de discriminación injustificada y, por tanto, prohibida por el derecho fundamental a la no discriminación.

Podemos concluir, pues, que todas las anteriores garantías individuales de igualdad pueden considerarse ahora garantías del derecho a la no discriminación y son derechos fundamentales aunque no deben considerarse garantías de derecho humano debido a que, como ya comentamos, el derecho a la no discriminación, como está regulado en nuestra Constitución, no puede considerarse universal ni absoluto.

Garantías de libertad

En el caso de la prohibición de la esclavitud, ya comentamos que está considerada, en sí misma, como un derecho humano.

Reconocimiento a la autodeterminación de los pueblos indígenas

Es un derecho que la Constitución otorga no a los individuos integrantes de un pueblo indígena, sino a los pueblos en sí mismos considerados, lo que impide considerarlos como derechos humanos, sin que ello implique desconocer que los miembros de tales pueblos gozan de derechos humanos como seres humanos que son, pero tales derechos constituyen, esencialmente, los mismos que corresponden a los demás seres humanos pues la conclusión contraria implicaría discriminar por razón de origen étnico a quienes no forman parte de los pueblos indígenas[44]. Este derecho incluye la protección a los usos y costumbres de estos pueblos, en tanto no sean contrarios a la Constitución, los derechos humanos y la integridad de la mujer, así como su reconocimiento y protección en leyes, juicios y procedimientos en los que se tomarán en cuenta además de proporcionarles intérpretes y defensores que hablen sus lenguas de origen.

Libertad de educación

Está prevista en el artículo 3° Constitucional puede considerarse una forma de protección al derecho a la libertad de pensamiento pues constituye la única forma de desarrollar este último; por ese motivo, habría que concluir que esta garantía protege el citado derecho humano.

Libertad de procreación

Está prevista en el artículo 4° Constitucional, al establecer que:

"Toda persona tiene derecho a decidir de manera libre, responsable e informada sobre el número y el espaciamiento de sus hijos."

Tomando en cuenta que la procreación es, generalmente, un acto natural; es decir, forma parte de las acciones naturales que, salvo excepciones, realiza el ser humano durante su vida, habría que concluir que se trata de un derecho humano que forma parte del concepto más amplio del derecho a la vida, sobre todo porque es indudable que la procreación de los hijos es algo que ha ocurrido antes incluso de que existiera el Estado y el sistema jurídico, por lo que la Constitución, en este caso, sólo reconoce algo natural. El texto constitucional constituye, más que una garantía, el reconocimiento de un aspecto del derecho humano a la vida que está previsto como un derecho no susceptible de ser suspendido o restringido pues está incluido en el catálogo del artículo 29 Constitucional.

Libertad de trabajo

El artículo 5° Constitucional dispone:

"A ninguna persona podrá impedirse que se dedique a la profesión, industria, comercio o trabajo que le acomode, siendo lícitos. El ejercicio

---

[44] Los derechos de los pueblos, y en especial de los pueblos indígenas, han sido incluidos en diversos documentos internacionales relacionados con derechos humanos lo que permite advertir su importancia pero no puede significar darle al concepto derechos humanos un contenido distinto al que le corresponde.

de esta libertad sólo podrá vedarse por determinación judicial, cuando se ataquen los derechos de tercero, o por resolución gubernativa, dictada en los términos que marque la ley, cuando se ofendan los derechos de la sociedad. Nadie puede ser privado del producto de su trabajo, sino por resolución judicial.

La Ley determinará en cada Estado, cuáles son las profesiones que necesitan título para su ejercicio, las condiciones que deban llenarse para obtenerlo y las autoridades que han de expedirlo.

Nadie podrá ser obligado a prestar trabajos personales sin la justa retribución y sin su pleno consentimiento, salvo el trabajo impuesto como pena por la autoridad judicial, el cual se ajustará a lo dispuesto en las fracciones I y II del artículo 123.

En cuanto a los servicios públicos, sólo podrán ser obligatorios, en los términos que establezcan las leyes respectivas, el de las armas y los jurados, así como el desempeño de los cargos concejiles y los de elección popular, directa o indirecta. Las funciones electorales y censales tendrán carácter obligatorio y gratuito, pero serán retribuidas aquéllas que se realicen profesionalmente en los términos de esta Constitución y las leyes correspondientes. Los servicios profesionales de índole social serán obligatorios y retribuidos en los términos de la ley y con las excepciones que ésta señale.

[...]

El contrato de trabajo sólo obligará a prestar el servicio convenido por el tiempo que fije la ley, sin poder exceder de un año en perjuicio del trabajador, y no podrá extenderse, en ningún caso, a la renuncia, pérdida o menoscabo de cualquiera de los derechos políticos o civiles.

La falta de cumplimiento de dicho contrato, por lo que respecta al trabajador, sólo obligará a éste a la correspondiente responsabilidad civil, sin que en ningún caso pueda hacerse coacción sobre su persona."

El ser humano debe realizar diversas actividades para obtener los recursos para satisfacer sus necesidades tanto materiales como espirituales pues no está previsto en el sistema jurídico que el Estado deba proporcionar todos los bienes que requiera la persona; además, el trabajo humano es un fenómeno que ocurre independientemente de la forma en que esté estructurado el Estado y, por tanto, debe considerarse que el derecho al trabajo es un derecho humano, anterior al Estado mismo y al sistema jurídico que, sin embargo, puede regularlo.

El derecho al trabajo incluye la libertad para dedicarse a cualquier actividad lícita así como el derecho a percibir los frutos de dicha actividad y su protección para no perderlos injustificadamente.

Si el trabajo se presta en forma independiente, se rige por las disposiciones del derecho civil así como por la protección a la libre concurrencia en el mercado[45].

Si el trabajo se presta para otro, puede ubicarse como servicio público si este otro es el Estado o como trabajo personal si ese otro es un particular (persona física o moral); en ambos casos se regulan derechos que completan un marco de protección integral para el ser humano, como el derecho a la seguridad social (incluyendo la protección de la salud y un sistema de pensiones) y las garantías para el salario mínimo, jornada máxima y regulación de actividades peligrosas o insalubres.

Así, el artículo 123 Constitucional (considerado como fuente de garantías sociales debido a que los derechos que consagra se consideraban dirigidos, más que a los individuos en particular, a la clase trabajadora, entendida como el grupo de personas que debe prestar sus servicios para obtener recursos para subsistir; sin embargo, los derechos de alguna manera colectivos de la clase trabajadora se traducen, al final de cuentas, en derechos exigibles individualmente y, en esa medida, constituyen aspectos del derecho humano al trabajo o garantías para el mismo), dispone:

"Toda persona tiene derecho al trabajo digno y socialmente útil; al efecto, se promoverán la creación de empleos y la organización social de trabajo, conforme a la ley."

Ese mismo precepto regula las relaciones de trabajo entre particulares (apartado A) y entre un particular y el Estado (Apartado B), categoría dentro de la cual se distinguen reglas especiales para Los militares, marinos, personal del servicio exterior, agentes del Ministerio Público, peritos y los miembros de las instituciones policiales (fracción XIII).

También se establecen en el texto constitucional derechos sobre:

- Jornada máxima.

- Días de descanso y vacaciones.

- Prohibición o restricción del trabajo de menores y de mujeres durante el embarazo y lactancia.

---

[45] Infra, apartado sobre la libertad de concurrencia en el mercado.

- Salario mínimo.

- Salario igual a trabajo igual.

- Seguridad social que incluye al menos seguros de invalidez, de vejez, de vida, de cesación involuntaria del trabajo, de enfermedades y accidentes, de servicios de guardería y cualquier otro encaminado a la protección y bienestar de los trabajadores, campesinos, no asalariados y otros sectores sociales y sus familiares; se agrega la jubilación para el caso de trabajadores al servicio del Estado.

- Regulación de horas extraordinarias.

- Habitación.

- Seguridad e higiene en el trabajo.

- Sindicación, huelgas y paros.

- Jurisdicción laboral a cargo de Juntas de Conciliación y Arbitraje.

- Estabilidad en el empleo y derechos derivados del despido injustificado.

- Créditos y deudas de los trabajadores.

- Colocación de trabajadores.

De estos derechos, podemos considerar inherentes a la naturaleza humana e indispensables para el respeto a su dignidad así como la conservación de su vida y su salud las disposiciones sobre jornada máxima, salario mínimo, protección a las mujeres embarazadas o lactantes, habitación, seguridad e higiene, así como la seguridad social, que deben considerarse garantías del derecho humano al trabajo, incluso también del derecho humano a la vida pero son suspendibles o restringibles al no estar en la enumeración del artículo 29 Constitucional.

La prohibición y restricción del trabajo de menores forma parte de los derechos de la niñez, reconocidos como derecho humano no restringible ni suspendible en el artículo 29 Constitucional.

La disposición de que a trabajo igual corresponde salario igual es una manifestación del derecho a la no discriminación, por lo que constituye una garantía de este derecho fundamental[46].

---

[46] Ya comentamos que, por admitir excepciones y limitaciones en el propio texto constitucional, este derecho fundamental no puede considerarse un derecho humano reconocido como tal.

La jurisdicción laboral especializada es una manifestación del acceso a la justicia que, como ya comentamos, forma parte del derecho humano a la legalidad, por lo que también debe estimarse un derecho no susceptible de suspensión ni restricción, a pesar de no tratarse propiamente de una garantía judicial puesto que los tribunales laborales no son parte formal del Poder Judicial.

En cambio, los derechos sobre días de descanso y vacaciones, salario igual, sindicación, huelgas y paros, estabilidad en el empleo y derechos derivados del despido injustificado, créditos y deudas de los trabajadores y la colocación de éstos deben considerarse derechos otorgados por la Constitución pero no reconocimiento de un derecho humano anterior al Estado y al sistema jurídico puesto que se trata de instituciones que pueden no estar presentes y su ausencia no generaría, automática ni necesariamente, el desconocimiento de la dignidad humana; se trata pues, de derechos fundamentales pero no de derechos humanos ni garantías otorgadas para la protección de un derecho humano; se insiste en que estos derechos pueden ser protegidos mediante el juicio de amparo pero a través del derecho humano a la legalidad, no invocados por sí mismos.

Nulidad de pactos contra la dignidad humana

El artículo 29 Constitucional prevé que este derecho no es susceptible de ser suspendido ni restringido; inicialmente estaba reconocido dentro de la garantía otorgada por el artículo 5° Constitucional que prevé:

"El Estado no puede permitir que se lleve a efecto ningún contrato, pacto o convenio que tenga por objeto el menoscabo, la pérdida o el irrevocable sacrificio de la libertad de la persona por cualquier causa.

Tampoco puede admitirse convenio en que la persona pacte su proscripción o destierro, o en que renuncie temporal o permanentemente a ejercer determinada profesión, industria o comercio."

Así como en el artículo 15 Constitucional, en la parte que establece:

"No se autoriza la celebración [...] de convenios o tratados en virtud de los que se alteren los derechos humanos reconocidos por esta Constitución y en los tratados internacionales de los que el Estado Mexicano sea parte."

Alterar debe entenderse en el sentido de menoscabar o restringir los derechos humanos reconocidos en la propia Constitución o los tratados; sí pueden celebrarse aquéllos que los amplíen o protejan de mejor manera.

Libertad de pensamiento

Es un derecho humano reconocido como tal por la Constitución, como ya comentamos en el apartado correspondiente a los derechos que no pueden suspenderse ni restringirse.

Sin embargo, la libertad de pensamiento se relaciona directamente con la libertad de expresión, el derecho a la información y la libertad de imprenta, que generalmente se consideran derechos humanos pero que nuestra Constitución no incluye en la lista de derechos que no pueden ser suspendidos ni restringidos.

Libertad de expresión

La libertad de pensamiento está reconocida como un derecho humano en la Constitución e incluida en los derechos que no pueden suspenderse ni restringirse.

Sin embargo, el pensamiento debe manifestarse de alguna forma para que pueda ser conocido por las demás personas y, precisamente las manifestaciones de las ideas, cuando son observables, pueden ser reguladas jurídicamente; en ese aspecto, este derecho consiste en reconocer que el ser humano puede pensar libremente y actuar en consecuencia, mientras no afecte negativamente[47] a otras personas e incluso se prohíbe cualquier discriminación derivada de las meras opiniones de las personas (art. 1° Constitucional).

La Constitución prevé el respeto a la manifestación de las ideas al disponer, en su artículo 6°, que:

"La manifestación de las ideas no será objeto de ninguna inquisición judicial o administrativa, sino en el caso de que ataque a la moral, los derechos de tercero, provoque algún delito, o perturbe el orden público; el derecho de réplica será ejercido en los términos dispuestos por la ley. El derecho a la información será garantizado por el Estado."

Como complemento, el artículo 7° establece:

"Es inviolable la libertad de escribir y publicar escritos sobre cualquiera materia. Ninguna ley ni autoridad puede establecer la previa censura, ni exigir fianza a los autores o impresores, ni coartar la libertad de imprenta, que no tiene más límites que el respeto a la vida privada, a la moral y a la paz pública. En ningún caso podrá secuestrarse la imprenta como instrumento del delito [...]"

---

[47] Cfr. Infra, distinción entre afectación y perjuicio, al hablar de interés y legitimación.

El artículo 3°, fracción VII, Constitucional establece que las universidades y otras instituciones a las que la ley otorgue autonomía realizarán sus fines respetando el principio de libre examen y discusión de las ideas.

Además, el artículo 109, fracción I, Constitucional, dispone que no procede el juicio político por la mera expresión de ideas.

La libertad de expresión debe considerarse, por lo anterior, una manifestación de la libertad de pensamiento pues sería inútil que se reconociera esta última pero se desconociera el derecho a manifestar las ideas pensadas.

Por otra parte, se trata de un derecho que la Constitución reconoce como susceptible de ser restringido o suspendido en los casos previstos en el artículo 29 Constitucional, ya que no está incluido en la enumeración de derechos que se prohíbe suspender o restringir.

En esas condiciones, la libertad de expresión ¿está reconocida como derecho humano por la Constitución o está otorgada como derecho fundamental? Consideramos que no debe incluirse entre los derechos humanos con base en que, a pesar de que la manifestación de las ideas es indispensable para lograr la convivencia social (la comunicación es un fenómeno social que no puede eliminarse; constituye incluso uno de los elementos esenciales de lo que se considera *humano*) e incluso si el Estado prohibiera la manifestación de las ideas éstas seguirían expresándose pues ningún ser humano puede dejar de expresarse, lo cierto es que la propia constitución le asigna limitaciones y, por tanto, establece excepciones lo que impide considerarlo un derecho absoluto y, en consecuencia, no satisface todos los requisitos para ser considerado un derecho humano reconocido como tal y debe estimarse que se trata de un derecho fundamental otorgado por la Constitución que puede sujetarlo a diversas condiciones, incluyendo la posibilidad de ser suspendido o restringido en términos del artículo 29 Constitucional.

Derecho a la información

Por otra parte, el derecho a la información se considera como componente del derecho a la libertad de pensamiento, en la medida en que la creación de las ideas requiere de información y, consecuentemente, el obtenerla es indispensable, sin perjuicio de que se acepta que el acceso a la información pública o privada de otras personas puede tener restricciones (tampoco se incluye en el listado del artículo 29 Constitucional de los derechos que no pueden ser restringidos ni suspendidos).

Así, el mismo artículo 6° Constitucional prevé que el Estado garantizará el derecho a la información y establece algunos elementos reguladores esenciales:

"Para el ejercicio del derecho de acceso a la información, la Federación, los Estados y el Distrito Federal, en el ámbito de sus respectivas competencias, se regirán por los siguientes principios y bases:

I. Toda la información en posesión de cualquier autoridad, entidad, órgano y organismo federal, estatal y municipal, es pública y sólo podrá ser reservada temporalmente por razones de interés público en los términos que fijen las leyes. En la interpretación de este derecho deberá prevalecer el principio de máxima publicidad.

II. La información que se refiere a la vida privada y los datos personales será protegida en los términos y con las excepciones que fijen las leyes.

III. Toda persona, sin necesidad de acreditar interés alguno o justificar su utilización, tendrá acceso gratuito a la información pública, a sus datos personales o a la rectificación de éstos.

IV. Se establecerán mecanismos de acceso a la información y procedimientos de revisión expeditos. Estos procedimientos se sustanciarán ante órganos u organismos especializados e imparciales, y con autonomía operativa, de gestión y de decisión.

V. Los sujetos obligados deberán preservar sus documentos en archivos administrativos actualizados y publicarán a través de los medios electrónicos disponibles, la información completa y actualizada sobre sus indicadores de gestión y el ejercicio de los recursos públicos.

VI. Las leyes determinarán la manera en que los sujetos obligados deberán hacer pública la información relativa a los recursos públicos que entreguen a personas físicas o morales.

VII. La inobservancia a las disposiciones en materia de acceso a la información pública será sancionada en los términos que dispongan las leyes."

Se tratan, entonces, de otro derecho fundamental, de una garantía que protege, incluso, de forma indirecta, el derecho humano a la libertad de pensamiento, pero no es en sí mismo un derecho humano reconocido como tal.

Libertad de imprenta

Como una forma especial de expresión de las ideas, el derecho a publicar documentos impresos se reconoció en nuestra Constitución como garantía individual en el artículo 7°, ya transcrito en el apartado de libertad de expresión; es una garantía que protege el derecho humano a la libertad de pensamiento, aunque es susceptible de ser suspendida o restringida en términos del artículo 29 Constitucional.

Libertad de reunión y asociación, incluso con fines políticos

El artículo 9° Constitucional dispone:

"No se podrá coartar el derecho de asociarse o reunirse pacíficamente con cualquier objeto lícito; pero solamente los ciudadanos de la República podrán hacerlo para tomar parte en los asuntos políticos del país. Ninguna reunión armada, tiene derecho de deliberar.

No se considerará ilegal, y no podrá ser disuelta una asamblea o reunión que tenga por objeto hacer una petición o presentar una protesta por algún acto, a una autoridad, si no se profieren injurias contra ésta, ni se hiciere uso de violencias o amenazas para intimidarla u obligarla a resolver en el sentido que se desee."

Reunión es concurrir, en un mismo lugar y momento, un grupo de personas físicas (dos o más) y debe considerarse una manifestación de la naturaleza social del hombre; no obstante, el derecho de reunión no está incluido entre los derechos que se prohíbe suspender o restringir en el catálogo del artículo 29 Constitucional y el propio texto constitucional establece restricciones permanentes al derecho de reunión:

- Sólo los ciudadanos pueden ejercerlo respecto a asuntos políticos del país.

- Ninguna reunión armada tiene derecho a deliberar; es decir, las reuniones deben ser pacíficas.

- Puede disolverse una reunión o asamblea si se profieren injurias contra la autoridad o se usan violencias o amenazas para intimidarla u obligarla a actuar en un sentido específico.

Por lo anterior, el derecho de reunión es un derecho fundamental, pero no un derecho humano en sí mismo reconocido como tal.

Por otra parte, el derecho de asociación se identifica con la posibilidad de que el sistema jurídico reconozca personalidad jurídica al grupo; es decir, se considere a éste como persona jurídica colectiva (persona moral en la terminología común que usamos al respecto) distinta de los miembros que lo constituyen.

La propia Constitución menciona varios tipos de asociaciones como las religiosas (a las que expresamente autoriza tener personalidad jurídica una vez registradas conforme a la ley), los partidos políticos, los sindicatos y asociaciones de trabajadores o patrones, las instituciones de beneficencia que tengan por objeto el auxilio de los necesitados, la investigación científica, la difusión de la enseñanza, la ayuda recíproca de los asociados, o cualquier otro objeto lícito, las sociedades mercantiles, los bancos autorizados; también se reconoce expresamente la personalidad jurídica de los núcleos de población comunales y ejidales.

Debe precisarse que la libertad de asociación no constituye, en sí mismo, un derecho indispensable para el respeto a la dignidad humana; es decir, el ser humano puede vivir con dignidad aún sin que se reconozca personalidad jurídica a los grupos que forma (ya comentamos que la libertad de reunión sí es un derecho humano) por lo que tal reconocimiento de personalidad es un evento determinado por el Estado y el sistema jurídico en forma casuística; por tanto, la libertad o derecho de asociación es un derecho fundamental por estar previsto en la Constitución, pero no un derecho humano ni una garantía que proteja un derecho humano[48].

Derecho a poseer armas en el domicilio y a portar armas

El artículo 10° Constitucional dispone:

"Los habitantes de los Estados Unidos Mexicanos tienen derecho a poseer armas en su domicilio, para su seguridad y legítima defensa, con excepción de las prohibidas por la Ley Federal y de las reservadas para el uso exclusivo del Ejército, Armada, Fuerza Aérea y Guardia Nacional. La ley federal determinará los casos, condiciones, requisitos y lugares en que se podrá autorizar a los habitantes la portación de armas."

Este precepto se consideraba una garantía individual; al estar previstos en la Constitución, el derecho a poseer armas en el domicilio y el derecho a portarlas en los casos autorizados constituyen derechos fundamentales; sin embargo, no deben estimarse derechos humanos ni garantías otorgadas para proteger derechos humanos puesto que la dignidad humana implica el respeto mutuo a la integridad personal y la posesión o portación de armas

---

[48] Una vez más, este derecho puede ser protegido mediante el juicio de amparo a través de la invocación del derecho humano a la legalidad.

implica precisamente la posibilidad de dañar la integridad personal de otros seres humanos.

Puede alegarse que la posesión y uso de armas es anterior al Estado y al sistema jurídico; sin embargo, tales fenómenos sociales no cumplen el requisito de emanar de la dignidad humana para ser considerados derechos humanos; es decir, un ser humano puede ser reconocido como digno sin necesidad de que posea o porte armas.

Respecto a la defensa, ya citamos que el artículo 17 Constitucional prohíbe hacerse justicia por sí misma ni ejercer violencia para reclamar su derecho, lo que pone de manifiesto que el modelo constitucional prevé que todos los conflictos se sujeten a las soluciones proporcionadas por el propio sistema jurídico. Es cierto que las leyes penales prevén, por regla general, la legítima defensa como excluyente o atenuante, pero de ahí no puede deducirse que la posesión o portación de armas deba considerarse un derecho humano o una garantía otorgada para proteger un derecho humano.

Libertad personal y de tránsito

El artículo 11 Constitucional dispone:

"Toda persona tiene derecho para entrar en la República, salir de ella, viajar por su territorio y mudar de residencia, sin necesidad de carta de seguridad, pasaporte, salvoconducto u otros requisitos semejantes. El ejercicio de este derecho estará subordinado a las facultades de la autoridad judicial, en los casos de responsabilidad criminal o civil, y a las de la autoridad administrativa, por lo que toca a las limitaciones que impongan las leyes sobre emigración, inmigración y salubridad general de la República, o sobre extranjeros perniciosos residentes en el país."

Esta disposición constitucional reconoce el derecho humano a la libertad personal entendida como la posibilidad de todo ser humano de trasladarse a cualquier lugar, lo que incluye el derecho a permanecer en alguno así como el de entrar y salir del territorio nacional; es un derecho humano en tanto que, como ya comentamos en el apartado relativo a la prohibición de la servidumbre, no puede obligarse a un ser humano a vivir en un lugar contra su voluntad ni impedirle trasladarse a donde lo desee.

Es, sin duda, un derecho fundamental, pero la Constitución lo reconoce como susceptible de ser suspendido o restringido (no lo incluye en el catálogo del artículo 29 Constitucional) y lo sujeta a limitaciones expresas derivadas de las facultades de la autoridad judicial en casos de responsabilidad criminal o civil, así como a las limitaciones legales relacionadas con migración (entrada y salida del país) y salubridad general

Germán Eduardo Baltazar Robles

así como sobre extranjeros perniciosos, que pueden ser expulsados mediante los procedimientos legales correspondientes.

Las limitaciones derivadas del ejercicio de las facultades de la autoridad judicial se refieren, principalmente, a la posibilidad de librar órdenes de aprehensión (art. 16 Constitucional) o dictar autos de formal prisión (artículos 18 y 19 Constitucionales)[49] e incluso imponer penas (art. 21 Constitucional) privativas de libertad personal (tratándose de la comisión de delitos); en materia civil, queda incluida la imposición de medios de apremio (como el arresto) o medidas cautelares para resguardar derechos de otras personas, como podría ser, por ejemplo, el depósito de la mujer en los procedimientos de divorcio (en los estados de la república que aún limitan este último a un catálogo cerrado de causales).

El artículo 21 Constitucional prevé que las autoridades administrativas puedan imponer sanciones por violación a los reglamentos gubernativos y de policía entre las que está el arresto hasta por 36 horas.

Por lo anterior, en nuestra Constitución, el derecho a la libertad personal es un derecho fundamental pero no es absoluto, por lo que no debe considerarse como un derecho humano reconocido como tal.

Prohibición de extradición de reos políticos

El artículo 15 Constitucional establece:

"No se autoriza la celebración de tratados para la extradición de reos políticos, ni para la de aquellos delincuentes del orden común que hayan tenido en el país donde cometieron el delito, la condición de esclavos [...]"

El texto no reconoce directamente un derecho humano, pero debe considerarse una garantía otorgada para proteger los derechos fundamentales a la libertad personal, libertad de expresión (de ideas políticas) y al derecho humano al reconocimiento de la personalidad.

Al no estar en el catálogo de derechos del artículo 29 Constitucional, debe considerarse un derecho que puede ser suspendido o restringido conforme a dicho precepto.

---

[49] El 14 de julio de 2011 se publicó otro decreto de reformas constitucionales, ahora a los artículos 19, 20 y 73, relacionados con la materia penal.

Derecho a la intimidad

Este derecho permite a todo ser humano mantener fuera del conocimiento público sus actividades personales de tal manera que el resto de las personas sólo pueda enterarse de los aspectos que desee comunicar o aquellos datos que deban considerarse públicos.

El artículo 6°, fracción II, Constitucional dispone expresamente que:

"La información que se refiere a la vida privada y los datos personales será protegida en los términos y con las excepciones que fijen las leyes."

El artículo 16 Constitucional también incluye una protección a los datos personales y a las comunicaciones privadas, además de la genérica relativa a que se requiere mandamiento escrito, fundado y motivado, para que una autoridad realice un acto de molestia sobre la persona, familia, papeles o posesiones:

"Toda persona tiene derecho a la protección de sus datos personales, al acceso, rectificación y cancelación de los mismos, así como a manifestar su oposición, en los términos que fije la ley, la cual establecerá los supuestos de excepción a los principios que rijan el tratamiento de datos, por razones de seguridad nacional, disposiciones de orden público, seguridad y salud públicas o para proteger los derechos de terceros.

[...]

Las comunicaciones privadas son inviolables. La ley sancionará penalmente cualquier acto que atente contra la libertad y privacía de las mismas, excepto cuando sean aportadas de forma voluntaria por alguno de los particulares que participen en ellas. El juez valorará el alcance de éstas, siempre y cuando contengan información relacionada con la comisión de un delito. En ningún caso se admitirán comunicaciones que violen el deber de confidencialidad que establezca la ley.

[...]

Las intervenciones autorizadas se ajustarán a los requisitos y límites previstos en las leyes. Los resultados de las intervenciones que no cumplan con éstos, carecerán de todo valor probatorio.

La autoridad administrativa podrá practicar visitas domiciliarias únicamente para cerciorarse de que se han cumplido los reglamentos sanitarios y de policía; y exigir la exhibición de los libros y papeles indispensables para comprobar que se han acatado las disposiciones fiscales, sujetándose en estos casos, a las leyes respectivas y a las formalidades prescritas para los cateos.

La correspondencia que bajo cubierta circule por las estafetas estará libre de todo registro, y su violación será penada por la ley.

[...]"

La reserva de la información personal o intimidad, sin embargo, no puede considerarse indispensable para la vida humana ni para su dignidad; ésta puede existir aún si los demás conocen detalles de nuestra vida privada, razón por la cual debe considerarse no un derecho humano anterior al Estado y al sistema jurídico sino un derecho fundamental otorgado en la Constitución que, por lo mismo, puede ser restringido y suspendido en los casos previstos en el artículo 29 Constitucional.

Libertad de conciencia y de culto

Este tema ya los comentamos en el apartado de derechos humanos reconocidos que, además, no pueden ser suspendidos ni restringidos.

Libertad de concurrencia en el mercado

El artículo 28 Constitucional establece un modelo de economía de libre mercado y, salvo las excepciones que el mismo texto constitucional establece, dispone que:

"En los Estados Unidos Mexicanos quedan prohibidos los monopolios, la (sic) prácticas monopólicas, los estancos y las exenciones de impuestos en los términos y condiciones que fijan las leyes. El mismo tratamiento se dará a ls (sic) prohibiciones a título de protección a la industria.

En consecuencia, la ley castigará severamente, y las autoridades perseguirán con eficacia, toda concentración o acaparamiento en una o pocas manos de artículos de consumo necesario y que tenga por objeto obtener el alza de los precios; todo acuerdo, procedimiento o combinación de los productores, industriales, comerciantes o empresarios de servicios, que de cualquier manera hagan, para evitar la libre concurrencia o la competencia entre sí y obligar a los consumidores a pagar precios exagerados y, en general, todo lo que constituya una ventaja exclusiva indebida a favor de una o varias personas determinadas y con perjuicio del público en general o de alguna clase social.

[...]"

Tomando en cuenta que el modelo económico de libre mercado no es el único que puede existir, y si bien es cierto que el hombre realiza siempre actividades económicas, no puede considerarse que la libre concurrencia constituya un derecho humano; es decir, la falta de libre concurrencia no acarrea, por sí misma, una disminución a la dignidad humana; tan es así que el mismo texto constitucional reserva ciertas actividades, en las que no opera la libre concurrencia, como herramienta para preservar los intereses económicos de la mayoría de la población; en consecuencia, la libre concurrencia no debe considerarse un derecho humano ni una garantía que proteja un derecho humano, pero sí un derecho fundamental (por estar previsto en la Constitución) que, además, puede ser restringido o suspendido al no estar en el catálogo del artículo 29 Constitucional.

Garantías de seguridad jurídica

Las antes llamadas garantías de seguridad jurídica son derechos instrumentales que desarrollan el principio de legalidad en casos específicos.

Derecho de petición

El artículo 8° Constitucional dispone:

"Los funcionarios y empleados públicos respetarán el ejercicio del derecho de petición, siempre que ésta se formule por escrito, de manera pacífica y respetuosa; pero en materia política sólo podrán hacer uso de ese derecho los ciudadanos de la República.

A toda petición deberá recaer un acuerdo escrito de la autoridad a quien se haya dirigido, la cual tiene obligación de hacerlo conocer en breve término al peticionario."

En sí mismo no puede considerarse el derecho de petición como un derecho humano en tanto que ni la vida ni la dignidad de un ser humano se disminuyen o afectan directamente en caso de que no pueda hacer peticiones a las autoridades; tan es así que se impide ejercerlo en materia política a los extranjeros y a los nacionales no ciudadanos; además, aún sin derecho de petición las autoridades continuarían obligadas a cumplir las leyes en función del derecho humano a la legalidad.

Por tanto, este derecho debe considerarse un derecho fundamental, por estar previsto en la Constitución y su protección sería indirecta en el juicio de amparo, a través del derecho humano a la legalidad.

Irretroactividad de la ley

Éste está considerado como derecho humano, según comentamos con anterioridad por lo que nos remitimos al apartado relativo a derechos que no pueden ser suspendidos ni restringidos.

Audiencia y legalidad

Los derechos previstos en los artículos 14 y 16 Constitucionales, constituyen las manifestaciones del derecho humano a la legalidad, que ya comentamos en el apartado de los derechos que no pueden ser suspendidos ni restringidos.

Prohibición de justicia por propia mano y acceso a la justicia (tribunales)

El artículo 17 Constitucional prohíbe que cualquier persona se haga justicia por propia mano o ejerza violencia para reclamar sus derechos; como compensación a tal prohibición se establece el derecho de acceso a los tribunales que deberán resolver los conflictos conforme lo dispongan las leyes. Este es otra manifestación del derecho humano a la legalidad y, por tanto, no puede ser suspendido ni restringido, al preverse también, en el artículo 29 Constitucional, que no podrán suspenderse las garantías judiciales básicas.

Prohibición de encarcelamiento por deudas puramente civiles

Esta prohibición, establecida en el artículo 17 Constitucional constituye una manifestación del derecho a la libertad personal que, como ya comentamos, sólo admite limitaciones derivadas del ejercicio de las facultades de los tribunales en materias penal y civil; en este último aspecto, se prevé que no podrá aplicarse la prisión con motivo de deudas de carácter puramente civil, lo que debe constituye una garantía otorgada para proteger el derecho humano a la libertad.

Esta garantía es susceptible de ser suspendida o restringida, pues no está en el listado del artículo 29 Constitucional, como tampoco se incluyó el derecho humano que protege: libertad personal.

Requisitos para la orden de aprehensión, el auto de vinculación a proceso (antes de formal prisión) y la prisión preventiva

Estas disposiciones constituyen garantías otorgadas para proteger el derecho humano a la libertad personal y son una manifestación del derecho humano a la legalidad; precisamente por ser garantías y no un derecho humano en sí, son susceptibles de ser suspendidas o restringidas sin que obste que se trate de garantías judiciales puesto que podrían ser dispensables en la medida en que subsista la garantía judicial de acceso a la justicia y el dictado de sentencia por parte de los tribunales; es decir, mientras no se suspenda la garantía de debido proceso, podría aceptarse la simplificación de los requisitos para someter a una persona a juicio penal.

Derechos de los inculpados de la comisión de delitos

El artículo 20 Constitucional establece varios derechos relacionados con los juicios en materia penal:

- Disposiciones generales:

   o El proceso penal tendrá por objeto el esclarecimiento de los hechos, proteger al inocente, procurar que el culpable no quede impune y que los daños causados por el delito se reparen.

   o Toda audiencia se desarrollará en presencia del juez, sin que pueda delegar en ninguna persona el desahogo y la valoración de las pruebas, la cual deberá realizarse de manera libre y lógica;

   o Para los efectos de la sentencia sólo se considerarán como prueba aquellas que hayan sido desahogadas en la audiencia de juicio. La ley establecerá las excepciones y los requisitos para admitir en juicio la prueba anticipada, que por su naturaleza requiera desahogo previo;

   o El juicio se celebrará ante un juez que no haya conocido del caso previamente. La presentación de los argumentos y los elementos probatorios se desarrollará de manera pública, contradictoria y oral;

   o La carga de la prueba para demostrar la culpabilidad corresponde a la parte acusadora, conforme lo establezca el tipo penal. Las partes tendrán igualdad procesal para sostener la acusación o la defensa, respectivamente;

   o Ningún juzgador podrá tratar asuntos que estén sujetos a proceso con cualquiera de las partes sin que esté presente la otra, respetando en todo momento el principio de contradicción, salvo las excepciones que establece esta Constitución;

o Una vez iniciado el proceso penal, siempre y cuando no exista oposición del inculpado, se podrá decretar su terminación anticipada en los supuestos y bajo las modalidades que determine la ley. Si el imputado reconoce ante la autoridad judicial, voluntariamente y con conocimiento de las consecuencias, su participación en el delito y existen medios de convicción suficientes para corroborar la imputación, el juez citará a audiencia de sentencia. La ley establecerá los beneficios que se podrán otorgar al inculpado cuando acepte su responsabilidad;

o El juez sólo condenará cuando exista convicción de la culpabilidad del procesado;

o Cualquier prueba obtenida con violación de derechos fundamentales será nula, y

o Los principios previstos en este artículo, se observarán también en las audiencias preliminares al juicio.

- Derechos del inculpado

  o A que se presuma su inocencia mientras no se declare su responsabilidad mediante sentencia emitida por el juez de la causa;

  o A declarar o a guardar silencio. Desde el momento de su detención se le harán saber los motivos de la misma y su derecho a guardar silencio, el cual no podrá ser utilizado en su perjuicio. Queda prohibida y será sancionada por la ley penal, toda incomunicación, intimidación o tortura. La confesión rendida sin la asistencia del defensor carecerá de todo valor probatorio;

  o A que se le informe, tanto en el momento de su detención como en su comparecencia ante el Ministerio Público o el juez, los hechos que se le imputan y los derechos que le asisten. Tratándose de delincuencia organizada, la autoridad judicial podrá autorizar que se mantenga en reserva el nombre y datos del acusador.

  o Se le recibirán los testigos y demás pruebas pertinentes que ofrezca, concediéndosele el tiempo que la ley estime necesario al efecto y auxiliándosele para obtener la comparecencia de las personas cuyo testimonio solicite, en los términos que señale la ley;

o Será juzgado en audiencia pública por un juez o tribunal. La publicidad sólo podrá restringirse en los casos de excepción que determine la ley, por razones de seguridad nacional, seguridad pública, protección de las víctimas, testigos y menores, cuando se ponga en riesgo la revelación de datos legalmente protegidos, o cuando el tribunal estime que existen razones fundadas para justificarlo.

o En delincuencia organizada, las actuaciones realizadas en la fase de investigación podrán tener valor probatorio, cuando no puedan ser reproducidas en juicio o exista riesgo para testigos o víctimas. Lo anterior sin perjuicio del derecho del inculpado de objetarlas o impugnarlas y aportar pruebas en contra.

o Le serán facilitados todos los datos que solicite para su defensa y que consten en el proceso.

o El imputado y su defensor tendrán acceso a los registros de la investigación cuando el primero se encuentre detenido y cuando pretenda recibírsele declaración o entrevistarlo. Asimismo, antes de su primera comparecencia ante juez podrán consultar dichos registros, con la oportunidad debida para preparar la defensa. A partir de este momento no podrán mantenerse en reserva las actuaciones de la investigación, salvo los casos excepcionales expresamente señalados en la ley cuando ello sea imprescindible para salvaguardar el éxito de la investigación y siempre que sean oportunamente revelados para no afectar el derecho de defensa;

o Será juzgado antes de cuatro meses si se tratare de delitos cuya pena máxima no exceda de dos años de prisión, y antes de un año si la pena excediere de ese tiempo, salvo que solicite mayor plazo para su defensa;

o Tendrá derecho a una defensa adecuada por abogado, al cual elegirá libremente incluso desde el momento de su detención. Si no quiere o no puede nombrar un abogado, después de haber sido requerido para hacerlo, el juez le designará un defensor público. También tendrá derecho a que su defensor comparezca en todos los actos del proceso y éste tendrá obligación de hacerlo cuantas veces se le requiera, y o En ningún caso podrá prolongarse la prisión o detención, por falta de pago de honorarios de defensores o por cualquiera otra prestación de dinero, por causa de responsabilidad civil o algún otro motivo análogo.

o La prisión preventiva no podrá exceder del tiempo que como máximo de pena fije la ley al delito que motivare el proceso y en ningún caso será superior a dos años, salvo que su prolongación se deba al ejercicio del derecho de defensa del imputado. Si cumplido este término no se ha pronunciado sentencia, el imputado será puesto en libertad de inmediato mientras se sigue el proceso, sin que ello obste para imponer otras medidas cautelares.

o En toda pena de prisión que imponga una sentencia, se computará el tiempo de la detención.

- Derechos de la víctima u ofendido

o Recibir asesoría jurídica; ser informado de los derechos que en su favor establece la Constitución y, cuando lo solicite, ser informado del desarrollo del procedimiento penal;

o Coadyuvar con el Ministerio Público; a que se le reciban todos los datos o elementos de prueba con los que cuente, tanto en la investigación como en el proceso, a que se desahoguen las diligencias correspondientes, y a intervenir en el juicio e interponer los recursos en los términos que prevea la ley.

o Cuando el Ministerio Público considere que no es necesario el desahogo de la diligencia, deberá fundar y motivar su negativa;

o Recibir, desde la comisión del delito, atención médica y psicológica de urgencia;

o Que se le repare el daño. En los casos en que sea procedente, el Ministerio Público estará obligado a solicitar la reparación del daño, sin menoscabo de que la víctima u ofendido lo pueda solicitar directamente, y el juzgador no podrá absolver al sentenciado de dicha reparación si ha emitido una sentencia condenatoria.

o La ley fijará procedimientos ágiles para ejecutar las sentencias en materia de reparación del daño;

o Al resguardo de su identidad y otros datos personales en los siguientes casos: cuando sean menores de edad; cuando se trate de delitos de violación, trata de personas, secuestro o delincuencia organizada; y cuando a juicio del juzgador sea necesario para su protección, salvaguardando en todo caso los derechos de la defensa.

o El Ministerio Público deberá garantizar la protección de víctimas, ofendidos, testigos y en general todas los sujetos que intervengan en el proceso. Los jueces deberán vigilar el buen cumplimiento de esta obligación;

o Solicitar las medidas cautelares y providencias necesarias para la protección y restitución de sus derechos, y

o Impugnar ante autoridad judicial las omisiones del Ministerio Público en la investigación de los delitos, así como las resoluciones de reserva, no ejercicio, desistimiento de la acción penal o suspensión del procedimiento cuando no esté satisfecha la reparación del daño.

De éstos, podemos considerar reconocimiento de derechos humanos la finalidad del proceso, la presencia personal del juez, la presunción de inocencia, la nulidad de las pruebas ilegales, el derecho a declarar o no, así como a ser informado del delito por el que se acusa, el derecho a un abogado y a rendir pruebas con acceso al expediente; en el caso de la víctima u ofendido, el derecho a coadyuvar con el Ministerio Público, rendir pruebas, obtener reparación del daño e impugnar las decisiones del Ministerio Público; todos estos elementos forman parte del derecho humano a la legalidad, que ya comentamos en general.

Además, las limitaciones a la prisión preventiva corresponden al derecho humano a la libertad personal.

Todos los demás derechos tienen el carácter de derechos fundamentales, por estar previstos en la constitución y, además, son garantías de los derechos humanos a la legalidad y a la libertad personal, pero se trata de derechos susceptibles de ser suspendidos o restringidos, al no estar en la enumeración del artículo 29 Constitucional, salvo la presunción de inocencia, la presencia del juez, la asistencia de abogado, la posibilidad de rendir pruebas y la nulidad de las ilegales, que son garantías judiciales (operan en los juicios penales) pero deben estimarse indispensables para proteger el derecho a la vida, a la integridad personal y a la no discriminación con motivo de las imputaciones de delitos, por lo que debe considerarse que no son susceptibles de ser suspendidos ni restringidos de acuerdo con el artículo 29 Constitucional.

Monopolio de la imposición de las penas (Poder Judicial) y de la acción penal (Ministerio Público)

El monopolio de la imposición de penas por el Poder Judicial es una garantía judicial indispensable para proteger todos los demás derechos humanos, por lo que, independientemente de ser un componente de la garantía de legalidad, por sí mismo debe considerarse uno de los elementos no susceptibles de ser suspendidos ni restringidos, en términos del artículo 29 Constitucional.

Por el contrario, el monopolio de la acción penal por el Ministerio Público no constituye un derecho humano ni una garantía indispensable de ninguno de ellos puesto que podría otorgarse el derecho de persecución a la víctima u ofendido; no debemos ignorar el origen histórico de esta facultad exclusiva, pero también hay que considerar que paulatinamente ha ido aceptándose la necesidad de que la parte ofendida, al menos, participe aportando pruebas y estando legitimada para impugnar los actos que directamente afecten su derecho a la reparación del daño; incluso el propio artículo 21 Constitucional prevé que la ley determine los casos en que los particulares puedan ejercer la acción penal y, tratándose de la ejecución de sentencias de amparo, de controversias constitucionales y de acciones de inconstitucionalidad también se prevé que la acción penal la ejerza la Suprema Corte de Justicia de la Nación y no el Ministerio Público.

Prohibición de ciertas penas

El artículo 22 Constitucional prohíbe ciertas penas y regula la extinción de dominio:

"Quedan prohibidas las penas de muerte, de mutilación, de infamia, la marca, los azotes, los palos, el tormento de cualquier especie, la multa excesiva, la confiscación de bienes y cualesquiera otras penas inusitadas y trascendentales. Toda pena deberá ser proporcional al delito que sancione y al bien jurídico afectado.

No se considerará confiscación la aplicación de bienes de una persona cuando sea decretada para el pago de multas o impuestos, ni cuando la decrete una autoridad judicial para el pago de responsabilidad civil derivada de la comisión de un delito. Tampoco se considerará confiscación el decomiso que ordene la autoridad judicial de los bienes en caso de enriquecimiento ilícito en los términos del artículo 109, la aplicación a favor del Estado de bienes asegurados que causen abandono en los términos de las disposiciones aplicables, ni la de aquellos bienes cuyo dominio se declare extinto en sentencia. En el caso de extinción de dominio se establecerá un procedimiento que se regirá por las siguientes reglas:

I. Será jurisdiccional y autónomo del de materia penal;

II. Procederá en los casos de delincuencia organizada, delitos contra la salud, secuestro, robo de vehículos y trata de personas, respecto de los bienes siguientes:

a) Aquellos que sean instrumento, objeto o producto del delito, aún cuando no se haya dictado la sentencia que determine la responsabilidad penal, pero existan elementos suficientes para determinar que el hecho ilícito sucedió.

b) Aquellos que no sean instrumento, objeto o producto del delito, pero que hayan sido utilizados o destinados a ocultar o mezclar bienes producto del delito, siempre y cuando se reúnan los extremos del inciso anterior.

c) Aquellos que estén siendo utilizados para la comisión de delitos por un tercero, si su dueño tuvo conocimiento de ello y no lo notificó a la autoridad o hizo algo para impedirlo.

d) Aquellos que estén intitulados a nombre de terceros, pero existan suficientes elementos para determinar que son producto de delitos patrimoniales o de delincuencia organizada, y el acusado por estos delitos se comporte como dueño.

III. Toda persona que se considere afectada podrá interponer los recursos respectivos para demostrar la procedencia lícita de los bienes y su actuación de buena fe, así como que estaba impedida para conocer la utilización ilícita de sus bienes."

Ya comentamos que la prohibición de las penas de muerte, de mutilación, de infamia, la marca, los azotes, los palos y el tormento o tortura constituyen reconocimiento y protección a los derechos a la vida y a la integridad personal, por lo que tampoco son susceptibles de ser suspendidos ni restringidos en términos del artículo 29 Constitucional.

La prohibición de la multa excesiva, la confiscación de bienes y cualesquiera otras penas inusitadas, así como la regulación de la extinción de dominio deben considerarse derechos fundamentales pero no alcanzan a tener la categoría de derecho humano en tanto que las medidas que se prohíben no afectan directa y necesariamente la dignidad humana sino, en todo caso, los bienes que posea una persona.

En cambio, la prohibición de penas trascendentales, entendidas como las que se imponen a personas distintas de las responsables directamente de la comisión de un delito sí constituye una garantía indispensable para el derecho humano a la legalidad junto con la presunción de inocencia, por lo que habría que estimarla, también, irrestringible e insuspendible.

Principio non bis in ídem

El artículo 23 Constitucional dispone:

"Ningún juicio criminal deberá tener más de tres instancias. Nadie puede ser juzgado dos veces por el mismo delito, ya sea que en el juicio se le absuelva o se le condene. Queda prohibida la práctica de absolver de la instancia."

Tanto la limitación de instancias en los juicios penales como la prohibición de que se juzgue varias veces a una persona por el mismo delito y la práctica de absolver de la instancia constituyen derechos fundamentales en tanto están previstos expresamente en el texto constitucional, pero no constituyen derechos humanos en tanto que no afectan la vida ni, directamente, la dignidad humana; es cierto que podría haber inconvenientes personales si se permitiera juzgar varias veces por los mismos hechos pero ello no afectaría la dignidad humana directamente en tanto los juicios respetaran las disposiciones legales; por tal motivo, tampoco deben considerarse garantías judiciales indispensables y sí podrían suspenderse o restringirse en términos del artículo 29 Constitucional.

Proporcionalidad tributaria

El artículo 31, fracción IV, Constitucional establece la obligación de contribuir a los gastos públicos de la manera proporcional y equitativa que dispongan las leyes; de ahí se ha deducido la existencia de 3 garantías relacionadas con las contribuciones: legalidad, proporcionalidad y equidad.

La legalidad forma parte del cumplimiento al derecho humano a la legalidad, por lo que nos remitimos a lo expresado sobre ese concepto.

La equidad puede considerarse una manifestación del derecho fundamental a la no discriminación, pero no constituye un derecho humano en sí pues, como ya se precisó, no es absoluto.

En cuanto a la proporcionalidad, entendida generalmente como la existencia de una relación razonable entre el objeto del tributo y la tasa o tarifa aplicable para determinar el valor económico del pago que debe hacerse al Estado, debe estimarse un derecho fundamental por estar previsto en la Constitución pero no un derecho humano puesto no afecta directamente la vida ni la dignidad humanas.

De lo anterior deriva que las garantías tributarias deben considerarse garantías de derechos fundamentales pero no de derechos humanos y, en consecuencia, podrán ser protegidas mediante el juicio de amparo sólo a través del derecho humano a la legalidad pero no por sí mismas.

Garantías de propiedad

El artículo 27 Constitucional dispone:

"La propiedad de las tierras y aguas comprendidas dentro de los límites del territorio nacional, corresponde originariamente a la Nación, la cual ha tenido y tiene el derecho de transmitir el dominio de ellas a los particulares, constituyendo la propiedad privada.

Las expropiaciones sólo podrán hacerse por causa de utilidad pública y mediante indemnización.

La nación tendrá en todo tiempo el derecho de imponer a la propiedad privada las modalidades que dicte el interés público, así como el de regular, en beneficio social, el aprovechamiento de los elementos naturales susceptibles de apropiación, con objeto de hacer una distribución equitativa de la riqueza pública, cuidar de su conservación, lograr el desarrollo equilibrado del país y el mejoramiento de las condiciones de vida de la población rural y urbana [...]"

De ahí se desprende el reconocimiento a la propiedad privada y se establecen algunos derechos para protegerla (como la regulación de la expropiación); sin embargo, tanto el derecho a la propiedad privada como sus garantías no pueden considerarse un derecho humano en sí mismos debido a que la dignidad humana puede existir y respetarse sin depender de la posesión exclusiva de bienes materiales; además, existen sistemas sociales y políticos en los que no existe la propiedad privada y puede respetarse la dignidad humana[50].

La Constitución también prevé la propiedad colectiva de las comunidades indígenas y los ejidos, regulando sus elementos básicos aunque, tratándose de las primeras, respeta sus tradiciones, usos y

---

[50] Nuestra propia Constitución prevé la propiedad colectiva de las comunidades y ejidos, por ejemplo. De hecho, el enfoque occidental capitalista que centra una parte de la teoría de los derechos humanos en los intereses particulares y en los elementos que protegen, al fin de cuentas, la propiedad privada, han sido criticados por no corresponder en su totalidad a la forma oriental de entender el mundo.

costumbres en tanto no sean contrarias a los principios constitucionales ni a los derechos humanos.

La propiedad privada, comunal y ejidal son derechos fundamentales por estar previstos en la Constitución, pero no derechos humanos y, por lo mismo, pueden ser susceptibles de ser restringidos o suspendidos al no estar en el catálogo del artículo 29 Constitucional.

Lo mismo debe decirse de la regulación de la expropiación, prevista en el artículo 27 Constitucional, que debe considerarse un derecho fundamental pero no una garantía de un derecho humano en sí mismo considerado y, por tanto, también sería susceptible de ser suspendido o restringido.

Otros derechos constitucionales

Además de los derechos que se incluían antes en la enumeración de garantías individuales, nuestra Constitución establece otros; por ejemplo:

- Derecho a la protección a la salud (artículo 4°, párrafo tercero).

- Derecho a un medio ambiente adecuado (artículo 4°, párrafo cuarto).

- Derecho al acceso a la cultura y al disfrute de los bienes y servicios que presta el Estado en la materia, así como el ejercicio de los derechos culturales (artículo 4°, último párrafo).

- Derecho al asilo (artículo 11).

- Derecho al refugio (artículo 11).

- Limitaciones y requisitos para el arraigo (artículo 16).

- Limitación para la detención en flagrancia (artículo 16).

- Regulación para la realización de cateos y visitas domiciliarias (artículo 16).

- Reglas básicas del sistema penitenciario (artículo 18).

- Derechos para adolescentes implicados en la comisión de conductas ilícitas (artículo 18).

- Traslado de sentenciados para que cumplan su condena en su país de origen (artículo 18).

- Rectoría del Estado sobre el desarrollo nacional para garantizar que sea integral, sustentable, democrático, que fomente el crecimiento económico y una más justa distribución del ingreso y la riqueza, así como la existencia de un sistema de planeación democrática del desarrollo nacional (artículos 25 y 26).

- Garantías para los miembros de la Junta de Gobierno del Sistema Nacional de Información Estadística y Geográfica (artículo 26).

- Derechos y limitaciones para adquirir dominio de tierras y aguas dentro del territorio nacional (artículo 27).

- Derecho de preferencia para adquirir excedentes fraccionados de la pequeña propiedad (artículo 27).

- Derechos necesarios para el cumplimiento de las obligaciones de los mexicanos (artículo 31).

- Restricción a favor de mexicanos para ocupar ciertos cargos (artículo 32).

- Derechos y restricciones a los extranjeros (artículo 33).

- Derecho del pueblo a alterar o modificar la forma de su gobierno (artículo 40)[51].

- Derechos de los partidos políticos (artículo 41).

- Derechos y garantías de los integrantes del Instituto Federal Electoral (artículo 41).

- Derechos de la Federación y los Estados sobre sus territorios (artículos 42 a 48).

- División de poderes (artículo 49).

- Derechos y garantías para los integrantes del Poder Legislativo (artículos 50 a 70 y 73 a 78).

- Reglas para la iniciativa y formación de leyes (artículos 71 y 72).

- Regulación de la entidad de fiscalización superior de la Federación (artículo 79).

- Derechos y garantías para el Poder Ejecutivo (artículos 80 a 93).

- Derechos y garantías para el Poder Judicial de la Federación (artículos 94 a 107)[52].

---

[51] Los derechos políticos se consideran derechos humanos, al no poder restringirse ni suspenderse (art. 29 Constitucional).

[52] Aquí se incluyen también disposiciones que regulan el Ministerio Público y a la Comisión Nacional de los Derechos Humanos.

- Regulación de las responsabilidades de los servidores públicos y de la responsabilidad patrimonial del Estado (artículos 108 a 114).

- Derechos y garantías para los estados de la Federación y el Distrito Federal (artículos 115 a 122).

- Reserva de facultades a las autoridades estatales (artículo 124).

- Derecho a elegir entre los cargos de elección popular para los que hubiera sido votada una misma persona (artículo 125).

- Derecho a que el patrimonio del Estado sólo se aplique a pagos previstos en el presupuesto (artículo 126).

- Derecho a remuneración adecuada e irrenunciable de los servicios públicos (artículo 127).

- Derecho a que todo servidor público cumpla la obligación de protestar guardar la Constitución y las leyes antes de tomar posesión de su encargo (artículo 128).

- Límites a las autoridades militares en tiempos de paz (artículo 129).

- Derechos a la Federación para gravar y regular la circulación, entrada y salida de mercancías del país (artículo 131).

- Derecho de los estados a que se pida su consentimiento para la instalación de fuertes, cuarteles, almacenes de depósito y demás inmuebles destinados por la Federación al servicio público o uso común (artículo 132).

- Principio de supremacía constitucional (artículo 133).

- Principios para el uso de los recursos económicos de la Federación, estados, municipios y Distrito Federal (artículo 134).

- Requisitos para adicionar o reformar la Constitución (artículo 135).

- Derecho a la inviolabilidad y restauración de la Constitución (artículo 136).

De todos éstos, los derechos a la protección a la salud, al medio ambiente adecuado, al asilo y al refugio pueden considerarse garantías del derecho humano a la vida; el acceso a la cultura como una garantía de la libertad de pensamiento (como adquisición de información); los demás, como garantías de la libertad personal o, en general, del derecho humano a la legalidad; sin embargo, todos ellos constituyen derechos otorgados por la Constitución y, en consecuencia, susceptibles de ser modificados, restringidos o suspendidos conforme a los procedimientos previstos en la propia Constitución.

De lo anterior podemos concluir que el esquema básico de derechos previstos en la Constitución es el siguiente:

Derechos humanos (universales y absolutos, no restringibles ni suspendibles)

| **Derechos constitucionales** (fundamentales lato sensu) | **Derechos fundamentales** (stricto sensu) | **Garantías de derechos humanos** | **Garantías judiciales indispensables** (no restringibles ni suspendibles)

Otras garantías (restringibles o suspendibles) |
| | | **Otros derechos fundamentales** (restringibles o suspendibles) | |

Derechos humanos reconocidos por los tratados internacionales en los que el Estado Mexicano es parte

La reforma al artículo 103 Constitucional también establece que los tribunales federales conozcan de las controversias relativas a normas generales, actos u omisiones de autoridad que violen los derechos humanos reconocidos en los tratados internacionales y las garantías otorgadas para protegerlos.

De manera similar a lo considerado con los derechos humanos reconocidos por la Constitución, hay que analizar los tratados internacionales en que nuestro país es parte para determinar en cuáles se reconoce algún derecho humano y, en su caso, qué garantías establezcan al respecto.

Sobre la base de que los tratados internacionales, celebrados por el Presidente de la República y aprobados por el Senado constituyen parte de la ley suprema a que se refiere el artículo 133 Constitucional, un sector de la doctrina identifica a la Constitución, a los tratados internacionales e incluso a las leyes generales como un "bloque de constitucionalidad" para aludir a las normas fundamentales del sistema jurídico; sin embargo, es discutible este punto de vista, al menos respecto de los tratados internacionales, debido a que una de las funciones de la Constitución es determinar el fundamento inicial de las demás normas del sistema y los tratados internacionales rara vez cumplen esa función; es decir, por regla general no se celebran para el efecto de que sirvan de base para la generación de otras normas generales sino para establecer compromisos específicos entre los países que los pactan, de tal manera que podría resultar más adecuado hablar de constitucionalidad sólo respecto de la Constitución, independientemente de que los tratados también puedan reconocer y regular derechos humanos.

Como ya comentamos, el artículo 107, fracción I, Constitucional define el concepto de parte agraviada y lo condiciona a la invocación de derechos humanos reconocidos en la Constitución, por lo que directamente no podrían invocarse derechos humanos reconocidos en los tratados internacionales; no obstante, el derecho humano a la legalidad implica el cumplimiento de todas las normas del sistema jurídico, como ya comentamos en un apartado anterior, de tal manera que debe comprender, también, el cumplimiento a las obligaciones derivadas de los tratados internacionales, incluyendo los relativos al respecto a derechos humanos y las garantías que para éstos puedan establecerse en ellos; tal como la garantía de legalidad establecida en los artículos 14 y 16 Constitucionales permitía, en el modelo anterior del juicio de amparo, la protección de prácticamente todos los derechos derivados del sistema jurídico, en el nuevo modelo del amparo podrán protegerse todos los derechos humanos, independientemente de que su origen sea el texto constitucional o un tratado internacional[53].

---

[53] Hay que anotar que, así como en el modelo anterior, la garantía individual de legalidad, referida tanto a actos de molestia como de privación, era en la práctica la más invocada, con el nuevo modelo el derecho humano a la legalidad y las garantías otorgadas para protegerlo, establecidas principalmente en los artículos 14, 16 y 17 Constitucionales, serán ahora la base principal de defensa de los particulares frente a las normas generales, actos u omisiones de las autoridades.

México ha celebrado y ratificado una gran cantidad de tratados internacionales de los cuales, al 15 de julio de 2011, están vigentes 1324, de acuerdo con los listados que aparecen en la página web de la Secretaría de Relaciones Exteriores[54].

Enumeración de la Secretaría de Relaciones Exteriores

De estos tratados, en la misma página se consideran relacionados con derechos humanos los siguientes 47:

1. *Convención sobre nacionalidad de la mujer.*

2. *Convención internacional para la represión de la trata de mujeres y menores.*

3. *Convención relativa a la esclavitud.*

4. *Convención sobre asilo.*

5. *Convención internacional relativa a la represión de la trata de mujeres mayores de edad.*

6. *Convención sobre asilo político.*

7. *Protocolo que enmienda la convención para la supresión del tráfico de mujeres y niños, concluida en ginebra el 30 de septiembre de 1921 y la convención para la supresión del tráfico de mujeres mayores de edad, concluida en ginebra el 11 de octubre de 1933.*

8. *Convención interamericana sobre concesión de los derechos políticos a la mujer.*

9. *Convención interamericana sobre concesión de los derechos civiles a la mujer.*

10. *Acuerdo internacional para la supresión del tráfico de trata de blancas, firmado en París el 18 de mayo de 1904, enmendado por el protocolo firmado en Lake Success, Nueva York, el 4 de mayo de 1949.*

11. *Convenio internacional para la supresión del tráfico de trata de blancas, firmado en París el 18 de mayo de 1910, enmendado por el protocolo firmado en Lake Success, Nueva York, el 4 de mayo de 1949.*

12. *Convenio para la represión de la trata de personas y de la explotación de la prostitución ajena y protocolo final.*

13. *Convención sobre el estatuto de los refugiados.*

---

[54] http://www.sre.gob.mx/tratados/ , consultada 24 de julio de 2011.

14. *Convención sobre los derechos políticos de la mujer.*

15. *Protocolo que enmienda la convención sobre la esclavitud del 25 de septiembre de 1926.*

16. *Convención sobre asilo diplomático.*

17. *Convención sobre asilo territorial.*

18. *Convención sobre el estatuto de los apátridas.*

19. *Convención suplementaria sobre la abolición de la esclavitud, la trata de esclavos y las instituciones y prácticas análogas a la esclavitud, 1956.*

20. *Convención sobre la nacionalidad de la mujer casada.*

21. *Convención internacional sobre la eliminación de todas las formas de discriminación racial.*

22. *Pacto internacional de derechos económicos, sociales y culturales.*

23. *Pacto internacional de derechos civiles y políticos.*

24. *Protocolo facultativo del pacto internacional de derechos civiles y políticos del 16 de diciembre de 1966.*

25. *Protocolo sobre el estatuto de los refugiados.*

26. *Convención americana sobre derechos humanos "pacto de San José de Costa Rica".*

27. *Convención internacional sobre la represión y el castigo del crimen de apartheid.*

28. *Convención sobre la eliminación de todas las formas de discriminación contra la mujer.*

29. *Convención contra la tortura y otros tratos o penas crueles, inhumanos o degradantes.*

30. *Convención interamericana para prevenir y sancionar la tortura.*

31. *Convención internacional contra el apartheid en los deportes.*

32. *Protocolo adicional a la convención americana sobre derechos humanos en materia de derechos económicos, sociales y culturales "protocolo de San Salvador".*

33. *Convención sobre los derechos del niño.*

34. *Segundo protocolo del pacto internacional de derechos civiles y políticos destinado a abolir la pena de muerte.*

35. *Protocolo a la convención americana sobre derechos humanos relativo a la abolición de la pena de muerte.*

36. *Convención internacional sobre la protección de los derechos de todos los trabajadores migratorios y de sus familiares.*

37. *Convención interamericana para prevenir, sancionar y erradicar la violencia contra la mujer "convención de Belem do Para".*

38. *Convención interamericana sobre desaparición forzada de personas.*

39. *Enmienda al párrafo 2 del artículo 43 de la convención sobre los derechos del niño.*

40. *Convención interamericana para la eliminación de todas las formas de discriminación contra las personas con discapacidad.*

41. *Protocolo facultativo de la convención sobre la eliminación de todas las formas de discriminación contra la mujer.*

42. *Protocolo facultativo de la convención sobre los derechos del niño relativo a la participación de niños en conflictos armados.*

43. *Protocolo facultativo de la convención sobre los derechos del niño relativo a la venta de niños, la prostitución infantil y la utilización de los niños en la pornografía.*

44. *Protocolo facultativo de la convención contra la tortura y otros tratos o penas crueles, inhumanos o degradantes.*

45. *Convención sobre los derechos de las personas con discapacidad.*

46. *Protocolo facultativo de la convención sobre los derechos de las personas con discapacidad.*

47. *Convención internacional para la protección de todas las personas contra las desapariciones forzadas.*

Enumeración de la Suprema Corte de Justicia de la Nación

Por otra parte, la página web de la Suprema Corte de Justicia de la Nación[55] enumera 167 tratados internacionales como relacionados con derechos humanos:

De carácter general

1. *Carta de la Organización de los Estados Americanos.*

---

[55] http://www2.scjn.gob.mx/red/constitucion/ consultada 24 de julio de 2011.

2. *Carta de las Naciones Unidas.*

3. *Convención americana sobre derechos humanos pacto de San José de Costa Rica.*

4. *Convención sobre el estatuto de los apátridas.*

5. *Estatuto de la corte internacional de justicia.*

6. *Pacto internacional de derechos civiles y políticos.*

7. *Pacto internacional de derechos económicos, sociales y culturales.*

8. *Protocolo adicional a la convención americana sobre derechos humanos en materia de derechos económicos, sociales y culturales protocolo de San Salvador.*

9. *Protocolo facultativo del pacto internacional de derechos civiles y políticos.*

10. *Segundo protocolo facultativo del pacto internacional de derechos civiles y políticos destinado a abolir la pena de muerte.*

Asilo

11. *Convención sobre asilo diplomático.*

12. *Convención sobre asilo político.*

13. *Convención sobre asilo territorial.*

14. *Convención sobre asilo.*

Derecho internacional humanitario

15. *Convención internacional contra la toma de rehenes.*

16. *Convención sobre deberes y derechos de los estados en caso de luchas civiles.*

17. *Convención sobre la imprescriptibilidad de los crímenes de guerra y de los crímenes de lesa humanidad.*

18. *Convenio I de Ginebra para mejorar la suerte de los heridos y enfermos de las fuerzas armadas en campaña.*

19. *Convenio II de Ginebra para mejorar la suerte de los heridos, enfermos y náufragos de las fuerzas armadas en el mar.*

20. *Convenio III de ginebra relativo al trato de los prisioneros de guerra.*

21. *Convenio IV de Ginebra relativo a la protección de personas civiles en tiempo de guerra.*

22. *Protocolo adicional a los convenios de Ginebra del 12 de agosto de 1949, relativo a la aprobación de un signo distintivo adicional.*

23. *Segundo protocolo de la convención de La Haya de 1954 sobre la protección de los bienes culturales en caso de conflicto armado.*

Desaparición forzada

24. *Convención interamericana sobre desaparición forzada de personas.*

25. *Convención internacional para la protección de todas las personas contra las desapariciones forzadas.*

Discapacitados

26. *Convención interamericana para la eliminación de todas las formas de discriminación contra las personas con discapacidad.*

27. *Convención sobre los derechos de las personas con discapacidad.*

28. *Protocolo facultativo de la convención sobre los derechos de las personas con discapacidad.*

Discriminación racial

29. *Convención internacional contra el apartheid en los deportes.*

30. *Convención internacional sobre la eliminación de todas las formas de discriminación racial.*

31. *Convención internacional sobre la represión y el castigo del crimen de apartheid.*

32. *Declaración para el reconocimiento de la competencia del comité para la eliminación de la discriminación racial establecida en la convención internacional sobre la eliminación de todas las formas de discriminación racial.*

Educación y cultura

33. *Convención sobre la orientación pacífica de la enseñanza.*

34. *Convención sobre la protección y promoción de la diversidad de las expresiones culturales.*

Esclavitud

35. *Convención relativa a la esclavitud.*

36. *Convención suplementaria sobre la abolición de la esclavitud, la trata de esclavos y las instituciones y prácticas análogas a la esclavitud.*

37. *Protocolo para modificar la convención relativa a la esclavitud firmada en ginebra, suiza, el 25 de septiembre de 1926.*

Genocidio

38. *Convención para la prevención y la sanción del delito de genocidio.*

Medio ambiente

39. *Acuerdo de cooperación ambiental de América del Norte.*

40. *Acuerdo de cooperación ambiental entre el gobierno de los Estados Unidos Mexicanos y el gobierno de Canadá.*

41. *Convención de las Naciones Unidas de lucha contra la desertificación en los países afectados por sequía grave o desertificación, en particular en África.*

42. *Convención interamericana para la protección y conservación de las tortugas marinas.*

43. *Convención internacional para la reglamentación de la caza de la ballena.*

44. *Convención marco de las Naciones Unidas sobre el cambio climático.*

45. *Convención para la protección de la flora, de la fauna y de las bellezas escénicas naturales de los paises de américa.*

46. *Convención relativa a los humedales de importancia internacional especialmente como hábitat de aves acuáticas.*

47. *Convención sobre el comercio internacional de especies amenazadas de fauna y flora silvestres (cites)*

48. *Convenio de Basilea sobre el control de los movimientos transfronterizos de los desechos peligrosos y su eliminación.*

49. *Convenio de Estocolmo sobre contaminantes orgánicos persistentes.*

50. *Convenio de Rotterdam para la aplicación del procedimiento de consentimiento fundamentado previo a ciertos plaguicidas y productos químicos peligros objeto de comercio internacional.*

51. *Convenio de Viena para la protección de la capa de ozono.*

52. *Convenio interamericano de lucha contra la langosta, firmado en Montevideo.*

53. *Convenio internacional para prevenir la contaminación por los buques, 1973.*

54. *Convenio internacional relativo a la intervención en alta mar en casos de accidentes que causen una contaminación por hidrocarburos.*

55. *Convenio internacional sobre cooperación, preparación y lucha contra la contaminación por hidrocarburos.*

56. *Convenio internacional sobre el control de los sistemas antiincrustantes perjudiciales de los buques, adoptado en Londres, el cinco de octubre de dos mil uno.*

57. *Convenio sobre la diversidad biológica.*

58. *Convenio sobre la prevención de la contaminación del mar por vertimiento de desechos y otras materias.*

59. *Enmienda a los artículos 6 y 7 de la convención relativa a los humedales de importancia internacional especialmente como hábitat de aves acuáticas.*

60. *Enmienda al protocolo de Montreal relativo a las sustancias que agotan la capa de ozono.*

61. *Enmienda de Beijing que modifica el protocolo de Montreal relativo a las sustancias que agotan la capa de ozono, adoptada el tres de diciembre de mil novecientos noventa y nueve por la xi conferencia de las partes.*

62. *Enmiendas del protocolo de Montreal relativo a las sustancias que agotan la capa de ozono, 1987, adoptadas durante la novena reunión de las partes, celebrada en Montreal del quince al diecisiete de septiembre de mil novecientos noventa y siete.*

63. *Modificaciones al protocolo de Montreal relativo a las sustancias que agotan la capa de ozono.*

64. *Protocolo a la convención internacional para la reglamentación de la caza de la ballena.*

65. *Protocolo de 1978 relativo al convenio internacional para prevenir la contaminación por los buques.*

66. *Protocolo de Cartagena sobre seguridad de la biotecnología del convenio sobre la diversidad biológica.*

67. *Protocolo de Kioto a la convención marco de las naciones unidas sobre el cambio climático.*

68. *Protocolo de Montreal relativo a las sustancias agotadoras de la capa de ozono.*

69. *Protocolo relativo a la intervención en alta mar en casos de contaminación por sustancias distintas de los hidrocarburos.*

Menores

70. *Convención interamericana sobre conflictos de leyes en materia de adopción de menores.*

71. *Convención sobre el consentimiento para el matrimonio, la edad mínima para contraer matrimonio y el registro de los matrimonios.*

72. *Convención sobre la protección de menores y la cooperación en materia de adopción internacional.*

73. *Convención sobre los aspectos civiles de la sustracción internacional de menores.*

74. *Convención sobre los derechos del niño.*

75. *Enmienda al párrafo 2 del artículo 43 de la convención sobre los derechos del niño.*

76. *Protocolo facultativo de la convención sobre los derechos del niño relativo a la participación de niños en los conflictos armados.*

77. *Protocolo facultativo de la convención sobre los derechos del niño relativo a la venta de niños, la prostitución infantil y la utilización de los niños en la pornografía.*

Migración y nacionalidad

78. *Acuerdo de cooperación entre el gobierno de los Estados Unidos Mexicanos y el gobierno de la República Francesa relativo a la readmisión de personas.*

79. *Conferencia de las Naciones Unidas sobre el estatuto de los apátridas.*

80. *Constitución de la organización Internacional para las Migraciones.*

Minorías y pueblos indígenas

81. *Convenio 169 sobre pueblos indígenas y tribales en países independientes.*

82. *Convenio constitutivo del Fondo para el Desarrollo de los Pueblos Indígenas de América Latina y el Caribe.*

Mujeres

83. *Convención interamericana para prevenir, sancionar y erradicar la violencia contra la mujer, convención de Belém do Pará.*

84. *Convención interamericana sobre concesión de los derechos políticos a la mujer.*

85. *Convención interamericana sobre la concesión de los derechos civiles a la mujer.*

86. *Convención internacional para la represión de la trata de mujeres y menores.*

87. *Convención internacional relativa a la represión de la trata de mujeres mayores de edad.*

88. *Convención sobre la eliminación de todas las formas de discriminación contra la mujer.*

89. *Convención sobre la nacionalidad de la mujer casada.*

90. *Convención sobre los derechos políticos de la mujer.*

91. *Convención sobre nacionalidad de la mujer.*

92. *Convención internacional con objeto de asegurar una protección eficaz contra el tráfico criminal conocido bajo el nombre de trata de blancas*

93. *Convenio para la represión de la trata de personas y de la explotación de la prostitución ajena.*

94. *Protocolo facultativo de la convención sobre la eliminación de todas las formas de discriminación contra la mujer.*

95. *Protocolo que modifica el convenio para la represión de la trata de mujeres y menores del 30 de septiembre de 1921 y el convenio para la represión de la trata de mujeres mayores de edad, del 11 de octubre de 1933.*

Penal internacional

96. *Acuerdo sobre privilegios e inmunidades de la Corte Penal Internacional.*

97. *Convención interamericana contra la corrupción.*

98. *Convención para combatir el cohecho de servidores públicos extranjeros en transacciones comerciales internacionales.*

99. *Estatuto de Roma de la Corte Penal Internacional.*

100. *Protocolo para prevenir, reprimir y sancionar la trata de personas, especialmente mujeres y niños, que complementa la convención de las naciones unidas contra la delincuencia organizada transnacional.*

Propiedad intelectual

101. *Acta de Bruselas que completa la convención de Berna para la protección de las obras literarias y artísticas del 9 de septiembre de 1886, completada en París, en 1896, Berlín 1908, Berna 1914 y Roma 1928 y revisada en Bruselas el 26 de junio de 1948.*

102. *Acta de París del convenio de Berna para la protección de las obras literarias y artísticas.*

103. *Acuerdo de Viena por el que se establece una clasificación internacional de los elementos figurativos de las marcas.*

104. *Arreglo de Estrasburgo relativo a la clasificación internacional de patentes.*

105. *Arreglo de Lisboa relativo a la protección de las denominaciones de origen y su registro internacional, del treinta y uno de octubre de mil novecientos cincuenta y ocho, revisado en Estocolmo el catorce de julio de mil novecientos sesenta y siete y modificado el veintiocho de septiembre de mil novecientos setenta y nueve y su reglamento adoptado el cinco de octubre de mil novecientos setenta y seis.*

106. *Arreglo de Locarno que establece una clasificación internacional para los dibujos y modelos industriales.*

107. *Arreglo de Niza relativo a la clasificación internacional de productos y servicios para el registro de las marcas.*

108. *Convención entre los Estados Unidos Mexicanos y la República Francesa para la protección de los derechos de autor de las obras musicales de sus nacionales.*

109. *Convención interamericana sobre derechos de autor en obras literarias, científicas y artísticas.*

110. *Convención internacional sobre la protección de los artistas intérpretes o ejecutantes, los productores de fonogramas y los organismos de radiodifusión.*

111. *Convención para la salvaguardia del patrimonio cultural inmaterial.*

112. *Convención sobre propiedad literaria y artística, suscrita en la cuarta conferencia internacional americana.*

113. *Convención universal sobre derecho de autor.*

114. *Convención universal sobre derecho de autor.*

115. *Convenio de París para la protección de la propiedad industrial.*

116. *Acta de revisión del convenio de París para la protección de la propiedad industrial*

117. *Convenio de propiedad literaria, científica y artística.*

118. *Convenio entre el gobierno de los Estados Unidos Mexicanos y el gobierno del Reino de Dinamarca para la protección mutua de las obras de sus autores, compositores y artistas.*

119. *Convenio entre los Estados Unidos Mexicanos y la República Federal de Alemania para la protección de los derechos de autor de las obras musicales de sus nacionales.*

120. *Convenio para la protección de los productores de fonogramas contra la reproducción no autorizada de sus fonogramas.*

121. *Convenio que establece la organización mundial de la propiedad intelectual firmado en Estocolmo el 14 de julio de 1967.*

122. *Modificaciones del reglamento del tratado de cooperación en materia de patentes (PCT) adoptadas el 29 de septiembre de 2008 por la asamblea de la Unión Internacional de Cooperación en Materia de Patentes (Unión PCT) en su trigésimo octavo periodo*

de sesiones (22° extraordinario), celebrado del 22 al 30 de septiembre de 2008, vigentes a partir del 1 de julio de 2009.

123. *Tratado de Budapest sobre el reconocimiento internacional del depósito de microorganismos a los fines del procedimiento en materia de patentes.*

124. *Tratado de cooperación en materia de patentes (PTC) y su reglamento.*

125. *Tratado de la OMPI sobre derecho de autor.*

126. *Tratado sobre el registro internacional de obras audiovisuales.*

Refugiados

127. *Convención sobre el estatuto de los refugiados.*

128. *Protocolo sobre el estatuto de los refugiados.*

Salud

129. *Convenio marco de la OMS para el control del tabaco.*

130. *Código sanitario pan-americano.*

131. *Protocolo anexo al código sanitario panamericano.*

Tortura

132. *Convención contra la tortura y otros tratos o penas crueles inhumanos o degradantes.*

133. *Convención interamericana para prevenir y sancionar la tortura.*

134. *Declaración para el reconocimiento por parte de México de la competencia del comité contra la tortura, establecido en la convención contra la tortura y otros tratos o penas crueles, inhumanos o degradantes, adoptada por la asamblea general de las Naciones Unidas, el diez de diciembre de mil novecientos ochenta y cuatro.*

135. *Enmiendas a los artículos 17, párrafo 7 y 18, párrafo 5, de la convención contra la tortura y otros tratos o penas crueles, inhumanos o degradantes del diez de diciembre de mil novecientos ochenta y cuatro, adoptadas en Nueva York, el ocho de septiembre de mil novecientos noventa y dos.*

136. *Protocolo facultativo de la convención contra la tortura y otros tratos o penas crueles, inhumanos o degradantes, adoptado por la asamblea general de las Naciones Unidas el dieciocho de diciembre de dos mil dos.*

Trabajo

137. *Acuerdo de cooperación laboral de América del Norte.*

138. *Convención internacional sobre la protección de los derechos de todos los trabajadores migratorios y de sus familiares.*

139. *Convenio internacional del trabajo no. 12 relativo a la indemnización por accidente del trabajo en la agricultura, firmado en Ginebra, Suiza.*

140. *Convenio internacional del trabajo no. 13 relativo al empleo de la cerusa en la pintura, firmado en Ginebra, Suiza.*

141. *Convenio internacional del trabajo no. 14 relativo a la aplicación del descanso semanal en las empresas industriales, firmado en Ginebra, Suiza.*

142. *Convenio internacional del trabajo no. 16 relativo al examen médico obligatorio de menores empleados a bordo de buques, firmado en Ginebra, Suiza.*

143. *Convenio internacional del trabajo no. 21 relativo a la simplificación de la inspección de los emigrantes a bordo de los buques, firmado en Ginebra, Suiza.*

144. *Convenio internacional del trabajo no. 27 relativo a la indicación del peso en los grandes fardos transportados por barco, firmado en Ginebra, Suiza.*

145. *Convenio 56, relativo al seguro de enfermedad de la gente de mar, firmado en Ginebra, Suiza.*

146. *Convenio 58 que fija la edad mínima de admisión de los niños al trabajo marítimo.*

147. *Convenio 87, relativo a la libertad sindical y a la protección al derecho sindical, adoptado el 9 de julio de 1948, por la XXXI conferencia internacional del trabajo, en San Francisco, California.*

148. *Convenio 95 de la Organización Internacional del Trabajo, relativo a la protección del salario.*

149. *Convenio número 90 relativo al trabajo nocturno de los niños en la industria.*

150. *Convenio internacional del trabajo no. 99 relativo a los métodos para la fijación de salarios mínimos en la agricultura, firmado en Ginebra, Suiza.*

151. *Convenio 100, relativo a la igualdad de remuneración entre la mano de obra masculina y la mano de obra femenina por un trabajo de igual valor.*

152. *Convenio 105 relativo a la abolición del trabajo forzoso.*

153. *Convenio internacional del trabajo no. 106 relativo al descanso semanal en el comercio y en las oficinas, firmado en Ginebra, Suiza.*

154. *Convenio 111, relativo a la discriminación en materia de empleo y ocupación.*

155. *Convenio 112 relativo a la edad mínima de admisión al trabajo de los pescadores.*

156. *Convenio numero 134 relativo a la prevención de los accidentes del trabajo de la gente de mar.*

157. *Convenio 135, relativo a la protección y facilidades que deben otorgarse a los representantes de los trabajadores en la empresa.*

158. *Convenio 144 sobre consultas tripartitas para promover la aplicación de las normas internacionales del trabajo.*

159. *Convenio 150 sobre la administración del trabajo: cometido, funciones y organización.*

160. *Convenio 153 sobre duración del trabajo y periodos de descanso en los transportes por carretera.*

161. *Convenio 155 sobre seguridad y salud de los trabajadores y medio ambiente de trabajo.*

162. *Convenio 159 de la organización internacional del trabajo, sobre la readaptación profesional y el empleo de personas inválidas.*

163. *Convenio 161 sobre los servicios de salud en el trabajo.*

164. *Convenio 170 sobre la seguridad en la utilización de los productos químicos en el trabajo*

165. *Convenio 172 sobre las condiciones de trabajo en los hoteles, restaurantes y establecimientos similares.*

166. *Convenio 182 sobre la prohibición de las peores formas de trabajo infantil y la acción inmediata para su eliminación.*

167. *Convenio sobre el empleo de mujeres en trabajos subterráneos en las minas de todas clases.*

Enumeración de la Comisión Nacional de los Derechos Humanos

En cambio, la Comisión Nacional de los Derechos Humanos enlista 75 instrumentos internacionales vinculantes relacionados con los derechos humanos:

1. *Carta de la Organización de los Estados Americanos.*

2. *Carta de las Naciones Unidas.*

3. *Convención americana sobre derechos humanos pacto de San José de Costa Rica.*

4. *Convención contra la tortura y otros tratos o penas crueles inhumanos o degradantes.*

5. *Convención interamericana para la eliminación de todas las formas de discriminación contra las personas con discapacidad.*

6. *Convención interamericana para prevenir y sancionar la tortura, adoptada en la ciudad de Cartagena de Indias, Colombia.*

7. *Convención interamericana para prevenir, sancionar y erradicar la violencia contra la mujer, convención de Belém do Pará.*

8. *Convención interamericana sobre concesión de los derechos políticos a la mujer.*

9. *Convención interamericana sobre desaparición forzada de personas, adoptada en la ciudad de Belém, Brasil, el nueve de junio de mil novecientos noventa y cuatro.*

10. *Convención interamericana sobre la concesión de los derechos civiles a la mujer.*

11. *Convención internacional contra el apartheid en los deportes.*

12. *Convención internacional contra la toma de rehenes, abierta a firma en la ciudad de Nueva York el 18 de diciembre de 1979.*

13. *Convención internacional para la protección de todas las personas contra las desapariciones forzadas.*

14. *Convención internacional para la supresión de la trata de mujeres y menores.*

15. *Convención internacional relativa a la represión de la trata de mujeres mayores de edad.*

16. *Convención internacional sobre la eliminación de todas las formas de discriminación racial.*

17. *Convención internacional sobre la protección de los derechos de todos los trabajadores migratorios y de sus familiares.*

18. *Convención internacional sobre la represión y el castigo del crimen de apartheid.*

19. *Convención para la prevención y la sanción del delito de genocidio.*

20. *Convención para la represión de la trata de personas y de la explotación de la prostitución ajena.*

21. *Convención relativa a la esclavitud.*

22. *Convención relativa a la lucha contra las discriminaciones en la esfera de la enseñanza 1960.*

23. *Convención sobre asilo diplomático.*

24. *Convención sobre asilo político.*

25. *Convención sobre asilo territorial.*

26. *Convención sobre asilo.*

27. *Convención sobre el consentimiento para el matrimonio, la edad mínima para contraer matrimonio y el registro de los matrimonios.*

28. *Convención sobre el estatuto de los refugiados.*

29. *Convención sobre la eliminación de todas las formas de discriminación contra la mujer.*

30. *Convención sobre la imprescriptibilidad de los crímenes de guerra y de los crímenes de lesa humanidad, adoptada por la asamblea general de las Naciones Unidas el veintiséis de noviembre de mil novecientos sesenta y ocho.*

31. *Convención sobre la nacionalidad de la mujer casada.*

32. *Convención sobre la protección de menores y la cooperación en materia de adopción internacional.*

33. *Convención sobre los aspectos civiles de la sustracción internacional de menores.*

34. *Convención sobre los derechos políticos de la mujer.*

35. *Convención sobre los derechos de las personas con discapacidad.*

36. *Convención sobre los derechos del niño.*

37. *Convenio 100, relativo a la igualdad de remuneración entre la mano de obra masculina y la mano de obra femenina por un trabajo de igual valor.*

38. *Convenio 102 de la organización internacional del trabajo, relativo a la norma mínima de la seguridad social.*

39. *Convenio 111, relativo a la discriminación en materia de desempleo y ocupación.*

40. *Convenio 135, relativo a la protección y facilidades que deben otorgarse a los representantes de los trabajadores en la empresa.*

41. *Convenio 159 de la organización internacional del trabajo, sobre la readaptación profesional y el empleo de personas inválidas.*

42. *Convenio 169 sobre pueblos indígenas y tribales en países independientes.*

43. *Convenio 58, por el que se fija la edad mínima de admisión de los niños al trabajo marítimo.*

44. *Convenio 87, sobre la libertad sindical y la protección del derecho de sindicación.*

45. *Convenio 90, relativo al trabajo nocturno de los menores en la industria.*

46. *Convenio 95 de la Organización Internacional del Trabajo, relativo a la protección del salario.*

47. *Convenio I de ginebra para mejorar la suerte de los heridos y los enfermos de las fuezas armadas en campaña.*

48. *Convenio II de ginebra para mejorar la suerte de los heridos, los enfermos y los náufragos de las fuerzas armadas en el mar.*

49. *Convenio III de ginebra relativo al trato de los prisioneros de guerra.*

50. *Convenio internacional para la supresión del tráfico de trata de blancas, firmado en parís el 4 de mayo de 1910, enmendado por el protocolo firmado en Lake Success, Nueva York, el 4 de mayo de 1949.*

51. *Convenio iv de ginebra relativo a la protección de personas civiles en tiempo de guerra.*

52. *Convenio sobre la prohibición de las peores formas de trabajo infantil y la acción inmediata para su eliminación, adoptado por la conferencia general de la Organización Internacional del Trabajo.*

53. *Estatuto de la Comisión Interamericana de Derechos Humanos.*

54. *Estatuto de la Corte Interamericana de Derechos Humanos.*

55. *Estatuto de la Corte Internacional de Justicia*

56. *Estatuto de Roma de la Corte Penal Internacional*

57. *Pacto internacional de derechos civiles y políticos.*

58. *Pacto internacional de derechos económicos, sociales y culturales.*

59. *Protocolo a la convención americana sobre derechos humanos relativo a la abolición de la pena de muerte.*

60. *Protocolo adicional a la convención americana sobre derechos humanos en materia de derechos económicos, sociales y culturales protocolo de San Salvador.*

61. *Protocolo adicional a los convenios de Ginebra del 12 de agosto de 1949 relativo a la protección de las víctimas de los conflictos armados sin carácter internacional (protocolo II).*

62. *Protocolo adicional a los convenios de Ginebra relativo a la protección de las víctimas de los conflictos armados internacionales.*

63. *Protocolo facultativo de la convención contra la tortura y otros tratos o penas crueles, inhumanos o degradantes.*

64. *Protocolo facultativo de la convención sobre la eliminación de todas las formas de discriminación contra la mujer.*

65. *Protocolo facultativo de la convención sobre los derechos de las personas con discapacidad.*

66. *Protocolo facultativo de la convención sobre los derechos del niño relativo a la participación de niños en los conflictos armados.*

67. *Protocolo facultativo de la convención sobre los derechos del niño relativo a la venta de niños, la prostitución infantil y la utilización de los niños en la pornografía.*

68. *Protocolo facultativo del pacto internacional de derechos civiles y políticos.*

69. *Protocolo para modificar la convención relativa a la esclavitud firmada en ginebra el 25 de septiembre de 1926.*

70. *Protocolo para prevenir, reprimir y sancionar la trata de personas, especialmente mujeres y niños, que complementa la convención de las naciones unidas contra la delincuencia organizada transnacional, adoptado por la asamblea general de las Naciones Unidas el quince de noviembre de dos mil.*

71. *Protocolo que modifica el convenio para la represión de la trata de mujeres y menores del 30 de septiembre de 1921 y el convenio para la represión de la trata de mujeres mayores de edad, del 11 de octubre de 1933.*

72. *Protocolo sobre el estatuto de los refugiados.*

73. *Reglamento de la Comisión Interamericana de Derechos Humanos.*

74. *Reglamento de la Corte Interamericana de Derechos Humanos.*

75. *Segundo protocolo facultativo del pacto internacional de derechos civiles y políticos destinado a abolir la pena de muerte.*

Enumeración de la Organización de las Naciones Unidas (ONU)

Pero la Organización de las Naciones Unidas tiene una enumeración diferente[56] de instrumentos internacionales relativos a derechos humanos:

Instrumentos generales

1. *Carta de las Naciones Unidas.*

2. *Carta internacional de derechos humanos, integrada por:*

    a. *Declaración universal de derechos humanos.*

---

[56] http://www2.ohchr.org/spanish/law/ consultada el 24 de julio de 2011.

b. Pacto internacional de derechos económicos, sociales y culturales.

c. Pacto internacional de derechos civiles y políticos.

d. Protocolo facultativo del pacto internacional de derechos civiles y políticos.

e. Segundo protocolo facultativo del pacto internacional de derechos civiles y políticos, destinado a abolir la pena de muerte.

Instrumentos universales de los derechos humanos.

3. Convención internacional sobre la eliminación de todas las formas de discriminación racial.

4. Pacto internacional de derechos civiles y políticos.

5. Pacto internacional de derechos económicos, sociales y culturales.

6. Convención sobre la eliminación de todas las formas de discriminación contra la mujer.

7. Convención contra la tortura y otros tratos o penas crueles, inhumanos o degradantes.

8. Convención sobre los derechos del niño.

9. Convención internacional sobre la protección de los derechos de todos los trabajadores migratorios y de sus familiares.

10. Convención internacional para la protección de todas las personas contra las desapariciones forzadas.

11. Convención sobre los derechos de las personas con discapacidad.

12. Protocolo facultativo del pacto internacional de derechos civiles y políticos.

13. Segundo protocolo facultativo del pacto internacional de derechos civiles y políticos, destinado a abolir la pena de muerte.

14. Protocolo facultativo de la convención sobre la eliminación de todas las formas de discriminación contra la mujer.

15. Protocolo facultativo de la convención sobre los derechos del niño relativo a la participación de niños en los conflictos armados.

16. *Protocolo facultativo de la convención sobre los derechos del niño relativo a la venta de niños, la prostitución infantil y la utilización de niños en la pornografía.*

17. *Protocolo facultativo de la convención contra la tortura y otros tratos o penas crueles, inhumanos o degradantes.*

18. *Protocolo facultativo de la convención sobre los derechos de las personas con discapacidad.*

19. *Protocolo facultativo del pacto internacional de derechos económicos, sociales y culturales.*

Conferencia mundial de derechos humanos y asamblea del milenio.

20. *Declaración y programa de acción de Viena.*

21. *Declaración del milenio.*

Derecho de libre determinación

22. *Declaración sobre la concesión de la independencia a los países y pueblos coloniales.*

23. *Resolución 1803 (XVII) de la Asamblea General, de 14 de diciembre de 1962, titulada "soberanía permanente sobre los recursos naturales".*

24. *Convención internacional contra el reclutamiento, la utilización, la finaciación, y el entrenamiento de los mercenarios.*

Derechos de los pueblos indígenas y de las minorías

25. *Declaración sobre los derechos de los pueblos indígenas.*

26. *Convenio sobre pueblos indígenas y tribales, 1989.*

27. *Declaración sobre los derechos de las personas pertenecientes a minorías nacionales o étnicas, religiosas y lingüísticas.*

Prevención de la discriminación

28. *Convenio sobre igualdad de remuneración.*

29. *Convenio relativo a la discriminación en materia de empleo y ocupación.*

Germán Eduardo Baltazar Robles

30. *Convención internacional sobre la eliminación de todas las formas de discriminación racial.*

31. *Declaración sobre la raza y los prejuicios raciales.*

32. *Convención relativa a la lucha contra las discriminaciones en la esfera de la enseñanza.*

33. *Protocolo para instituir una comisión de conciliación y buenos oficios facultada para resolver las controversias a que pueda dar lugar la convención relativa a la lucha contra las discriminaciones en la esfera de la enseñanza.*

34. *Declaración sobre la eliminación de todas las formas de intolerancia y discriminación fundadas en la religión o las convicciones.*

35. *Conferencia mundial contra el racismo, 2001 (declaración y programa de acción).*

Derechos de la mujer

36. *Convención sobre la eliminación de todas las formas de discriminación contra la mujer.*

37. *Protocolo facultativo de la convención sobre la eliminación de todas las formas de discriminación contra la mujer.*

38. *Declaración sobre la protección de la mujer y el niño en estados de emergencia o de conflicto armado.*

39. *Declaración sobre la eliminación de la violencia contra la mujer.*

Derechos del niño

40. *Convención sobre los derechos del niño.*

41. *Protocolo facultativo de la convención sobre los derechos del niño relativo a la participación de niños en los conflictos armados protocolo facultativo de la convención sobre los derechos del niño relativo a la venta de niños, la prostitución infantil y la utilización de niños en la pornografía.*

42. *Protocolo facultativo de la convención sobre los derechos del niño relativo a la participación de niños en los conflictos armados.*

43. *Convenio sobre la edad mínima, 1973.*

44. *Convenio sobre las peores formas de trabajo infantil, 1999.*

152

Derechos de las personas de edad

45. *Ejecución del plan de acción internacional sobre el envejecimiento y actividades conexas.*

Derechos de los descapacitados (sic)

46. *Declaración de los derechos del retrasado mental.*

47. *Declaración de los derechos de los impedidos.*

48. *La protección de los enfermos mentales y el mejoramiento de la atención de la salud mental.*

49. *Normas uniformes sobre la igualdad de oportunidades para las personas con discapacidad.*

Los derechos humanos en la administración de justicia

50. *Reglas mínimas para el tratamiento de los reclusos.*

51. *Principios básicos para el tratamiento de los reclusos.*

52. *Conjunto de principios para la protección de todas las personas sometidas a cualquier forma de detención o prisión.*

53. *Reglas de las naciones unidas para la protección de los menores privados de libertad.*

54. *Declaración sobre la protección de todas las personas contra la tortura y otros tratos o penas crueles, inhumanos o degradantes.*

55. *Convención contra la tortura y otros tratos o penas crueles, inhumanos o degradantes.*

56. *Protocolo facultativo de la convención contra la tortura y otros tratos o penas crueles, inhumanos o degradantes.*

57. *Principios relativos a la investigación y documentación eficaces de la tortura y otros tratos o penas crueles, inhumanos o degradantes.*

58. *Salvaguardias para garantizar la protección de los derechos de los condenados a la pena de muerte.*

59. *Código de conducta para funcionarios encargados de hacer cumplir la ley.*

60. *Principios básicos sobre el empleo de la fuerza y de armas de fuego por los funcionarios encargados de hacer cumplir la ley.*

61. *Reglas mínimas de las Naciones Unidas sobre las medidas no privativas de la libertad (reglas de Tokio).*

62. *Reglas mínimas de las Naciones Unidas para la administración de la justicia de menores (reglas de Beijing).*

63. *Directrices de las Naciones Unidas para la prevención de la delincuencia juvenil (directrices de Riad).*

64. *Declaración sobre los principios fundamentales de justicia para las víctimas de delitos y del abuso de poder.*

65. *Principios básicos relativos a la independencia de la judicatura.*

66. *Principios básicos sobre la función de los abogados.*

67. *Principios relativos a una eficaz prevención e investigación de las ejecuciones extralegales, arbitrarias o sumarias.*

68. *Declaración sobre la protección de todas las personas contra las desapariciones forzadas.*

69. *Principios y directrices básicos sobre el derecho de las víctimas de violaciones manifiestas de las normas internacionales de derechos humanos y de violaciones graves del derecho internacional humanitario a interponer recursos y obtener reparaciones.*

70. *Convención internacional para la protección de todas las personas contra las desapariciones forzadas.*

Bienestar, progreso y desarrollo social

71. *Declaración sobre el progreso y el desarrollo en lo social.*

72. *Declaración universal sobre la erradicación del hambre y la malnutrición.*

73. *Declaración sobre la utilización del progreso científico y tecnológico en interés de la paz y en beneficio de la humanidad.*

74. *Declaración sobre el derecho de los pueblos a la paz.*

75. *Declaración sobre el derecho al desarrollo.*

76. *Declaración universal sobre el genoma humano y los derechos humanos.*

Promoción y protección de los derechos humanos

77. *Instituciones nacionales de promoción y protección de los derechos humanos.*

78. *Declaración sobre el derecho y el deber de los individuos, los grupos y las instituciones de promover y proteger los derechos humanos y las libertades fundamentales universalmente reconocidos.*

Matrimonio

79. *Convención sobre el consentimiento para el matrimonio, la edad mínima para contraer matrimonio y el registro de los matrimonios.*

80. *Recomendación sobre el consentimiento para el matrimonio, la edad mínima para contraer matrimonio y el registro de los matrimonios.*

Derecho a la salud

81. *Declaración de compromiso en la lucha contra el vih/sida.*

82. *Empleo.*

83. *Convenio sobre la política del empleo, 1964 (n°122).*

Libertad de asociación

84. *Convenio sobre la libertad sindical y la protección del derecho de sindicación, 1948 (n° 87).*

85. *Convenio sobre el derecho de sindicación y de negociación colectiva, 1949 (n° 98).*

Esclavitud, servidumbre, trabajo forzoso e instituciones y prácticas análogas

86. *Convención sobre la esclavitud.*

87. *Protocolo para modificar la convención sobre la esclavitud firmada en ginebra el 25 de septiembre de 1926.*

88. *Convención suplementaria sobre la abolición de la esclavitud, la trata de esclavos y las instituciones y prácticas análogas a la esclavitud.*

89. *Convenio sobre el trabajo forzoso.*

90. *Convenio sobre la abolición del trabajo forzoso.*

91. *Convenio para la represión de la trata de personas y de la explotación de la prostitución ajena.*

92. *Protocolo para prevenir, reprimir y sancionar la trata de personas, especialmente mujeres y niños, que complementa la convención de las naciones unidas contra la delincuencia organizada transnacional.*

Derechos de los trabajadores migratorios

93. *Convención internacional sobre la protección de los derechos de todos los trabajadores migratorios y de sus familiares.*

Nacionalidad, apatridia, asilo y refugiados

94. *Convención para reducir los casos de apatridia.*

95. *Convención sobre el estatuto de los apátridas.*

96. *Convención sobre el estatuto de los refugiados.*

97. *Protocolo sobre el estatuto de los refugiados.*

98. *Declaración sobre los derechos humanos de los individuos que no son nacionales del país en que viven.*

Crímenes de guerra y crímenes de lesa humanidad, incluso el genocidio

99. *Convención para la prevención y la sanción del delito de genocidio.*

100. *Convención sobre la imprescriptibilidad de los crímenes de guerra y de los crímenes de lesa humanidad.*

101. *Principios de cooperación internacional en la identificación, detención, extradición y castigo de los culpables de crímenes de guerra, o de crímenes de lesa humanidad.*

Derecho humanitario

102. *Convenio de ginebra relativo al trato debido a los prisioneros de guerra.*

103. *Convenio de ginebra relativo a la protección debida a las personas civiles en tiempo de guerra.*

104. *Protocolo adicional a los convenios de Ginebra del 12 de agosto de 1949 relativo a la protección de las víctimas de los conflictos armados internacionales (protocolo I).*

105. *Protocolo adicional a los convenios de Ginebra del 12 de agosto de 1949 relativo a la protección de las víctimas de los conflictos armados sin carácter internacional (protocolo II).*

Enumeración de la Corte Interamericana de Derechos Humanos

La Corte Interamericana de Derechos Humanos, en su página web[57], enumera los instrumentos internacionales relacionados con los derechos humanos agrupándolos en el sistema del que forman parte: Universal, Interamericano, Europeo o Africano[58]:

Sistema Universal de Protección de los Derechos Humanos

1. *Estatuto de la Corte Internacional de Justicia.*

2. *Declaración Universal de Derechos Humanos.*

3. *Convención Internacional Sobre la Eliminación de Todas las formas de Discriminación Racial.*

4. *Protocolo Facultativo de la Convención Sobre la Eliminación de Todas las Formas de Discriminación Contra la Mujer.*

5. *Convención sobre los Derechos del Niño.*

6. *Protocolo Facultativo de la Convención Sobre los Derechos del Niño Relativo a la Participación de Niños en los Conflictos Armados.*

7. *Convención Sobre la Esclavitud.*

8. *Convención Contra la Tortura y Otros Tratos o Penas Crueles, Inhumanos o Degradantes.*

---

[57] http://www.corteidh.or.cr/sistemas.cfm?id=1 consultada el 24 de julio de 2011.

[58] Los sistemas europeo y africano no son aplicables en nuestro país debido a que los tratados que los integran no han sido firmados por México; se incluyen las enumeraciones para mostrar el cuadro completo considerado por la Corte Interamericana de Derechos Humanos.

9. *Convención Para la Prevención y la Sanción del Delito de Genocidio.*

10. *Estatuto de Roma de la Corte Penal Internacional.*

11. *Carta de las Naciones Unidas.*

12. *Pacto Internacional de Derechos Económicos, Sociales y Culturales.*

13. *Pacto Internacional de Derechos Civiles y Políticos.*

14. *Protocolo Facultativo del Pacto Internacional de Derechos Civiles y Políticos.*

15. *Segundo Protocolo Facultativo del Pacto Internacional de Derechos Civiles y Políticos, destinado a abolir la pena de muerte.*

16. *Protocolo para modificar la Convención Sobre la Esclavitud firmada en Ginebra el 25 de septiembre de 1926.*

17. *Convención suplementaria sobre la abolición de la esclavitud, la trata de esclavos y las instituciones y prácticas análogas a la esclavitud.*

18. *Declaración sobre la raza y los prejuicios raciales.*

19. *Declaración sobre el Progreso y el Desarrollo en lo Social.*

20. *Declaración sobre el Derecho de los Pueblos a la Paz.*

21. *Declaración sobre el Derecho al Desarrollo.*

22. *Declaración sobre la protección de todas las personas contra las desapariciones forzadas.*

23. *Convención sobre el Estatuto de los Apátridas.*

24. *Convención sobre el Estatuto de los Refugiados.*

25. *Protocolo sobre el Estatuto de los Refugiados.*

26. *Declaración sobre los derechos humanos de los individuos que no son nacionales del país en que viven.*

27. *Convenio de Ginebra para aliviar la suerte que corren los heridos y los enfermos de las fuerzas armadas en campaña (Convenio I).*

28. *Convenio de Ginebra para aliviar la suerte que corren los heridos, los enfermos y los náufragos de las fuerzas armadas en el mar (Convenio II).*

29. *Convenio de Ginebra relativo al trato debido a los prisioneros de guerra (Convenio III).*

30. *Convenio de Ginebra relativo a la protección debida a las personas civiles en tiempo de guerra (Convenio IV).*

31. *Protocolo Adicional a los Convenios de Ginebra del 12 de agosto de 1949 relativo a la Protección de las Víctimas de los Conflictos Armados Internacionales (Protocolo I).*

32. *Protocolo adicional a los Convenios de Ginebra del 12 de agosto de 1949 relativo a la protección de las víctimas de los conflictos armados sin carácter internacional (Protocolo II).*

33. *Convenio sobre la libertad sindical y la protección del derecho de sindicación, 1948.*

34. *Convenio sobre pueblos indígenas y tribales, 1989.*

35. *Declaración sobre la eliminación de la violencia contra la mujer.*

36. *Declaración sobre el derecho y el deber de los individuos, los grupos y las instituciones de promover y proteger los derechos humanos y las libertades fundamentales universalmente reconocidos.*

37. *Declaración sobre la concesión de la independencia a los países y pueblos coloniales.*

38. *Convención relativa a la lucha contra las discriminaciones en la esfera de la enseñanza.*

39. *Declaración de los Derechos del Retrasado Mental.*

40. *Declaración de los Derechos de los Impedidos.*

41. *Protocolo para instituir una Comisión de Conciliación y Buenos Oficios facultada para resolver las controversias a que pueda dar lugar la Convención relativa a la lucha contra las discriminaciones en la esfera de la enseñanza.*

42. *Convención sobre el consentimiento para el matrimonio, la edad mínima para contraer matrimonio y el registro de los matrimonios.*

43. *Convención para reducir los casos de apatridia.*

44. *Convención sobre los derechos de las personas con discapacidad.*

45. *Protocolo facultativo de la Convención sobre los Derechos del Niño relativo a la venta de niños, la prostitución infantil y la utilización de niños en la pornografía.*

46. *Protocolo facultativo de la Convención sobre los derechos de las personas con discapacidad.*

47. *Declaración sobre los Derechos de los Pueblos Indígenas.*

48. *Declaración sobre la eliminación de todas las formas de intolerancia y discriminación fundadas en la religión o las convicciones.*

49. *Convenio sobre la edad mínima, 1973.*

50. *Convenio sobre las peores formas de trabajo infantil, 1999*

Sistema Interamericano de Protección de los Derechos Humanos

51. *Declaración Americana de los Derechos y Deberes del Hombre.*

52. *Convención Americana sobre Derechos Humanos Pacto de San José.*

53. *Protocolo a la Convención Americana sobre Derechos Humanos relativo a la Abolición de la Pena de Muerte.*

54. *Convención Interamericana para Prevenir y Sancionar la Tortura.*

55. *Convención Interamericana sobre Desaparición Forzada de Personas.*

56. *Protocolo Adicional a la Convención Americana sobre Derechos Humanos en Materia de Derechos Económicos, Sociales y Culturales "Protocolo de San Salvador".*

57. *Convención Interamericana para la Eliminación de todas las Formas de Discriminación contra las Personas con Discapacidad.*

58. *Estatuto de la Comisión Interamericana de Derechos Humanos.*

59. *Estatuto de la Corte Interamericana de Derechos Humanos.*

60. *Reglamento de la Comisión Interamericana de Derechos Humanos.*

61. *Reglamento de la Corte Interamericana de Derechos Humanos.*

62. *Convenio de Sede entre el Gobierno de Costa Rica y la Corte Interamericana de Derechos Humanos.*

63. *Carta de la Organización de los Estados Americanos.*

64. *Carta Democrática Interamericana.*

65. *Convención Interamericana para Prevenir, Sancionar y Erradicar la Violencia contra la Mujer "Convención de Belem Do Para".*

66. *Formulario de Denuncia (sic).*

67. *Estatuto de la Comisión Interamericana de Mujeres.*

68. *Convención Interamericana contra la Corrupción.*

69. *Declaración de Principios sobre Libertad de Expresión.*

70. *Convención Interamericana Sobre Concesión de los Derechos Civiles a la Mujer.*

71. *Convención Interamericana Sobre Concesión de los Derechos Políticos a la Mujer.*

72. *Convención Interamericana sobre obligaciones alimentarias ámbito de aplicación.*

73. *Convención interamericana sobre restitución internacional de menores.*

74. *Convención Interamericana sobre conflictos de leyes en materia de adopción de menores.*

75. *Convención Interamericana sobre tráfico internacional de menores.*

76. *Convención para prevenir y sancionar los actos de terrorismo configurados en delitos contra las personas y la extorsión conexa cuando estos tengan trascendencia internacional.*

77. *Convención sobre asilo territorial.*

78. *Convención sobre asilo diplomático.*

79. *Convención sobre asilo político.*

80. *Principios y Buenas Prácticas sobre la Protección de las Personas Privadas de Libertad en las Américas.*

81. *Reglamento de la Comisión Interamericana de Mujeres.*

82. *Convención sobre la nacionalidad de la mujer.*

Sistema Europeo de Protección de los Derechos Humanos

83. *Convenio Europeo para la Protección de los Derechos Humanos y las Libertades Fundamentales revisado de conformidad con el Protocolo nº 11 completado por los Protocolos nº 1 y 6.*

84. *European Social Charter.*

85. *Rules of Court.*

86. *Protocol No. 14 to the Convention for the Protection of Human Rights and Fundamental Freedoms, amending the control system of the Convention.*

87. *Addendum to the Rules.*

88. *European Agreement relating to Persons Participating in Proceedings of the European Court of Human Rights.*

89. *Protocol No. 14bis to the Convention for the Protection of Human Rights and Fundamental Freedoms.*

90. *Statute of the Council of Europe.*

91. *General Agreement on Privileges and Immunities of the Council of Europe.*

92. *Protocol to the General Agreement on Privileges and Immunities of the Council of Europe.*

93. *European Interim Agreement on Social Security Schemes relating to Old Age, Invalidity and Survivors.*

94. *Protocol to the European Interim Agreement on Social Security other than Schemes for Old Age, Invalidity and Survivors.*

95. *European Convention on Social and Medical Assistance.*

96. *Protocol to the European Convention on Social and Medical Assistance.*

97. *European Cultural Convention.*

98. *Second Protocol to the General Agreement on Privileges and Immunities of the Council of Europe.*

99. *European Convention for the Peaceful Settlement of Disputes.*

100. *European Convention on Extradition.*

101. *Third Protocol to the General Agreement on Privileges and Immunities of the Council of Europe.*

102. *European Convention on Mutual Assistance in Criminal Matters.*

103. *European Agreement on the Abolition of Visas for Refugees.*

104. *Fourth Protocol to the General Agreement on Privileges and Immunities of the Council of Europe.*

105. *Protocol No. 2 to the Convention for the Protection of Human Rights and Fundamental Freedoms, conferring upon the European Court of Human Rights competence to give Advisory Opinions.*

106. *Protocol No. 3 to the Convention for the Protection of Human Rights and Fundamental Freedoms, amending Articles 29, 30 and 34 of the Convention.*

107. *Protocol No. 4 to the Convention for the Protection of Human Rights and Fundamental Freedoms, securing certain rights and freedoms other than those already included in the Convention and in the first Protocol thereto as amended by Protocol No. 11.*

108. *Protocol No. 5 to the Convention for the Protection of Human Rights and Fundamental Freedoms, amending Articles 22 and 40 of the Convention.*

109. *European Convention on the Adoption of Children.*

110. *European Convention on the Repatriation of Minors.*

111. *European Convention on State Immunity.*

112. *Additional Protocol to the European Convention on State Immunity.*

113. *European Convention on Social Security.*

114. *Supplementary Agreement for the Application of the European Convention on Social Security.*

115. *European Convention on the Non-Applicability of Statutory Limitation to Crimes against Humanity and War Crimes.*

116. *Additional Protocol to the European Convention on Extradition.*

117. *European Convention on the Suppression of Terrorism.*

118. *European Convention on the Legal Status of Migrant Workers.*

119. *Second Additional Protocol to the European Convention on Extradition.*

120. *Additional Protocol to the European Convention on Mutual Assistance in Criminal Matters.*

121. *European Agreement on Transfer of Responsibility for Refugees.*

122. *Convention on the Transfer of Sentenced Persons.*

123. *Protocol No. 6 to the Convention for the Protection of Human Rights and Fundamental Freedoms concerning the abolition of the death penalty as amended by Protocol No. 11.*

124. *European Convention on the Compensation of Victims of Violent Crimes.*

125. *Protocol No. 7 to the Convention for the Protection of Human Rights and Fundamental Freedoms.*

126. *Protocol No. 8 to the Convention for the Protection of Human Rights and Fundamental Freedoms.*

127. *European Convention for the Prevention of Torture and Inhuman or Degrading Treatment or Punishment.*

128. *Additional Protocol to the European Social Charter.*

129. *Fifth Protocol to the General Agreement on Privileges and Immunities of the Council of Europe.*

130. *Protocole No. 9 to the Convention for the Protection of Human Rights and Fundamental Freedoms.*

131. *Protocol amending the European Social Charter.*

132. *Protocol No. 10 to the Convention for the Protection of Human Rights and Fundamental Freedoms.*

133. *Protocol No. 1 to the European Convention for the Prevention of Torture and Inhuman or Degrading Treatment or Punishment.*

134. *Protocol No. 2 to the European Convention for the Prevention of Torture and Inhuman or Degrading Treatment or Punishment.*

135. *Protocol to the European Convention on Social Security.*

136. *Framework Convention for the Protection of National Minorities.*

137. *European Convention on the Exercise of Children's Rights.*

138. *Sixth Protocol to the General Agreement on Privileges and Immunities of the Council of Europe.*

139. *European Social Charter (revised).*

140. *European Convention on Nationality.*

141. *Additional Protocol to the Convention on the Transfer of Sentenced Persons.*

142. *Convention for the Protection of Human Rights and Dignity of the Human Being with regard to the Application of Biology and Medicine: Convention on Human Rights and Biomedicine.*

143. *Additional Protocol to the Convention for the Protection of Human Rights and Dignity of the Human Being with regard to the Application of Biology and Medicine, on the Prohibition of Cloning Human Beings.*

144. *Convention on the Protection of the Environment through Criminal Law.*

145. *Criminal Law Convention on Corruption.*

146. *Civil Law Convention on Corruption.*

147. *Protocol No. 12 to the Convention for the Protection of Human Rights and Fundamental Freedoms.*

148. *Second Additional Protocol to the European Convention on Mutual Assistance in Criminal Matters.*

149. *Convention on Cybercrime.*

150. *Additional Protocol to the Convention on Human Rights and Biomedicine, on Transplantation of Organs and Tissues of Human Origin.*

151. *Protocol No. 13 to the Convention for the Protection of Human Rights and Fundamental Freedoms, concerning the abolition of the death penalty in all circumstances.*

152. *Additional Protocol to the Convention on cybercrime, concerning the criminalisation of acts of a racist and xenophobic nature committed through computer systems.*

153. *Protocol amending the European Convention on the Suppression of Terrorism.*

154. *Additional Protocol to the Criminal Law Convention on Corruption.*

155. *Protocol No. 14 to the Convention for the Protection of Human Rights and Fundamental Freedoms, amending the control system of the Convention.*

156. *Additional Protocol to the Convention on Human Rights and Biomedicine, concerning Biomedical Research.*

157. *Council of Europe Convention on the Prevention of Terrorism.*

158. *Council of Europe Convention on Action against Trafficking in Human Beings.*

159. *Council of Europe Convention on the Protection of Children against Sexual Exploitation and Sexual Abuse.*

160. *European Convention on the Adoption of Children (Revised).*

161. *Additional Protocol to the Convention on Human Rights and Biomedicine, concerning Genetic Testing for Health Purposes*

Sistema Africano de Protección de los Derechos Humanos

162. *African Charter on the Rights and Welfare of the Child.*

163. *Protocol to the African Charter on Human And Peoples' Rights on the Establishment of an African Court on Human and Peoples' Rights.*

164. *Protocol to the African Charter on Human and Peoples' Rights on the Rights of Women in Africa.*

165. *Protocol of the Court of Justice of the African Union.*

166. *Carta Africana de los Derechos Humanos y de los Pueblos "Carta de Banjul".*

167. *African Union Convention on Preventing and Combating Corruption.*

168. *African Union Non-Aggression and Common Defence Pact.*

169. *African Convention on the Conservation of Nature and Natural Resources.*

170. *Protocol Relating to the Establishment of the Peace and Security Council of the African Union.*

171. *African Nuclear Weapon-Free Zone Treaty (Pelindaba Treaty).*

172. *Treaty Establishing the African Economic Community.*

173. *OAU Convention Governing the Specific Aspects of Refugee Problems in Africa.*

174. *General Convention on the Privileges and Immunities of the Organization of African Unity.*

175. *Additional Protocol to the OAU General Convention on Privileges and immunities.*

176. *OAU Convention on the Prevention and Combating of Terrorism.*

177. *Protocol to the OAU Convention on the Prevention and Combating of Terrorism.*

178. *African Youth Charter.*

179. *African Charter on Democracy, Elections and Governance.*

180. *Protocol on the Statute of the African Court of Justice and Human Rights.*

181. *Statute of the African Union Commission on International Law.*

Listado de los Derechos humanos reconocidos en los tratados en los que el Estado Mexicano es parte

La inconsistencia en la enumeración de los tratados relacionados con los derechos humanos pone de manifiesto, de manera grave y preocupante, que no existe, ni siquiera entre las instituciones, nacionales e internacionales relacionadas con tales tratados, un consenso en lo que debe entenderse por derechos humanos ni cuáles sean (en forma estricta) ni cuál es la lista de instrumentos internacionales que los regulan; ello obliga a establecer algunas consideraciones que permitan definir el alcance de dicho concepto y, a partir de ahí, identificar qué derechos humanos son reconocidos en los tratados firmados por nuestro país y qué otros derechos deban considerarse fundamentales pero no necesariamente derechos humanos.

Como ya comentamos antes, los derechos humanos son conceptos filosóficos, más que jurídicos, por lo que una vía de identificación sería la enumeración de sus características; independientemente de los detalles de las diferentes explicaciones que existen sobre los derechos humanos, su origen y fundamento, podríamos establecer que prácticamente toda la doctrina considera derechos humanos a los elementos que deben reconocerse de manera indispensable para la protección de la vida humana y su dignidad, elementos que deben entenderse anteriores al Estado y a su sistema jurídico de tal manera que éstos no deban restringirlos ni eliminarlos, sino reconocerlos y protegerlos; es decir, derechos humanos deben identificarse como aquellos que derivan o se relacionan directamente con la vida humana o la dignidad de la persona y son universales (aplican a todos los seres humanos) y absolutos (no admiten excepciones).

Con base en esa concepción identificamos en este trabajo los derechos humanos reconocidos en la Constitución[59]; es decir, si un derecho se considera en el texto constitucional como no restringible ni suspendible, además de derivar o relacionarse directamente con la vida humana o la dignidad de la persona, lo consideramos un derecho humano; los demás derechos previstos en la Constitución los consideramos derechos fundamentales, por estar en el texto fundamental, pero no derechos humanos.

---

[59] Supra, Derechos humanos reconocidos por la Constitución.

De manera similar, deberá considerarse que los tratados internacionales reconocen un derecho humano cuando determinan elementos que deriven o se relacionen directamente con la vida humana, sean aplicables a todas las personas (universales) y no admitan excepciones (absolutos); ello no impide que en los tratados internacionales se otorguen derechos complementarios a los derechos humanos (en algunos tratados se distingue entre derechos humanos y *libertades básicas*; éstas últimas funcionarían como garantías a los derechos humanos o simplemente como herramientas para facilitar su respeto y aplicación; de manera similar a como los consideramos en el régimen interno, se trata de derechos fundamentales pero no de derechos humanos[60]).

Consideramos que debe tenerse cuidado en la determinación de los criterios que se apliquen en este aspecto porque, por un lado, sería muy sencillo identificar como derecho humano cualquier derecho establecido en los tratados internacionales, pero ello haría inútil el concepto al desaparecer su distinción de otras prerrogativas; si todo es derecho humano, entonces todo tiene la misma jerarquía y la utilidad de la estructuración de derechos desaparecería.

Además, considerar derechos humanos todos los derechos previstos en los tratados llevaría a considerar como derecho humano algunas prerrogativas de carácter meramente económico que no derivan, necesariamente, de la vida humana ni tienden, directamente, proteger su dignidad sino elementos monetarios particulares de algunos sistemas económicos (capitalismo, por ejemplo); por ejemplo, el derecho a percibir ingresos monetarios del uso de invenciones registradas o el derecho a no pagar impuestos sobre el mismo origen de riqueza ya gravado en otro país (doble tributación).

Por otra parte, considerar que son derechos humanos los reconocidos en los tratados precisamente por esa circunstancia, llevaría a destruir el concepto filosófico de los derechos humanos como prerrogativas o elementos inherentes a la vida humana, indispensables para proteger su dignidad y, por tanto, anteriores a los Estados y a sus sistemas jurídicos,

---

[60] Así, por ejemplo, el artículo 2 de la Declaración Universal de Derechos Humanos dispone: "Toda persona tiene los derechos y libertades proclamados en esta Declaración, sin distinción alguna de raza, color, sexo, idioma, religión, opinión política o de cualquier otra índole, origen nacional o social, posición económica, nacimiento o cualquier otra condición."; esto es, distingue entre los derechos humanos y las libertades. También en la Declaración sobre el derecho y el deber de los individuos, los grupos y las instituciones de promover y proteger los derechos humanos y las libertades fundamentales universalmente reconocidos, emitida por la Asamblea General de las Naciones Unidas en 1998, se distingue entre derechos humanos y libertades fundamentales. Puede consultarse el texto completo en los anexos.

substituyéndolo por el simple acuerdo entre los países, de tal manera que, entonces, el fundamento de los derechos humanos no podría ser la vida o la naturaleza humanas ni su dignidad, sino sólo el acuerdo entre los países firmantes de los tratados; se trataría, pues, de derechos otorgados y no de derechos reconocidos.

Por ese motivo consideramos que debe definirse, primero, qué debe entenderse por derecho humano y determinar sus características, a fin de poder distinguir qué derechos se reconocen en los tratados como derechos humanos y qué derechos se otorgan en ellos como fundamentales, pero no necesariamente como derechos humanos.

Tampoco puede aceptarse que los tribunales y demás organismos de derechos humanos decidan en cada caso qué cosa se considera derecho humano y cuál no, puesto que eso generaría inseguridad; además, la absoluta libertad a los tribunales para resolver fuera de los límites de las leyes que los regulan debe considerarse una violación al principio de legalidad que, paradójicamente, se considera generalmente un derecho humano; entonces, sería un contrasentido decir que los tribunales pueden decidir libremente qué se considera derecho humano y qué no, porque entonces estarían actuando fuera del principio de legalidad y violando este derecho humano.

Por lo anterior, se insiste, los derechos humanos deben considerarse aquéllos que satisfagan los requisitos de:

- Derivar de la naturaleza humana o, al menos estar directamente relacionados con la dignidad humana.

- Ser universales; es decir, aplicables a todos los seres humanos, sin excepción.

- Ser absolutos; es decir, no aceptar casos de excepción en los que no se reconozcan o puedan ser disminuidos o restringidos.

Si un derecho no satisface estos requisitos, no podría considerarse realmente un derecho humano, puesto que ya no protegería la esencia humana sino algún otro aspecto, que podría entonces reconocerse a algunos seres humanos y a otros no, o protegerse sólo en algunos casos y en otros no, lo que implicaría que no estaría realmente en juego la dignidad humana pues sería un contrasentido aceptar que ésta pudiera dejar de protegerse o reconocerse en ciertos casos; lo anterior no impide pueda considerarse la existencia de otros derechos fundamentales o con una protección especial; simplemente se trataría de derechos muy importantes, fundamentales, pero no derechos humanos.

Sobre esta base, los derechos humanos reconocidos en los tratados internacionales en los que México es parte son:

- Derecho a la personalidad jurídica.

- Proscripción de la esclavitud y la servidumbre.

- Derecho a la integridad personal.

- Proscripción de la tortura y los tratos crueles o inhumanos o degradantes.

- Derechos de los niños a la protección jurídica.

- Derechos de los adultos mayores a la protección jurídica.

- Derechos de los discapacitados a la protección jurídica.

- Derecho a promover el respeto a los derechos humanos y las garantías fundamentales.

Contra lo que pudiera pensarse, los tratados internacionales prevén la posibilidad de aplicar, en algunos casos, la pena de muerte, lo que implica que reconocen excepciones al derecho a la vida que, por tanto, no sería reconocido como un derecho absoluto, sino sólo como un derecho fundamental.

Algo similar ocurre con la prohibición de la discriminación, en que los tratados aceptan distinguir algunos derechos en función de la nacionalidad, por ejemplo.

Finalmente, hay que precisar que la materia de análisis de este trabajo no incluye el examen exhaustivo de los tratados internacionales relacionados con los derechos humanos, puesto que pretende centrarse en los cambios que las reformas constitucionales introdujeron al juicio de amparo; para el análisis de los tratados internacionales citados puede consultarse la doctrina internacional, donde destaca la obra de Daniel O'Donnell titulada *"Derecho internacional de los derechos humanos. Normativa, jurisprudencia y doctrina de los sistemas universal e interamericano"*, publicado por la Oficina en Colombia del Alto Comisionado de las Naciones Unidas para los Derechos Humanos, en Bogotá, Colombia, 2004. Está disponible en versión electrónica (PDF), dividido en 3 partes, en las siguientes direcciones electrónicas:

http://www.hchr.org.co/publicaciones/libros/ODonell%20parte1.pdf

http://www.hchr.org.co/publicaciones/libros/ODonell%20parte2.pdf

http://www.hchr.org.co/publicaciones/libros/ODonell%20parte3.pdf

Respecto a los instrumentos internacionales firmados por México sobre la materia, existe también el libro "Compilación de instrumentos internacionales de derechos humanos firmados y ratificados por México 1921-2003", publicado por la Comisión Nacional de Derechos Humanos de nuestro país, México, 2003 (compiladores: Susana Thalía Pedroza de la Llave y Omar García Huante); también disponible en versión electrónica, en 2 partes, en las siguientes direcciones electrónicas:

http://www.cndh.org.mx/juridica/tratinter/pdf/tomo1.pdf

http://www.cndh.org.mx/juridica/tratinter/pdf/tomo2.pdf

Existe una abundante literatura sobre estos temas, aunque no existe unidad en la conceptualización y definición de los derechos humanos y las libertades fundamentales, lo que quizá pueda parecer adecuado pues, a partir de ahí, puede explicarse la extrema libertad con que se maneja el concepto y las conclusiones dispares a las que pueden llegar diversas entidades de protección a los mismos; sin embargo, considero que el principio de legalidad, considerado incluso un derecho humano, obliga tanto a delimitar lo mejor posible las facultades de todas las autoridades, incluyendo las encargadas de proteger los derechos humanos como a que las normas que cumplan esa función se apliquen correctamente; de lo contrario, sólo podrían servir como pretexto para legitimar arbitrariedades, lo que es contrario, precisamente, a lo que los derechos humanos pretenden proteger.

5. Finalidad del juicio de amparo

Tradicionalmente se ha considerado que el juicio de amparo era un medio de control de constitucionalidad.

La base para ello ha sido que, mediante el juicio de amparo, se ha efectuado el control sobre el cumplimiento a las denominadas garantías individuales, especialmente a través de las de seguridad jurídica previstas en los artículos 14 y 16 Constitucionales y, a través de ellas, se ha podido verificar la constitucionalidad de prácticamente todos los actos de autoridad y asegurar el respeto de las autoridades a casi todos los preceptos constitucionales; el juicio de amparo constituía, así, una verdadera garantía de la regularidad constitucional del sistema jurídico nacional.

Sin embargo, las reformas constitucionales de 6 y 10 de junio de 2011 han cambiado esa función.

El juicio de amparo como medio de protección de derechos humanos

El juicio de amparo ha pasado, de garantía de cumplimiento de todas las disposiciones constitucionales, a ser garantía del respeto a los derechos humanos reconocidos en la Constitución.

Si tomamos en cuenta que, al ser *reconocidos*, los derechos humanos no son *otorgados* por la Constitución, debemos concluir que la finalidad del amparo ha dejado de ser el control de la constitucionalidad puesto que su función ya no tiene como base asegurar el cumplimiento al texto constitucional en sí mismo considerado, sino el respeto a los derechos humanos, concepto que la propia Constitución coloca por encima de sí misma al establecer que los reconoce, con lo que se abandonó la expresión anterior de *"garantías que otorga esta Constitución"*, con lo que nuestra Carta Magna se ajustó a la teoría naturalista de que los derechos humanos son anteriores al Estado y a la regulación jurídica positiva.

Se habla también de que el juicio de amparo cumplirá ahora una función de control de convencionalidad al asegurar el cumplimiento, en el ámbito interno, de los tratados internacionales que reconozcan derechos humanos; sin embargo, como ya se precisó, el artículo 107, fracción I, Constitucional sólo prevé que la parte agraviada invoque derechos reconocidos por la propia Constitución, sin incluir los derechos reconocidos en los tratados internacionales, por lo que, salvo que la Suprema Corte de Justicia de la Nación amplíe el significado que deba darse al citado precepto constitucional, el juicio de amparo no tendría como función el control directo de la convencionalidad sino sólo, como ya se precisó, del respeto a los derechos humanos reconocidos en la propia Constitución. Si nuestro máximo tribunal determina que el amparo tenga por materia, además, el analizar la violación a las derechos humanos reconocidos en tratados internacionales, entonces sí podría decirse que el amparo sería un medio de control de convencionalidad[61].

Sin embargo, tomando en cuenta que los derechos humanos pueden estar reconocidos tanto en la Constitución como en los tratados internacionales, tendría que subsistir la consideración de que el amparo sea un medio de control de cumplimiento o respeto a los derechos humanos, dentro del cual un aspecto sería de constitucionalidad (para los derechos reconocidos en la Carta Magna) y otro de convencionalidad (para los derechos reconocidos en los tratados internacionales).

El juicio de amparo como medio de reparación de violaciones a derechos humanos

Tradicionalmente se había considerado, también, que el juicio de amparo no era un medio adecuado para obtener indemnizaciones por los daños y perjuicios que la violación de garantías individuales pudiera producir; sin embargo, esa afirmación debió matizarse a partir de las reformas que introdujeron la posibilidad de obtener, durante el procedimiento de ejecución de una sentencia de amparo, el cumplimiento substituto pues, precisamente, en los casos en que no fuera posible regresar las cosas al estado que guardaban antes de la violación de garantías, se permitió que se substituyera el cumplimiento efectivo de la sentencia por una indemnización de los daños y perjuicios causados por el acto reclamado declarado inconstitucional.

Las reformas de junio de 2011 han transformado el juicio de amparo en una garantía de respeto a los derechos humanos; sin embargo, en la reforma de 10 de junio de 2011 se incluyó expresamente la obligación de las autoridades de reparar las violaciones a los derechos humanos[62], razón

---

[61] Debe insistirse en que no debería aceptarse que ningún tribunal, incluyendo la Suprema Corte de Justicia de la Nación, interprete en forma extensiva o restrictiva el texto constitucional porque, al hacerlo, en realidad genera normas distintas a las previstas en el texto constitucional y se coloca, de facto, por encima de la Carta Magna que constituye el origen, fundamento y límite de las facultades de los tribunales, incluyendo a la propia Suprema Corte de Justicia de la Nación.

[62] Artículo 1°, párrafo 3, Constitucional.- Todas las autoridades, en el ámbito de sus competencias, tienen la obligación de promover, respetar, proteger y garantizar los derechos humanos de conformidad con los principios de universalidad, interdependencia, indivisibilidad

por la cual podemos considerar que el juicio de amparo, a través del cumplimiento substituto, podrá servir como medio para reparar violaciones a los derechos humanos mediante la determinación de indemnizaciones de los daños y perjuicios que no puedan repararse de otra forma.

Esto conduce también a la consideración de que la causa de improcedencia relativa a actos consumados irreparablemente ya no tendría razón de ser, pero eso debemos analizarlo en otro apartado.[63]

---

y progresividad. En consecuencia, el Estado deberá prevenir, investigar, sancionar y reparar las violaciones a los derechos humanos, en los términos que establezca la ley.

[63] Infra, procedencia del juicio de amparo.

Germán Eduardo Baltazar Robles

6. Vía

Las vías reconocidas para el juicio de amparo son la directa y la indirecta; ambas permanecen previstas en el texto constitucional reformado, por lo que en ese aspecto no existen cambios sustanciales.

El artículo 107, fracciones III, inciso a), y V, Constitucional reformado, sobre este tema, mantiene la disposición de que el juicio de amparo se promueva ante los tribunales colegiados de circuito (amparo directo) cuando se reclamen sentencias definitivas, laudos y resoluciones que pongan fin al juicio siempre que provengan de tribunales judiciales, administrativos o del trabajo.

Por otra parte, el mismo artículo (fracción VII) establece que el amparo se pida ante Juez de Distrito cuando se reclamen actos u omisiones en juicio, fuera de juicio o después de concluido, o que afecten a personas extrañas al juicio, así como cuando se promueva contra normas generales o contra actos u omisiones de autoridad administrativa.

Vía	Amparo directo	Sentencias, laudos y resoluciones que ponen fin a juicio ante tribunales judiciales, administrativos o del trabajo	
	Amparo indirecto	Actos de autoridades no judiciales	
		Actos de autoridad judicial	Dentro de juicio
			Fuera de juicio
			Después de juicio
			3° extraño
			Normas generales

El amparo directo adhesivo

La reforma constitucional crea una nueva figura: el amparo adhesivo, que se relaciona, además, con el tratamiento de las violaciones de procedimiento en amparo directo.

El artículo 107, fracción III, inciso a), Constitucional, dispone que:

"La parte que haya obtenido sentencia favorable y la que tenga interés jurídico en que subsista el acto reclamado, podrá presentar amparo en forma adhesiva al que promueva cualquiera de las partes que intervinieron en el juicio del que emana el acto reclamado. La ley determinará la forma y términos en que deberá promoverse."

De acuerdo con la idea de que sólo una vez, respecto de cada juicio ante un tribunal ordinario, se promueva amparo directo, para evitar que la multiplicidad de éstos provoque un retraso injustificado en el dictado final de la solución al conflicto entre las partes, se previó que la parte que obtenga sentencia favorable pueda adherirse al amparo principal de su contraparte para que puedan analizarse las posibles violaciones que se hubieran cometido en su perjuicio, precisamente para que el Tribunal Colegiado de Circuito pueda tomar en cuenta y resolver también esos aspectos al dictar la sentencia de amparo, sobre todo porque, en caso de que se estime que la sentencia reclamada viola algún derecho humano, el tribunal d amparo deberá fijar con precisión los términos en que deba dictarse la sentencia que substituya a la declarada violatoria de derechos humanos.[64]

---

[64] Al tratar de la procedencia del juicio y del dictado de la sentencia comentamos algunos aspectos que se relacionan con el amparo adhesivo.

7. Competencia

La competencia es el conjunto de casos que un órgano del Estado puede conocer, determinados en forma abstracta; equivale al conjunto de derechos de una persona particular; es decir, de un particular decimos que tiene derecho, como propietario por ejemplo, a usar su casa, pintarla del color que desee, organizar sus muebles como quiera, etc.; tratándose de órganos del Estado, el sistema jurídico determina qué derechos tienen, sólo que generalmente les denominamos facultades o, en su conjunto, competencia o ámbito de competencia o ámbito competencial pero, en el fondo, es el conjunto de derechos que el Estado, por conducto de ese órgano, puede ejercer de acuerdo con el sistema jurídico.

Así, tratándose del juicio de amparo, los juzgados de Distrito tienen competencia para conocer y resolver del juicio de amparo contra normas generales, actos u omisiones de la autoridad que sean distintos a sentencias, laudos o resoluciones que pongan fin a un juicio seguido ante un tribunal judicial, administrativo o del trabajo.

Tratándose de violaciones a las garantías de los artículos 16 en materia penal, 19 y 20 Constitucionales, la competencia se asigna por el artículo 107, fracción XII, Constitucional al superior de la autoridad responsable, a los jueces de Distrito y a los Tribunales Unitarios de Circuito.

La competencia para conocer del amparo en vía directa[65], como ya comentamos, corresponde a los Tribunales Colegiados de Circuito.

En todos estos casos se trata de la competencia para conocer del juicio de amparo en primera instancia; la competencia para conocer del recurso de revisión, que es como se denomina el recurso que constituye la segunda instancia en el juicio de amparo, se otorga a la Suprema Corte de Justicia de la Nación y a los Tribunales Colegiados de Circuito.

El artículo 107, fracción VIII, Constitucional prevé que las sentencias de los Jueces de Distrito y los Tribunales Unitarios de Circuito admiten revisión y que de ella conocerá la Suprema Corte de Justicia de la Nación[66] cuando:

---

[65] Cuando se reclaman sentencias, laudos o resoluciones que ponen fin a un juicio seguido ante un tribunal judicial, administrativo o del trabajo.

[66] Debe recordarse que, conforme al artículo 94 Constitucional, la Suprema Corte de Justicia de la Nación puede emitir acuerdos generales para enviar asuntos a los Tribunales Colegiados de Circuito, lo que ha motivado que nuestro máximo tribunal conserve sólo los

- Subsista en el recurso un problema de constitucionalidad de normas generales[67].

- Cuando se trate de impugnación de normas generales, actos u omisiones de la autoridad federal que invadan facultades de las autoridades locales o viceversa (art. 103, fracciones II y III, Constitucional).

- Se ejerza la facultad de atracción en asuntos que por su interés y trascendencia lo ameriten.

- Además, la fracción IX del citado artículo 107 Constitucional prevé que procede la revisión contra sentencias dictadas por Tribunales Colegiados de Circuito en amparo directo cuando resuelvan sobre la constitucionalidad de normas generales, establezcan la interpretación directa de un precepto constitucional u omitan decidir sobre tales cuestiones cuando hubieren sido planteadas, siempre que fijen un criterio de importancia y trascendencia[68].

El artículo 107, fracción VIII, Constitucional dispone también que, en todos los demás casos, conocerán de la revisión los Tribunales Colegiados de Circuito y sus sentencias no admitirán recurso alguno.

---

asuntos que considera son de importancia y trascendencia. Cfr. Acuerdo General 5/2001 del Pleno de la Suprema Corte de Justicia de la Nación.

[67] El texto anterior del precepto constitucional mencionaba leyes federales o locales, tratados internacionales, reglamentos expedidos por el Presidente de la República de acuerdo con la fracción I del Artículo 89 de esta Constitución y reglamentos de leyes locales expedidos por los gobernadores de los Estados o por el Jefe del Distrito Federal; ahora todo se incluye en el concepto de normas generales.

[68] Es importante distinguir que la competencia de la Suprema Corte para conocer de la revisión contra sentencias de amparo indirecto requiere que el asunto lo amerite por su *interés* y trascendencia; en cambio, en amparo directo al condición es que la sentencia recurrida fije un criterio de *importancia* y trascendencia.

8. Procedencia del juicio de amparo

Las disposiciones sobre procedencia del juicio de amparo ha sido uno de los aspectos más criticados de esta institución, debido a que delimitan las posibilidades concretas de acceder a este medio extraordinario de control.

Con las reformas constitucionales de junio de 2011 no se eliminan las causas de improcedencia, pero existen algunos cambios que deberán producirse en la ley reglamentaria que regula el juicio de amparo, precisamente para adecuarse a las nuevas disposiciones constitucionales.

La procedencia está regulada en forma positiva en la Constitución cuando establece que el amparo contra sentencias, laudos y resoluciones que pongan fin al juicio que provengan de tribunales judiciales, administrativos o del trabajo, será del conocimiento de los Tribunales Colegiados de Circuito y que el amparo contra los demás actos será competencia de los Juzgados de Distrito, así como de los Tribunales Unitarios de Circuito y el superior jerárquico de la autoridad responsable (para casos específicos de materia penal); sin embargo, el propio texto constitucional establece que la ley reglamentaria regulará el juicio de amparo y, con base en ello, en la Ley de Amparo se han regulado las causas de improcedencia.

Una causa de improcedencia es una situación prevista en la ley que impide a un tribunal de amparo admitir la demanda o, en todo caso, analizar el fondo de la cuestión planteada en el juicio.

Con motivo de las reformas constitucionales deberá expedirse una nueva Ley de Amparo o, por lo menos, ajustar la existente para adecuarse al nuevo modelo constitucional; sin embargo, algunos elementos que se relacionan con la procedencia del juicio ya están regulados en el texto constitucional y, consecuentemente, el legislador no podrá contrariar tales disposiciones puesto que su facultad para emitir la ley reglamentaria está sujeta a que se regule de acuerdo con las bases establecidas en la propia Constitución[69].

---

[69] Artículo 107 Constitucional. Las controversias de que habla el artículo 103 de esta Constitución, con excepción de aquellas en materia electoral, se sujetarán a los procedimientos que determine la ley reglamentaria, de acuerdo con las bases siguientes...

Legitimación activa

La legitimación activa es la posibilidad de intervenir como parte actora en un juicio; es decir, de ejercer la acción de amparo e iniciar el juicio respectivo; es una forma de legitimación procesal que es independiente de la legitimación en la causa (esta última es una condición necesaria para obtener una sentencia favorable, pero la legitimación procesal activa es un presupuesto para poder promover la acción de amparo).

El texto constitucional anterior a las reformas que comentamos, sólo establecía que el juicio de amparo se seguiría siempre a instancia de parte agraviada[70], sin definir qué debiera entenderse por esta última, de tal manera que ello fue materia de regulación en la Ley de Amparo, en donde se especificó que podían promover el juicio de amparo las personas (entendiéndose personas físicas) y también las personas morales por conducto de sus representantes e incluso las personas morales oficiales (órganos del Estado).

Sin embargo, el nuevo texto del artículo 107, fracción I, Constitucional, establece lo siguiente:

I. El juicio de amparo se seguirá siempre a instancia de parte agraviada, teniendo tal carácter quien aduce ser titular de un derecho o de un interés legítimo individual o colectivo, siempre que alegue que el acto reclamado viola los derechos reconocidos por esta Constitución y con ello se afecte su esfera jurídica, ya sea de manera directa o en virtud de su especial situación frente al orden jurídico.

Tratándose de actos o resoluciones provenientes de tribunales judiciales, administrativos o del trabajo, el quejoso deberá aducir ser titular de un derecho subjetivo que se afecte de manera personal y directa.

Lo anterior implica que, ahora, la Constitución ya define lo que debe entenderse por *"parte agraviada"* y, consecuentemente, es el propio texto constitucional el que delimita los elementos que deben satisfacerse para poder ejercer la acción de amparo, razón por la cual ya no será necesario que la Ley de Amparo desarrolle el concepto porque ya quedó precisado en el texto constitucional.

Los elementos que el concepto de parte agraviada comprende son:

---

[70] Artículo 107, fracción I, Constitucional (versión anterior al reformado el 6 de junio de 2011). *El juicio de amparo se seguirá siempre a instancia de parte agraviada.*

- Una persona que aduzca ser titular de un derecho o de un interés legítimo individual o colectivo (salvo que el acto reclamado provenga de tribunales judiciales, administrativos o del trabajo porque entonces deberá aducir ser titular de un derecho subjetivo que se afecte de manera personal y directa).

- La condición de que alegue que el acto reclamado viola los derechos reconocidos en la Constitución.

- La condición de que con ello se afecte su esfera jurídica de manera directa o por su situación especial.

Analicemos un poco cada elemento.

Persona que aduzca ser titular de un derecho subjetivo o un interés legítimo individual o colectivo

Persona, para efectos jurídicos, es cualquier centro de imputación de derechos u obligaciones, lo que permite reconocer personalidad a los seres humanos individuales o a ciertos conjuntos de seres humanos (sociedades) e incluso, el algunos sistemas jurídicos, a los animales o a conjuntos de bienes afectos a un fin específico[71].

Toda persona es, por tanto, por definición, titular de derechos y obligaciones; éstos pueden ser identificados para permitir su ejercicio y protección, en tanto que las obligaciones deben ser identificadas para permitir su cumplimiento y, en todo caso, aplicar las sanciones que correspondan por su incumplimiento.

El texto constitucional prevé que la persona que pretenda ejercer la acción de amparo (actuar como *parte agraviada*) deberá aducir ser titular de un derecho o de un interés legítimo individual o colectivo.

El derecho (derecho subjetivo, según se precisa en el propio precepto constitucional al referirse a actos de tribunales) es una facultad, derivada de una norma jurídica, de exigir a otra persona un comportamiento concreto (dar un objeto, hacer algo o abstenerse de hacer algo)[72]; cuando

---

[71] La personalidad desde otros puntos de vista como el filosófico o el moral reside sólo en el ser humano; sin embargo, el reconocimiento de personalidad jurídica a entidades distintas al ser humano ha permitido desarrollos económicos importantes al regular las relaciones que se establecen entre grupos organizados de forma más o menos permanente; sin embargo, debe tenerse presente que la personalidad de los grupos es, ciertamente, una ficción del sistema jurídico.

[72] Introducción al estudio del Derecho, Eduardo García Maynez, Porrúa, México.

alguien es titular de un derecho subjetivo, se considera que tiene un interés jurídico pleno.

La reforma constitucional incluye otro concepto: el interés legítimo individual o colectivo; este concepto ha ido desarrollándose poco a poco en nuestro sistema jurídico y, por regla general, se usa para indicar la situación jurídica de una persona en virtud de la cual puede recibir un beneficio o perjuicio, en forma más o menos directa, de la actuación de otros operadores jurídicos, sin necesidad de contar con un medio de exigencia concreto; es decir, el interés legítimo se pretende colocar como un punto intermedio entre el interés jurídico (reservado al titular de un derecho subjetivo) y el interés simple o no jurídico que es ajeno a la regulación del sistema jurídico[73].

Los intereses legítimos pueden ser individuales o colectivos; estos últimos se clasifican, a su vez, en difusos y propiamente colectivos, dependiendo de la mayor o menor dificultad en la identificación de los miembros del grupo titular del interés así como en la existencia o no de una organización entre ellos.

La referencia al interés colectivo permite considerar la posibilidad de que se tramite el juicio de amparo en forma colectiva; sin embargo, esta posibilidad deberá desarrollarse en la ley reglamentaria aunque, en caso de que no se incluya expresamente en dicho ordenamiento, podrán aplicarse supletoriamente las disposiciones del Código Federal de Procedimientos Civiles que regularán los procesos colectivos[74].

Violación a derechos reconocidos por la Constitución

No obstante la amplitud de la referencia a que se aduzca ser titular de un derecho o de un interés legítimo individual o colectivo, lo cierto es que el propio precepto constitucional impide que baste un interés legítimo para promover el juicio de amparo puesto que exige que siempre se invoque

---

[73] Realmente la categoría de interés legítimo no es útil en sí misma y lo confirma el propio texto constitucional reformado al condicionar la posibilidad de promover amparo a que se alegue la violación a un derecho reconocido por la Constitución, independientemente de que se invoque la titularidad de un derecho o un interés legítimo, de tal manera que, al menos tratándose del juicio de amparo, será necesario siempre invocar la violación a un derecho reconocido, lo que significa que deberá invocarse siempre un interés jurídico.

[74] En el año 2010 se modificó el artículo 17 Constitucional para prever la competencia federal para conocer de las acciones colectivas; sin embargo, aún no se emite la legislación ordinaria que la desarrolle; la clasificación de intereses colectivos en difusos y colectivos estricto sensu se toma, por el momento, del Código Modelo de Procesos Colectivos que parece haber servido de base para la iniciativa y dictamen aprobado de la reforma al Código Federal de Procedimientos Civiles sobre procesos colectivos.

violación a un derecho reconocido en la propia Constitución, lo que constituye un requisito de derecho subjetivo.

El texto constitucional prevé que la parte agraviada siempre invoque que se viola un derecho reconocido por la Constitución, lo que significa que sólo podrán invocarse derechos reconocidos, no derechos otorgados, por la Carta Magna; es decir, se circunscribe el ámbito de protección del amparo a los derechos humanos que son los la Constitución reconoce; los demás derechos no son reconocidos sino otorgados por la Constitución y, por tanto, no satisfacen la condición constitucional para ser invocados directamente por la parte agraviada en un juicio de amparo[75].

Esta parte del texto constitucional también deja fuera los derechos reconocidos en los tratados internacionales lo que, por principio de cuentas, implicaría que la parte agraviada en el amparo no pudiera invocar directamente derechos reconocidos en los tratados pero no en la Constitución, por lo que, en ese aspecto, la reforma constitucional no cambia la situación anterior de los derechos derivados de los tratados internacionales, que debían invocarse por medio de la invocación a la garantía de legalidad; a partir de la reforma de 10 de junio de 2011 dejaron de existir las *"garantías individuales"* como concepto del sistema jurídico mexicano[76] pero, en la misma reforma, se previó como derecho humano el derecho a la legalidad, lo que permitirá invocar como violación a este derecho humano la violación o falta de cumplimiento a los derechos reconocidos en los tratados internacionales así como la violación a otros derechos otorgados por la Constitución o por normas secundarias de nuestro sistema jurídico[77].

---

[75] Salvo que se considere que todos los derechos previstos en la Constitución son reconocidos por ésta, lo que significaría hacer equivalentes los derechos humanos a todos los derechos regulados en la Constitución pero eso conduciría a considerar que todos los derechos del sistema debieran tener el mismo tratamiento; es decir, cualquier derecho sería derecho humano y el amparo entonces aplicaría para invocar absolutamente cualquier derecho subjetivo aunque no tuviera fuente constitucional o de tratado internacional, con lo que se ampliaría su ámbito de aplicación en forma imposible de satisfacer pues tendría que absorber todos los demás medios jurisdiccionales del sistema.

[76] El anexo "¿Derogaron temporalmente el juicio de amparo las reformas constitucionales publicadas el 6 y 10 de junio de 2011?" analiza este efecto.

[77] En este aspecto, el ahora derecho humano a la legalidad cumplirá la función de puente que antes desempeñaron las garantías de seguridad que otorgaban los artículos 14 y 16 Constitucionales.

Afectación a la esfera jurídica

La esfera jurídica de un persona es el conjunto de derechos y obligaciones de los que es titular en un momento determinado; ese conjunto aumenta o disminuye en cuanto al número de sus elementos en la medida en que la persona realiza actos jurídicos o recibe los efectos de actos jurídicos de otras personas o incluso las consecuencias de hechos jurídicos ajenos a la voluntad humana (un terremoto, por ejemplo).

Cuando los derechos y las obligaciones de una persona aumentan o disminuyen decimos que se afecta su esfera jurídica[78] y, por tanto, una ley, acto u omisión de autoridad que afecte la esfera jurídica de una persona existirá cuando produzca una modificación en los derechos y obligaciones de esa persona; es decir, existirá afectación cuando se aumenten o disminuyan los derechos y cuando se aumenten o disminuyan las obligaciones.

También se ha considerado que el acto reclamado debe causar perjuicio, entendido éste como una especie de la afectación consistente en que se disminuya o desconozca un derecho o se agregue o agrave una obligación a la persona.

Poniendo un ejemplo, el demandado en un juicio ejecutivo mercantil recibe una afectación en su esfera jurídica cuando se dicta la sentencia puesto que ésta define qué derechos y obligaciones quedan a su cargo; sin embargo, la sentencia que lo absuelva, aunque afecta su esfera jurídica al liberarlo del trámite del juicio y de la pretensión del actor, no le causa ningún perjuicio; por el contrario, la sentencia que lo condena define la existencia de una obligación de pago que, antes de la sentencia, al menos era discutible, razón por la cual, en este caso, la sentencia no sólo lo afecta sino que, además, le causa perjuicio. La Ley de Amparo anterior a las reformas constitucionales de junio de 2011 preveía como causa de improcedencia la falta de interés jurídico, lo que implica que el perjuicio debería haberse examinado en la sentencia y su falta debía provocar la negativa del amparo, no el sobreseimiento[79].

---

[78] Afectar: producir alteración o mudanza en algo. Diccionario de la lengua española. Real Academia Española. 22ª. Ed., Madrid, 2001. Se prevén otras acepciones de la palabra pero consideramos que esta es la más adecuada porque permite establecer una distinción con el perjuicio que se ha considerado elemento esencial para obtener sentencia favorable en el amparo.

[79] Sin embargo, en la práctica, la mayoría de los tribunales ha usado como sinónimos los conceptos de afectación y perjuicio, reduciendo el significado de afectación sólo a la producción de un daño a la esfera jurídica; el problema de tal forma de definir ambos conceptos es que, en el ejemplo apuntado, habría que concluir que la sentencia absolutoria

El texto constitucional también precisa que la afectación debe producirse ya sea de manera directa o en virtud de la especial situación de la persona frente al orden jurídico; esta última expresión es acorde con la concepción de interés legítimo en tanto que la afectación directa implica necesariamente la afectación a un derecho subjetivo que el propio texto constitucional prevé como indispensable sólo cuando se reclamen actos de tribunales judiciales, administrativos o del trabajo.

Las personas morales no están legitimadas para promover juicio de amparo

Como ya precisamos, el artículo 107, fracción I, Constitucional define ahora lo que significa *parte agraviada* y la condiciona siempre a la invocación de un derecho reconocido por la Constitución que, como ya apuntamos también, son los derechos humanos puesto que los demás derechos son otorgados por la Constitución, no sólo reconocidos, lo que, además, es acorde con la previsión del artículo 103 Constitucional relativa a que los tribunales federales conocerán de las controversias sobre normas generales, actos u omisiones de la autoridad que violen los derechos humanos reconocidos y las garantías otorgadas para su protección por la Constitución y los tratados internacionales.

Como consecuencia de lo anterior, debe estimarse que, al menos con base en el texto constitucional, las personas morales no están legitimadas para promover el juicio de amparo debido a que no podrían invocar (ni menos probar) que un acto afecte su esfera jurídica al violar un derecho humano precisamente porque los derechos humanos reconocidos por la Constitución y los tratados internacionales tienen como titular necesario a la persona humana.

Esta consideración deriva de la lectura de los textos introductorios o declaraciones con que inician todos los tratados sobre derechos humanos, en donde se expresa sin duda alguna que la intención es proteger al ser humano y su dignidad. Aún más, la Convención Americana sobre derechos humanos *"Pacto de San José de Costa Rica"* dispone expresamente, en el párrafo 2 de su artículo primero que: *"Para los efectos de esta Convención, persona es todo ser humano."*

El doctor Sergio García Ramírez, quien fue Juez de la Corte Interamericana de Derechos Humanos, escribió[80]:

---

no afectaría la esfera jurídica del demandado, lo cual consideramos inexacto porque dicha sentencia sí modifica sus derechos y obligaciones.

[80] Derechos humanos y jurisdicción interamericana, Sergio García Ramírez, UNAM, México, 2002, p. 93.

"[...] los derechos humanos corresponden —es evidente— a la persona humana, es decir, a la persona física. La Convención señala lo que debe entenderse bajo este último término. No podría tutelarse, pues, a la persona moral o colectiva, que no tiene derechos humanos [...]"

No obstante, a continuación el mismo autor precisó[81] que debía reconocerse que:

"[...] tras la figura, una ficción jurídica, de la persona colectiva se halla el individuo; los derechos y deberes de aquélla repercuten o se trasladan, en definitiva, como derechos y deberes de quienes integran la persona colectiva o actúan en nombre, en representación o por encargo de ésta.

De ahí que no sea pertinente rechazar, sin más, las pretensiones que se formulen a propósito de personas morales sin examinar previamente, para resolver lo que proceda, si la violación supuestamente cometida lo ha sido —analizada con realismo— a derechos de personas físicas. De lo contrario, se dejaría sin protección un espacio tal vez muy amplio de la vida y actividad de los individuos [...]"

A partir de lo anterior, podríamos considerar que la protección a los derechos de las personas morales sólo podrá realizarse, mediante el juicio de amparo, cuando sus integrantes o sus representantes, personas físicas, promuevan amparo a propósito de actos que afecten a la persona moral y, como consecuencia, pueda deducirse una afectación a un derecho humano de alguno de dichos integrantes o representantes quienes podrían invocar, incluso, un interés legítimo derivado de su calidad de socio o representante, sin que ello implique que la persona moral, por sí misma, pueda promover amparo.

Podría considerarse la posibilidad de que la ley reglamentaria establezca, como la Ley de Amparo anterior, la disposición de que las personas morales puedan pedir amparo por conducto de sus representantes[82]; sin embargo, tal solución debe considerarse inadecuada porque, a partir de las reformas de 6 de junio de 2011, es la propia Constitución la que define lo que significa *parte agraviada* y, en consecuencia, el legislador ordinario no debería modificar esa disposición

---

[81] Idem.

[82] En el Primer Foro para la nueva Ley de Amparo, organizado por el Senado de la República, efectuado el 7 y 8 de junio de 2011, tuve oportunidad de participar y plantear la posibilidad de que la ley reglamentaria incluyera la legitimación a las personas morales; sin embargo, considero que es inadecuada esa solución por las razones que ahora se exponen.

en tanto que sólo está facultado para expedir la ley reglamentaria *de acuerdo* con las bases constitucionales.

Lo anterior no significa que las personas morales queden indefensas, sino sólo que no podrán acudir al juicio de amparo, medio extraordinario de control, y deberán usar los medios ordinarios de defensa que el sistema jurídico les proporciona que, básicamente, incluye la jurisdicción ordinaria (tribunales judiciales, administrativos y del trabajo).[83]

Legitimación pasiva

La contraparte de la legitimación activa es la pasiva; es la posibilidad de ser parte demandada en un juicio y, tratándose del juicio de amparo, constitucionalmente está limitada a las autoridades.

El artículo 103 Constitucional prevé la competencia de los tribunales federales para conocer de controversias relativas a normas generales, actos u omisiones de la autoridad que violen derechos humanos o sus garantías, o invadan la esfera del ámbito local o federal, en tanto que el artículo 107 prevé que tales juicios se sigan conforme a las bases que establece en las que se prevé la vía para tramitar el amparo dependiendo de que se reclamen actos de tribunales judiciales, administrativos o del trabajo que sean sentencias, laudos o resoluciones que pongan fin a un juicio (amparo directo) o se trate de otros actos o de otras autoridades (amparo indirecto), precisando, además, las reglas para obligar a la autoridad responsable a cumplir con las sentencias de amparo.

En conclusión, el modelo constitucional prevé que sólo las autoridades pueden ser parte demandada (legitimación pasiva) en el juicio de amparo, por lo que no puede considerarse que los particulares puedan ser llamados con ese carácter.

Si bien es cierto que la Suprema Corte de Justicia de la Nación ha considerado que un acto de un particular, cuando actúa en cumplimiento de una obligación legal, puede servir como base para computar el plazo para promover el juicio de amparo contra la ley aplicada en dicho acto, también ha precisado que el acto del particular sólo se considera para fijar el inicio

---

[83] Por este motivo y la reducción de la materia directa de estudio del juicio de amparo (que pasó de todos los derechos constitucionales a sólo los derechos humanos reconocidos) he manifestado que las reformas constitucionales de 6 y 10 de junio de 2011, en realidad, provocan una limitación del juicio de amparo, además de que también ha dejado de ser medio directo de control de constitucionalidad puesto que su materia específica, ahora, son los derechos humanos y ya no la propia Constitución en sí misma considerada.

del plazo para presentar la demanda, sin que constituya acto reclamado, criterio que deberá seguirse aplicando; la tesis es la siguiente:

Registro No. 197666

Novena Época

Instancia: Pleno

Fuente: Semanario Judicial de la Federación y su Gaceta

VI, Septiembre de 1997

Página: 84

Tesis: P./J. 67/97

Jurisprudencia

Materia(s): Común

LEYES, AMPARO CONTRA. EL CUMPLIMIENTO DEL QUEJOSO POR IMPERATIVO LEGAL ES ACTO DE APLICACIÓN QUE PUEDE SERVIR DE BASE PARA EL CÓMPUTO DEL PLAZO DE IMPUGNACIÓN.

Cuando del estudio del orden jurídico establecido deriva que la norma reclamada en el amparo debe ser cumplida imperativamente por el gobernado, porque de lo contrario se le impondrán sanciones o se tomarán en su contra medidas que le causen molestias, debe considerarse que el cumplimiento de dicha norma por el particular así constreñido, constituye también un acto de aplicación de la ley que puede servir de base para computar el plazo de impugnación constitucional sin necesidad de que exista un acto específico de aplicación emanado de autoridad, ya que para efectos de la procedencia del juicio de garantías, el perjuicio a la esfera jurídica del gobernado podrá surgir, tanto del acto estatal que lo coloca concretamente dentro de las hipótesis previstas por la ley, como de aquel acto por medio del cual él mismo se coloca en ellas, para evitar los efectos coercitivos correspondientes.

Amparo en revisión 1559/83. Ana María Mantilla Caballero. 23 de junio de 1983. Unanimidad de diecinueve votos. Ponente: Juan Díaz Romero. Secretario: José Luis Rodríguez Santillán.

Amparo en revisión 1507/96. Servicios Representativos, S.A. de C.V. 28 de octubre de 1996. Once votos. Ponente: Juan Díaz Romero. Secretario: José Manuel Arballo Flores.

Amparo en revisión 1509/96. Fomento Comercial Lagunero, S.A. de C.V. 28 de octubre de 1996. Once votos. Ponente: Humberto Román Palacios. Secretario: Jesús Enrique Flores González.

Amparo en revisión 1750/96. Comerdis del Norte, S.A. de C.V. 28 de octubre de 1996. Unanimidad de diez votos. Ausente: Juan N. Silva Meza. Ponente: Guillermo I. Ortiz Mayagoitia. Secretario: Homero Fernando Reed Ornelas.

Amparo en revisión 1521/96. Alfredo Araiz Gauna. 28 de octubre de 1996. Unanimidad de diez votos. Ausente: Juan N. Silva Meza. Ponente: Genaro David Góngora Pimentel. Secretaria: Rosa María Galván Zárate.

Definitividad

El principio de definitividad consiste en considerar al juicio de amparo como un medio extraordinario de defensa al que, por regla general, sólo puede acudirse cuando se han agotado los recursos y medios de defensa que el sistema jurídico otorga en los ordenamientos secundarios, de tal manera que al amparo sólo lleguen planteamientos de problemas que no hayan podido solucionarse con los medios ordinarios.

El principio ha tenido sustento directo en la Constitución puesto que el artículo 107 establecía, desde antes de las reformas de junio de 2011, que debían agotarse previamente los recursos ordinarios que procedieran antes de acudir al amparo contra actos en juicio y que en materia administrativa el amparo procedía contra actos no reparables mediante algún medio ordinario de defensa.

La reforma constitucional no sólo mantiene el principio de definitividad sino que lo precisa pues el artículo 107 Constitucional ahora dispone:

"[...]

III.- Cuando se reclamen actos de tribunales judiciales, administrativos o del trabajo, el amparo sólo procederá en los casos siguientes:

a) Contra sentencias definitivas, laudos y resoluciones que pongan fin al juicio [...]

Para la procedencia del juicio deberán agotarse previamente los recursos ordinarios que se establezcan en la ley de la materia, por virtud de los cuales aquellas sentencias definitivas, laudos y resoluciones puedan ser modificados o revocados, salvo el caso en que la ley permita la renuncia de los recursos.

*Al reclamarse la sentencia definitiva, laudo o resolución que ponga fin al juicio, deberán hacerse valer las violaciones a las leyes del procedimiento, **siempre y cuando el quejoso las haya impugnado durante la tramitación del juicio mediante el recurso o medio de defensa que, en su caso, señale la ley ordinaria respectiva. Este requisito no será exigible en amparos contra actos que afecten derechos de menores o incapaces, al estado civil, o al orden o estabilidad de la familia, ni en los de naturaleza penal promovidos por el sentenciado;***

[...]

*IV. En materia administrativa el amparo procede, además, contra actos u omisiones que provengan de autoridades distintas de los tribunales judiciales, administrativos o del trabajo, y que causen **agravio no reparable mediante algún medio de defensa legal. Será necesario agotar estos medios de defensa siempre que conforme a las mismas leyes se suspendan los efectos de dichos actos de oficio o mediante la interposición del juicio, recurso o medio de defensa legal que haga valer el agraviado, con los mismos alcances que los que prevé la ley reglamentaria y sin exigir mayores requisitos que los que la misma consigna para conceder la suspensión definitiva, ni plazo mayor que el que establece para el otorgamiento de la suspensión provisional, independientemente de que el acto en sí mismo considerado sea o no susceptible de ser suspendido de acuerdo con dicha ley.***

No existe obligación de agotar tales recursos o medios de defensa si el acto reclamado carece de fundamentación o cuando sólo se aleguen violaciones directas a esta Constitución;

[...]"

El texto constitucional ahora establece disposiciones que estaban previstas en la Ley de Amparo; su inclusión en la Constitución implica su mayor jerarquía y la imposibilidad de que el legislador ordinario las elimine o modifique.

El principio de definitividad se prevé en los siguientes supuestos:

- Tratándose de amparo directo, se prevé que deben agotarse los recursos ordinarios contra la sentencia, laudo o resolución que ponga fin al juicio. En ese punto, se prevén como excepciones que los recursos sean renunciables.

- Tratándose de violaciones al procedimiento, se permite que se hagan valer en amparo directo, con la condición de que se hayan impugnado durante la tramitación del juicio mediante el recurso o medio de defensa ordinario; también se establece una excepción, consistente en que ese requisito no se exigirá cuando se reclamen actos que afecten derechos de menores o incapaces, al estado civil, o al orden o estabilidad de la familia, ni en los de naturaleza penal promovidos por el sentenciado.

- Respecto a la materia administrativa, se prevé que el amparo proceda contra actos que no sean reparables mediante algún medio de defensa legal; es decir, ordinario, y expresamente se dispone que tales medios ordinarios de defensa deberán agotarse previamente al amparo siempre que:

   o Conforme a las mismas leyes se suspendan los efectos de dichos actos de oficio o mediante la interposición del juicio, recurso o medio de defensa legal que haga valer el agraviado.

   o Que la suspensión tenga los mismos alcances que los que prevea la ley reglamentaria.

   o Que no se exijan mayores requisitos que los que la misma ley reglamentaria consigne para conceder la suspensión definitiva.

   o Que el plazo para el otorgamiento de la suspensión no sea mayor que el que establezca la ley reglamentaria para el otorgamiento de la suspensión provisional.

   o Además, se prevén como excepciones:

      ▪ Que el acto reclamado carezca de fundamentación.

      ▪ Que sólo se aleguen violaciones directas a la Constitución

En la versión anterior del texto constitucional, la única condición para que se actualizara la obligación de agotar los medios ordinarios de defensa en materia administrativa era que la ley ordinaria no exigiera más requisitos que la Ley de Amparo para el otorgamiento de la suspensión definitiva.

Ahora se hace más estricta la disposición constitucional puesto que, para que exista obligación de agotar un medio ordinario de defensa antes de acudir al amparo en materia administrativa, la suspensión que pueda obtenerse en el medio ordinario tenga los mismos alcances que la que prevea la Ley de Amparo, además de que no exija más requisitos que los previstos en esta última para la suspensión definitiva así como prever un plazo para otorgar la suspensión que no exceda el previsto en la ley de Amparo para conceder la suspensión provisional.

En cuanto a los efectos que pueda tener la suspensión, generalmente la otorgada en amparo implica la paralización de los efectos del acto de autoridad y, sólo por excepción se ha considerado que pueda tener efectos restitutorios provisionales, los cuales están previstos en jurisprudencia de la Suprema Corte de Justicia de la Nación y no en la Ley de Amparo, de tal manera que, salvo que la nueva ley reglamentaria regule en forma diferente la suspensión, no será indispensable que la que pueda obtenerse en el medio ordinario de defensa tenga efectos restitutorios y bastará que tenga el efecto ordinario de mantener las cosas en el estado que guarden para que se actualice el principio de definitividad.

Respecto a los requisitos para conceder la suspensión definitiva, la Ley de Amparo los ha hecho consistir en que lo solicite el agraviado, que no se afecten disposiciones de orden público ni el interés social y que sean de difícil reparación los perjuicios que la ejecución del acto reclamado pueda causar al agraviado[84]; de tal manera que, si el medio ordinario de defensa prevé más requisitos que los citados, operará una excepción al principio de definitividad.

En este aspecto, debe distinguirse entre los requisitos para conceder la suspensión definitiva de los requisitos para su efectividad que pueden consistir, por ejemplo, en la exhibición de una garantía, aspecto que, de regularse en forma distinta en el medio ordinario de defensa, no actualizarían una excepción al principio de definitividad porque tales elementos no condicionan la concesión de la suspensión sino sólo la duración de los efectos que la misma produzca[85].

---

[84] Artículo 124 de la Ley de Amparo; también debe considerarse la disposición que regula la suspensión de oficio o de plano (artículo 123), tratándose de actos que importen peligro de privación de la vida, deportación o destierro o prohibidos por el artículo 22 Constitucional, así como aquellos que, de ejecutarse, hicieran físicamente imposible restituir al quejoso en el goce de la garantía violada, así como la suspensión a favor de los sujetos agrarios (artículo 233) cuando los actos reclamados tengan o puedan tener por consecuencia la privación total o parcial, temporal o definitiva de los bienes agrarios del núcleo de población quejoso o su substracción del régimen jurídico ejidal. Nota: En la iniciativa de Ley de Amparo que se analiza en 2011 en el Senado de la República se propone eliminar el libro segundo de la ley, correspondiente al amparo en materia agraria.

[85] Si se exige garantía, la suspensión se otorga y surte efectos desde luego; efectos que se mantienen durante 5 días, al menos, para permitir al quejoso exhibir la garantía y, sólo sino lo hace, el tribunal de amparo puede decretar que deje de surtir efectos la suspensión, efectos que volverían producirse cuando se exhibiera la garantía (artículo 139 de la Ley de Amparo anterior a las reformas constitucionales de junio de 2011).

Por otra parte, el nuevo texto constitucional agrega un requisito adicional referente a que el medio ordinario de defensa permita al particular obtener la suspensión en un plazo no mayor al previsto en la Ley de Amparo para otorgarle la suspensión provisional; requisito que será difícil de actualizar debido a que, conforme a la Ley de Amparo anterior a las reformas de junio de 2011, el Juez de Distrito debe proveer sobre la admisión de la demanda y sobre la suspensión provisional, cuando se solicita en la misma demanda, dentro de las 24 horas siguientes a su presentación, lo que implica que, para que se actualice la obligación de agotar el medio ordinario de defensa antes que el amparo, la ley ordinaria deberá prever que se provea sobre la suspensión cuando mucho en 24 horas después de la solicitud respectiva.

El texto constitucional también prevé como excepción a la obligación de agotar los medios ordinarios de defensa antes de acudir al amparo las circunstancias de que el acto reclamado carezca de fundamentación o que sólo se invoquen violaciones directas a la Constitución.

La carencia de fundamentación consiste en que el acto reclamado no invoque absolutamente ninguna disposición normativa como fundamento, puesto que no incluye la inadecuada o deficiente fundamentación.

En cuanto a que sólo se invoquen violaciones directas a la Constitución, la parte agraviada deberá tener cuidado de no invocar violación a ninguna norma secundaria, incluyendo tratados internacionales, puesto que el texto constitucional es claro en el sentido de sólo admitir, para que opere la excepción, violaciones directas a la Carta Magna.

Actos de procedimiento

El amparo directo procede contra sentencias, laudos y resoluciones que pongan fin a juicios seguidos ante tribunales judiciales, administrativos o del trabajo y, al promover el amparo contra la sentencia (que es el acto reclamado) pueden hacerse valer las violaciones a las normas que rijan el procedimiento en el juicio donde se haya dictado la sentencia reclamada.

Esto permite impugnar, mediante amparo, los actos dictados dentro de juicio que no tengan una ejecución de imposible reparación (si tuvieran una ejecución irreparable, deberán combatirse inmediatamente en amparo indirecto), con la condición de que la violación procesal afecte las defensas de la parte quejosa y trascienda al resultado del fallo. Esta disposición ya existía en el texto constitucional anterior, pero lo que se modificó fue el tratamiento que debe dárseles.

A partir de la reforma constitucional, el Tribunal Colegiado que conozca del juicio deberá analizar las violaciones a las leyes del procedimiento en el juicio de donde derive la sentencia reclamada, lo que sólo podrá efectuarse una sola vez, pues se prohíbe que en un segundo juicio de amparo puedan estudiarse violaciones que no hubieran sido invocadas por las partes o estudiadas en suplencia en el primer juicio de amparo al establecer el artículo 107, fracción III, inciso a), Constitucional:

"[…] Si las violaciones procesales no se invocaron en un primer amparo, ni el Tribunal Colegiado correspondiente las hizo valer de oficio en los casos en que proceda la suplencia de la queja, no podrán ser materia de concepto de violación, ni de estudio oficioso en juicio de amparo posterior."

Esta disposición se complementa con la previsión del amparo adhesivo, ya comentada, que permite a la parte que haya obtenido sentencia favorable ante el tribunal ordinario, adherirse al amparo de su contraparte para que se puedan examinar las violaciones de procedimiento que puedan afectarle, con la finalidad de que el Tribunal Colegiado de Circuito las analice conjuntamente y pueda determinar, en su caso, los términos en que deba dictarse la sentencia que substituya la que se declare violatoria de derechos humanos.[86]

Actos consumados

Son actos consumados aquellos que han producido ya todos sus efectos; la Ley de Amparo anterior a las reformas constitucionales de junio de 2011 preveía como causa de improcedencia del juicio de amparo el que se promoviera contra actos consumados de un modo irreparable[87].

La razón histórica de dicha disposición era la consideración de que el juicio de amparo no era un medio para obtener reparación o indemnización por las violaciones a las garantías individuales sino, en todo caso, el efecto de la sentencia era regresar las cosas al estado que guardaban antes de la violación.

Sin embargo, cuando se incluyó en la Constitución y en la Ley de Amparo la figura del cumplimiento sustituto, desapareció la razón histórica que justificó, en su momento, la inclusión de la causa de improcedencia

---

[86] El amparo adhesivo lo comentamos en el apartado relativo a la vía y la forma en que deben abordarse en la sentencia las violaciones procesales se comentan en el apartado relativo a la sentencia.

[87] Ley de Amparo, artículo 73, fracción IX.

relativa a la consumación irreparable de los actos puesto se estableció la posibilidad de obtener una indemnización en vez de la ejecución efectiva de la sentencia de amparo con la devolución de las cosas al estado que guardaran antes de la violación; es decir, se reconoció la posibilidad de que el amparo fungiera como un medio para obtener indemnización por daños derivados de la violación a garantías individuales.

Las reformas constitucionales de junio de 2011 han modificado los principios que sustentan nuestro sistema jurídico y, especialmente, el juicio de amparo, al sustituir el concepto de garantías individuales por el de derechos humanos y garantías otorgadas para protegerlos así como convirtiendo al amparo, de medio directo de control de constitucionalidad ilimitado en cuanto a su materia, en una garantía de respeto a los derechos humanos y a las demás garantías otorgadas para protegerlos.

Precisamente por tal transformación, debe analizarse el efecto del nuevo contenido del artículo 1° Constitucional puesto que ahora establece la obligación de todas las autoridades de promover, respetar, proteger y garantizar los derechos humanos de conformidad con los principios de universalidad, interdependencia, indivisibilidad y progresividad, agregando la obligación del Estado de prevenir, investigar, sancionar y reparar las violaciones a los derechos humanos, en los términos que establezca la ley.

De lo anterior podemos derivar que el Estado tiene la obligación de reparar las violaciones a los derechos humanos en los términos que establezca la ley y, si la propia Constitución prevé el cumplimiento sustituto[88] de la sentencia que declare que se han violado derechos humanos, la conclusión debe ser que la consumación de los efectos del acto reclamado no debe ser ya una causa de improcedencia del juicio de amparo.[89]

---

[88] Artículo 107, fracción XVI, penúltimo párrafo. El cumplimiento sustituto de las sentencias de amparo podrá ser solicitado por el quejoso al órgano jurisdiccional, o decretado de oficio por la Suprema Corte de Justicia de la Nación, cuando la ejecución de la sentencia afecte a la sociedad en mayor proporción a los beneficios que pudiera obtener el quejoso, o cuando, por las circunstancias del caso, sea imposible o desproporcionadamente gravoso restituir la situación que imperaba antes de la violación. El incidente tendrá por efecto que la ejecutoria se dé por cumplida mediante el pago de daños y perjuicios al quejoso. Las partes en el juicio podrán acordar el cumplimiento sustituto mediante convenio sancionado ante el propio órgano jurisdiccional.

[89] Más adelante, en el apartado relativo al cumplimiento de las sentencias, comentaremos el cumplimiento sustituto.

Consentimiento

En la doctrina internacional se considera que los derechos humanos tienen, entre otras características, las de ser irrenunciables e imprescriptibles; sin embargo, la reforma constitucional de 10 de junio de 2011 sólo establece que las autoridades actúen al respecto de conformidad con los principios de universalidad, interdependencia, indivisibilidad y progresividad, aunque se prevé, como ya comentamos, que no podrán restringirse ni suspenderse los derechos humanos enumerados en el artículo 29 Constitucional.

Si los derechos humanos son imprescriptibles e irrenunciables, entonces no debería tener ningún efecto una manifestación de voluntad que implique renuncia a un derecho humano y, en consecuencia, tampoco debería preverse como causa de improcedencia el consentimiento de las normas generales, actos u omisiones de la autoridad que violen un derecho humano.

Sin embargo, tal consideración implicaría que la acción de amparo no quedara sujeta a temporalidad; es decir, que no podría considerarse que prescribiera o se perdiera por el paso del tiempo, lo que podría provocar problemas de inseguridad pues cada norma general, acto u omisión de las autoridades pueden servir de base para otras normas, actos u omisiones que pueden afectar a personas diferentes, de tal manera que dejar abierta ilimitadamente la posibilidad de ejercer la acción de amparo podría tener un impacto negativo en el sistema.

Pero dentro de los plazos que la ley establezca para promover la demanda de amparo no debe admitirse que una persona pueda consentir la norma general, acto u omisión de la autoridad que viole un derecho humano puesto que ello significaría desconocer su carácter irrenunciable[90].

---

[90] Como ya se comentó, al escribir este texto aún no se expide la nueva Ley de Amparo.

9. Sentencia

La sentencia es el acto procesal más importante del juicio pues en ella se definen los derechos y obligaciones de las partes.

Si bien los detalles del contenido y forma de las sentencias de amparo se regulan principalmente en las leyes que desarrollan los principios constitucionales (Ley de Amparo y Código Federal de Procedimientos Civiles, que ha sido el ordenamiento supletorio de la primera), existen algunos elementos que están previstos expresamente en el texto constitucional y que, por consecuencia, deben considerarse independientemente de la ley reglamentaria.

Suplencia de las deficiencias

El artículo 107, fracción II, penúltimo párrafo, establece:

"En el juicio de amparo deberá suplirse la deficiencia de los conceptos de violación o agravios de acuerdo con lo que disponga la ley reglamentaria."

El nuevo texto reproduce casi idénticamente el anterior, con la modificación de que se sustituyó la expresión *Ley Reglamentaria de los Artículos 103 y 107 de esta Constitución*, por la de *ley reglamentaria*, lo que implica que no se modificó, a nivel constitucional, la regulación de la suplencia de la deficiencia de los conceptos de violación o agravios.

También se conservó, sin cambios, el último párrafo de la fracción II del artículo citado, que prevé las reglas para el amparo contra actos que tengan o puedan tener como consecuencia privar de la propiedad o de la posesión y disfrute de sus tierras, aguas, pastos y montes a los ejidos o a los núcleos de población que de hecho o por derecho guarden el estado comunal, o a los ejidatarios o comuneros, de tal manera que subsiste la obligación de los tribunales de amparo de recabar de oficio todas aquellas pruebas que puedan beneficiar a las entidades o individuos mencionados y acordar las diligencias que se estimen necesarias para precisar sus derechos agrarios, así como la naturaleza y efectos de los actos reclamados[91].

---

[91] Este aspecto también deberá desarrollarse en la nueva Ley de Amparo que, como ya se precisó en una nota anterior, el proyecto a discusión en el Senado elimina el libro relativo al amparo agrario.

Análisis de violaciones procesales en amparo directo

Tratándose del juicio de amparo directo, el nuevo texto constitucional establece el modelo de que sólo pueda promoverse, como regla general, en una sola ocasión respecto de cada juicio seguido ante un tribunal ordinario; por ello, regula expresamente el tratamiento que, en la sentencia de amparo, deba darse a las violaciones al procedimiento:

"[...] el Tribunal Colegiado de Circuito deberá decidir respecto de todas las violaciones procesales que se hicieron valer y aquéllas que, cuando proceda, advierta en suplencia de la queja, y fijará los términos precisos en que deberá pronunciarse la nueva resolución. Si las violaciones procesales no se invocaron en un primer amparo, ni el Tribunal Colegiado correspondiente las hizo valer de oficio en los casos en que proceda la suplencia de la queja, no podrán ser materia de concepto de violación, ni de estudio oficioso en juicio de amparo posterior [...]"

Así, ahora los Tribunales Colegiados de Circuito, al dictar sentencia en los juicios de amparo directo, deberán resolver sobre todas las violaciones procesales que les sean invocadas, teniendo las partes la carga de invocarlas expresamente, sea como quejosos directos o en adhesión, pues la consecuencia de no hacerlo será que no puedan considerarse en un juicio de amparo posterior.

Aun cuando se prevé que, en los casos en que el Tribunal Colegiado deba suplir la deficiencia de la queja, deberá analizar de oficio las violaciones procesales que advierta, se establece también que, aquéllas que no considere a pesar de la suplencia, tampoco podrán analizarse en un juicio de amparo posterior[92].

Declaración de inconstitucionalidad o de que la norma general, acto u omisión reclamado viola derechos humanos

El componente principal de la sentencia de amparo ha sido, tradicionalmente, la declaración de que el acto reclamado es inconstitucional, conclusión a la que el tribunal de amparo llegaba una vez

---

[92] Como comentamos en el apartado de procedencia, sólo cuando se conceda el amparo por una violación procesal que amerite reponer el procedimiento podrá actualizarse la posibilidad de promover un segundo amparo respecto de un mismo juicio seguido ante un tribunal ordinario.

que estimaba demostrado que se había violado una garantía individual precisamente por estar otorgada ésta, directamente, en el texto constitucional.

Con las reformas constitucionales de junio de 2011 ya no constituye materia de estudio del amparo la violación a garantías individuales sino a los derechos humanos que, por definición, son anteriores al Estado y al sistema jurídico y, por tanto, la Constitución no los otorga sino sólo los reconoce.

La consecuencia es que el acto que viola un derecho humano viola un derecho que existe independientemente de la Constitución y, por tanto, la esencia de la declaración del tribunal ya no puede consistir en la declaración de inconstitucionalidad puesto que los derechos que se estimen violados no tienen su fundamento de existencia en el texto constitucional sino en la naturaleza y dignidad humanas[93].

Además, tomando en cuenta que los derechos humanos pueden estar reconocidos tanto en la Constitución como en tratados internacionales, ya no será válido, en todos los casos, concluir que la violación a derechos humanos actualice también una violación directa a la Constitución y, por tanto, técnicamente ya no será adecuado que las sentencias declaren la inconstitucionalidad[94] sino sólo la violación a los derechos humanos respectivos[95].

---

[93] Es cierto que la violación a los derechos humanos reconocidos en la Constitución actualizaría, también, una violación a la propia Constitución, pero la esencia del modelo de protección ya no se centra en la Constitución misma sino en los derechos preexistentes al Estado y a la propia Constitución.

[94] No obstante, el artículo 107 Constitucional reformado regula las consecuencias de declarar inconstitucionales normas generales, lo que pone de manifiesto que el legislador constitucional mantuvo la idea de que se declare la inconstitucionalidad en las sentencias de amparo, aunque sea tratándose de normas generales. Más adelante comentamos estos efectos.

[95] En apartados anteriores he manifestado que el texto del artículo 107 Constitucional, reformado, limita la materia del amparo sólo a los derechos humanos reconocidos en la Constitución debido a que, al definir lo que significa parte agraviada, sólo autoriza la invocación de derechos reconocidos en la Constitución y no en los tratados internacionales; sin embargo, la opinión generalizada entre quienes han comentado las reformas coincide en estimar que, en el amparo, podrán invocarse directamente derechos humanos reconocidos en los tratados.

Efectos de la sentencia (respecto de las partes y de terceros)

La sentencia de amparo se rige por el principio de relatividad, consignado expresamente en el artículo 107, fracción II, Constitucional, que establece:

"II. Las sentencias que se pronuncien en los juicios de amparo sólo se ocuparán de los quejosos que lo hubieren solicitado, limitándose a ampararlos y protegerlos, si procediere, en el caso especial sobre el que verse la demanda."

Esta es la denominada Fórmula Otero que, a pesar de las opiniones en contrario, no fue eliminada del texto constitucional sino sólo reformulada[96].

Es cierto que el texto anterior prohibía hacer declaración general sobre la ley o acto que motivara el amparo y que esa frase se eliminó del texto constitucional; sin embargo, no puede concluirse que se haya abandonado el principio de relatividad en tanto que el nuevo texto establece expresamente que la sentencia se limitará, en su caso, a amparar y proteger al quejoso en el caso especial sobre el que verse la demanda; es decir, subsiste la limitación de que la sentencia sólo produzca el efecto de amparar al quejoso respecto del caso concreto que plantee al promover el juicio de amparo[97].

Como en la versión anterior del texto constitucional, no se hace precisión de qué autoridades estén obligadas a cumplir la sentencia de amparo; es indudable que la autoridad responsable; es decir, la autoridad que haya participado en el juicio como demandada y cuyo acto u omisión haya sido declarado violatorio de derechos humanos, está necesariamente obligada a dar cumplimiento a la sentencia de amparo, al grado de que, si no lo hace, podría ser separada de su encargo y consignada ante un Juez de Distrito, según se precisa en la fracción XVI del artículo 107 Constitucional.

Sin embargo, en la misma fracción XVI se prevé la posibilidad de aplicar las mismas providencias respecto del superior jerárquico de la autoridad responsable si hubiese incurrido en responsabilidad, así como de los titulares que, habiendo ocupado con anterioridad el cargo de la

---

[96] El texto anterior decía: "La sentencia será siempre tal, que sólo se ocupe de individuos particulares, limitándose a ampararlos y protegerlos en el caso especial sobre el que verse la queja, sin hacer una declaración general respecto de la ley o acto que la motivare."

[97] La declaración general de inconstitucionalidad la comentamos más adelante.

autoridad responsable, hubieran incumplido la ejecutoria, lo que permite concluir que la sentencia de amparo obliga también a los superiores jerárquicos de la autoridad responsable así como a las personas físicas que desempeñen el cargo de la autoridad responsable.

También deberá considerarse que las autoridades que, con motivo de sus funciones, deban participar en los actos necesarios para cumplir la sentencia de amparo estarán obligadas a actuar como les corresponda; tal obligación ya no derivará sólo de la jurisprudencia de la Suprema Corte de Justicia de la Nación que así lo estableció, sino de la obligación prevista en el artículo 1°, párrafo tercero, Constitucional, que establece que:

"Todas las autoridades, en el ámbito de sus competencias, tienen la obligación de promover, respetar, proteger y garantizar los derechos humanos de conformidad con los principios de universalidad, interdependencia, indivisibilidad y progresividad. En consecuencia, el Estado deberá prevenir, investigar, sancionar y reparar las violaciones a los derechos humanos, en los términos que establezca la ley."

Como consecuencia, en el ámbito de sus respectivas competencias, todas las autoridades deberán coadyuvar para el cumplimiento de las sentencias que declaren que se violó algún derecho humano precisamente para que el Estado cumpla con su obligación de reparar las violaciones a los derechos humanos.

El caso de los terceros que no hayan participado como parte en el juicio de amparo no está previsto en el texto constitucional, como tampoco lo estaba en la versión anterior a las reformas de junio de 2011; sin embargo, al respecto, la Suprema Corte de Justicia de la Nación consideró que, como la propia Constitución considera de orden público el cumplimiento de las sentencias, éstas debían ejecutarse incluso en contra de los intereses de terceros quienes sólo podrían intentar, con posterioridad, medios ordinarios para obtener la declaración de sus propios derechos, como se advierte de la jurisprudencia:

Registro No. 917714

Quinta Época

Instancia: Segunda Sala

Fuente: Apéndice 2000

Tomo VI, Común, Jurisprudencia SCJN

Página: 147

Tesis: 180

Jurisprudencia

Materia(s): Común

EJECUCIÓN DE SENTENCIAS DE AMPARO CONTRA TERCEROS DE BUENA FE.-

Tratándose del cumplimiento de un fallo que concede la protección constitucional, ni aun los terceros que hayan adquirido de buena fe, derechos que se lesionen con la ejecución del fallo protector, pueden entorpecer la ejecución del mismo.

Quinta Época:

Queja 275/42.-Gómez de Espinosa Albina.-10 de agosto de 1942.- Cinco votos.-Relator: Gabino Fraga.

Queja 43/42.-C. Romero Rosa María.-2 de febrero de 1943.-Mayoría de cuatro votos.-Disidente: Emilio Pardo Aspe.-La publicación no menciona el nombre del ponente.

Queja 673/42.-Martínez Tomás.-15 de febrero de 1943.-Cinco votos.- Relator: Alfonso Francisco Ramírez.

Queja 617/41.-Álvarez Muleiro Benito.-14 de julio de 1944.- Unanimidad de cuatro votos.-Ponente: Eduardo Vasconcelos.

Queja 517/46.-Comisión Agraria Mixta del Estado de Veracruz.-7 de julio de 1948.-Unanimidad de cuatro votos.-Relator: Franco Carreño.

En virtud de que el último párrafo de la fracción XVI del artículo 107 Constitucional establece ahora que:

"No podrá archivarse juicio de amparo alguno, sin que se haya cumplido la sentencia que concedió la protección constitucional."

Habría que concluir que los terceros continuarán sin poder oponerse a la ejecución de las sentencias de amparo.

Fijación de los efectos en la sentencia de amparo directo

Un cambio muy importante introducido en la reforma constitucional de 6 de junio de 2011 es el relativo a la obligación de los Tribunales Colegiados de resolver y definir cómo debe dictarse la sentencia que decida el juicio de donde haya emanado la sentencia reclamada que se haya considerado violatoria de algún derecho humano.

El artículo 107, fracción III, inciso a), establece ahora que el amparo contra actos de tribunales judiciales, administrativos o del trabajo procederá:

"a) Contra sentencias definitivas, laudos y resoluciones que pongan fin al juicio, ya sea que la violación se cometa en ellos o que, cometida durante el procedimiento, afecte las defensas del quejoso trascendiendo al resultado del fallo. En relación con el amparo al que se refiere este inciso y la fracción V de este artículo, el Tribunal Colegiado de Circuito deberá decidir respecto de todas las violaciones procesales que se hicieron valer y aquéllas que, cuando proceda, advierta en suplencia de la queja, y fijará los términos precisos en que deberá pronunciarse la nueva resolución [...]"

Lo que significa que, cuando se conceda el amparo en un juicio en vía directa, el Tribunal Colegiado de Circuito deberá determinar los términos precisos en que deba dictarse la sentencia que sustituya a la declarada violatoria de derechos humanos, lo que obliga a los Tribunales Colegiados de Circuito a substituirse en el ejercicio de la jurisdicción ordinaria del tribunal responsable para efectuar el análisis de la procedencia y otros presupuestos procesales, así como la valoración de las pruebas y las consecuencias de que se hayan probado o no los elementos de las acciones o excepciones y determinando los derechos y obligaciones de las partes en el juicio de origen; es decir, cuando se conceda la protección federal en vía directa, el tribunal de amparo deberá emitir, de hecho, la sentencia que deberá sólo reproducir el tribunal responsable.

La medida pretende evitar que el juicio de amparo directo provoque el retardo del dictado de la solución final en los juicios ordinarios, estableciendo que sólo se pueda promover, por regla general, un solo juicio de amparo directo que culminará, en caso de que se estime que la sentencia reclamada viola algún derecho humano, con la precisión del tribunal de amparo de los términos en que deba dictarse la sentencia en el juicio de origen, sin que, por tanto, contra ella proceda un nuevo juicio de amparo (la única excepción sería la concesión del amparo directo por vicios de procedimiento que provoquen su reposición, pues entonces sí podrá promoverse un nuevo juicio de amparo contra la sentencia ordinaria que se dicte una vez repuesto el procedimiento, aunque también esa posibilidad se limita a una sola ocasión al establecerse el amparo adhesivo y la prohibición para considerar en un segundo amparo violaciones no invocadas o analizadas en el primero).

Sin embargo, considero que, en la práctica, esta nueva disposición generará un rezago mayor al actual en los Tribunales Colegiados de Circuito puesto que no sólo ejercerán la función de control sobre las sentencias de los tribunales ordinarios sino que, en caso de que tales sentencias sean violatorias de algún derecho humano, deberán substituirse en el ejercicio de las facultades del tribunal responsable y dictar la sentencia, completa, con que deba terminar el juicio de origen[98].

Efectos de la sentencia respecto de normas generales

El texto reformado del artículo 107, fracción II, últimos 3 párrafos, constitucional establece:

"Cuando en los juicios de amparo indirecto en revisión se resuelva la inconstitucionalidad de una norma general por segunda ocasión consecutiva, la Suprema Corte de Justicia de la Nación lo informará a la autoridad emisora correspondiente.

Cuando los órganos del Poder Judicial de la Federación establezcan jurisprudencia por reiteración en la cual se determine la inconstitucionalidad de una norma general, la Suprema Corte de Justicia de la Nación lo notificará a la autoridad emisora. Transcurrido el plazo de 90 días naturales sin que se supere el problema de inconstitucionalidad, la Suprema Corte de Justicia de la Nación emitirá, siempre que fuere aprobada por una mayoría de cuando menos ocho votos, la declaratoria general de inconstitucionalidad, en la cual se fijarán sus alcances y condiciones en los términos de la ley reglamentaria.

Lo dispuesto en los dos párrafos anteriores no será aplicable a normas generales en materia tributaria."

La reforma introdujo dos instituciones nuevas al sistema jurídico:

- El informe a la autoridad emisora de una norma general cuando se resuelva que dicha norma es inconstitucional por segunda ocasión consecutiva, en juicios de amparo en revisión.

- La declaración general de inconstitucionalidad, que podrá emitir el Pleno de la Suprema Corte de Justicia de la Nación cuando se establezca en jurisprudencia por reiteración que una norma general es inconstitucional, una vez cumplido el plazo que se otorga a la autoridad emisora para corregir el vicio de inconstitucionalidad.

---

[98] Por lo anterior, es muy probable que en unos 5 años a partir del inicio de la aplicación de esta reforma se proponga, entonces sí con éxito, la supresión del amparo directo o su limitación a casos excepcionales, idea que han impulsado los tribunales locales pero que ha encontrado una clara oposición en el foro por tenerse más confianza, en general, en los tribunales federales que en los locales; sin embargo, el exceso de atribuciones que ahora se otorga a los tribunales colegiados resultará, casi seguro, en un rezago imposible de manejar que servirá de pretexto para justificar la supresión o restricción extrema del amparo directo.

Debe precisarse que el amparo debe resolver esencialmente si se viola un derecho humano y, sólo si este derecho humano está reconocido en la Constitución, podría declararse la norma reclamada como inconstitucional, lo que no debería ocurrir si el derecho humano violado sólo estuviera reconocido en un tratado internacional y no en la Constitución pues la violación al tratado no sería, en sí misma, violación constitucional, salvo que se estime que la violación al tratado actualiza, a su vez, una violación a la Constitución.

El informe de inconstitucionalidad

El informe previsto en el segundo párrafo del artículo 107, fracción II, Constitucional constituye sólo un aviso a la autoridad que haya emitido la norma general y debe entenderse sólo como tal; es decir, no está previsto que el aviso genere ninguna obligación específica para la autoridad emisora de la norma general.

La condición para generar el informe consiste en que la Suprema Corte de Justicia de la Nación, en amparos en revisión, declare la inconstitucionalidad de una norma general por segunda ocasión consecutiva.

Al respecto hay que recordar que el propio texto constitucional establece que la competencia para conocer de la revisión en los juicios de amparo, cuando subsista el problema de constitucionalidad de una norma general, corresponde a la Suprema Corte de Justicia de la Nación; sin embargo, el artículo 94 Constitucional prevé la posibilidad de que, mediante acuerdos generales, nuestro Máximo Tribunal remita a los Tribunales Colegiados los juicios de amparo en revisión, de tal manera que existirán casos en que la resolución de que una norma general es inconstitucional se emitirá por Tribunales Colegiados de Circuito; en estos casos, la propia Suprema Corte de Justicia de la Nación deberá determinar, en sus acuerdos generales, si considera actualizado el supuesto de segunda ocasión consecutiva sólo cuando las dos sentencias se emitan por el mismo Tribunal Colegiado de Circuito o cuando dos tribunales resuelvan en dicho sentido.

Consideramos que, atendiendo a la estructura completa del precepto constitucional que comentamos, debería considerarse que sólo cuando sea el mismo Tribunal Colegiado de Circuito quien resuelva en revisión que una norma general es inconstitucional podrá enviarse el informe a la autoridad emisora de dicha norma general puesto que debe entenderse que tal aviso es un antecedente que se proporciona a la autoridad emisora para que, cuando se integre jurisprudencia, esté en mejores posibilidades de acatar la obligación de reparar la inconstitucionalidad y no sea necesario que la Suprema Corte emita la declaratoria general de inconstitucionalidad.

La declaratoria general de inconstitucionalidad

La Constitución establece ahora que, si se integra jurisprudencia por reiteración[99] por cualquiera de los órganos del Poder Judicial de la Federación, en la que se determine que una norma general es inconstitucional (es decir, viola derechos humanos reconocidos en la Constitución), la Suprema Corte de Justicia de la Nación deberá notificarlo a la autoridad emisora de dicha norma general, quien tendrá un plazo de 90 días naturales para superar el vicio de inconstitucionalidad; es decir, para derogar o abrogar la norma inconstitucional[100].

En caso de que transcurra el plazo sin que se supere el vicio de inconstitucionalidad, la Suprema Corte de Justicia de la Nación deberá emitir resolución en la que analice el caso y, con votación mínima de 8 votos, podrá emitir una declaratoria general de inconstitucionalidad.

El mínimo de votos requerido obliga a que sea el Pleno de la Suprema Corte de Justicia de la Nación quien emita la resolución correspondiente.

Además, en virtud de que se condiciona a la existencia de una votación mínima, debe concluirse que nuestro Máximo Tribunal está facultado para analizar si los actos efectuados por la autoridad emisora superan el vicio de inconstitucionalidad o no; es decir, si transcurrido el plazo de 90 días la autoridad emisora de la norma general no realiza ningún acto para subsanar la inconstitucionalidad de su norma general, deberá concluirse que la Suprema Corte debería emitir la declaratoria general de inconstitucionalidad pero, si la autoridad emisora realizó algún acto con la intención de subsanar el vicio de inconstitucionalidad, debe considerarse que la Suprema Corte está facultada para analizarlo y determinar si es suficiente para superar la inconstitucionalidad; en caso afirmativo, no deberá emitirse la declaratoria general pero, si nuestro Máximo Tribunal considera que los actos efectuados por la autoridad emisora son insuficientes para superar el vicio de inconstitucionalidad, podrá emitir la declaratoria general.

---

[99] La Constitución remite a la ley reglamentaria para determinar cómo se genera la jurisprudencia; la Ley de Amparo anterior a las reformas de junio de 2011 preveía que el Pleno de la Suprema Corte, sus Salas y los Tribunales Colegiados de Circuito eran los únicos órganos autorizados para generar jurisprudencia.

[100] Si la autoridad emisora modifica la norma, en realidad estaría derogando la parte inconstitucional y substituyéndola por otra norma nueva.

El único problema es que la reforma constitucional remitió a la ley reglamentaria la determinación de los efectos que deba producir la declaratoria general de inconstitucionalidad; sin embargo, consideramos que el efecto esencial de tal declaratoria sería impedir que la norma general pueda ser aplicada a ningún caso, por lo menos a partir de la fecha de la declaratoria general (o de su publicación en el Diario Oficial de la Federación y/o en el órgano oficial de comunicación que corresponda, para efectos de su conocimiento público).

Debe precisarse que la declaratoria general de inconstitucionalidad no es un efecto directo de una sentencia de amparo sino de la jurisprudencia por reiteración que se integre; por tal motivo, la declaratoria general de inconstitucionalidad no deroga el principio de relatividad de las sentencias ni la Fórmula Otero; sólo agrega un efecto a la jurisprudencia que, por reiteración, generen los órganos del Poder Judicial de la Federación.

Jurisprudencia

La jurisprudencia, conforme al uso que hemos dado al término en nuestro sistema jurídico, es una norma general que emana de las decisiones de los tribunales cuando sustentan un mismo criterio en varios casos sucesivos.

La jurisprudencia generada con motivo de los juicios de amparo debe regularse en la ley reglamentaria, pues así lo establece el artículo 94 Constitucional reformado:

"La ley fijará los términos en que sea obligatoria la jurisprudencia que establezcan los Tribunales del Poder Judicial de la Federación y los Plenos de Circuito sobre la interpretación de la Constitución y normas generales, así como los requisitos para su interrupción y sustitución."

El propio texto constitucional hace referencia a la jurisprudencia por reiteración (cuando establece la declaratoria general de inconstitucionalidad) y la jurisprudencia por contradicción de tesis (cuando regula la forma en que tales contradicciones deban resolverse).

La jurisprudencia por reiteración ha requerido que el criterio respectivo sea sostenido en 5 sentencias consecutivas, no interrumpidas por uno en contrario; la nueva Ley de Amparo deberá regular este aspecto en forma específica[101].

---

[101] En el proyecto que se discute en el Senado de la República se propone bajar el número de casos a 3.

En cuanto a la contradicción de tesis, es una consecuencia de la posibilidad de que varios tribunales emitan sentencias en las que analicen si una misma norma general, por ejemplo, viola derechos humanos o no; si llegan a conclusiones distintas, aunque lógicamente no sean contradictorias, se actualiza una contradicción de tesis que debe ser resuelta; es decir, debe determinarse qué criterio ha de prevalecer sobre el punto.

Tratándose de contradicción de tesis entre las Salas de la Suprema Corte de Justicia de la Nación, el artículo 107, fracción XIII, penúltimo párrafo, constitucional, prevé que sea el Pleno de la Suprema Corte de Justicia de la Nación quien la resuelva y se precisa que los Ministros, los Tribunales Colegiados de Circuito y sus integrantes, los Jueces de Distrito, el Procurador General de la República o las partes en los asuntos que las motivaron, sean quienes puedan denunciar la posible contradicción.

Cuando la contradicción se suscite entre Tribunales Colegiados de Circuito, el texto constitucional establece que, si se trata de tribunales del mismo Circuito, será el Pleno del Circuito quien decida la contradicción; en estos casos se autoriza a efectuar la denuncia de contradicción al Procurador General de la República, los mencionados tribunales y sus integrantes, los Jueces de Distrito o las partes en los asuntos que los motivaron.

También podría ocurrir que los Plenos de Circuito de distintos Circuitos o los Plenos de Circuito en materia especializada de un mismo Circuito sustenten tesis contradictorias y, en ese caso, será la Suprema Corte de Justicia de la Nación, en Pleno o en Salas, quien resuelva la contradicción que podrá ser denunciada por los Ministros de la Suprema Corte de Justicia de la Nación, los mismos Plenos de Circuito, así como los órganos *"a que se refiere el párrafo anterior"* (Procurador General de la República, Tribunales Colegiados de Circuito y sus integrantes así como los Jueces de Distrito); en este caso no se autoriza a las partes que hayan intervenido en los juicios de amparo que hubieran originado las tesis en contradicción.

Para el caso de que la contradicción se actualice entre Tribunales Colegiados de un mismo Circuito con diferente especialización, se prevé que sea la Suprema Corte, en Pleno o Salas, quien la resuelva y los sujetos legitimados para efectuar la denuncia son los Ministros de la Suprema Corte de Justicia de la Nación, los Plenos de Circuito, así como los órganos *"a que se refiere el párrafo anterior"* (Procurador General de la República, Tribunales Colegiados de Circuito y sus integrantes así como los Jueces de Distrito), sin que tampoco se autorice a las partes que hayan intervenido en los juicios de amparo que hubieran originado las tesis en contradicción.

No está previsto en el texto constitucional qué órgano deba resolver las contradicciones de tesis que se susciten entre Tribunales Colegiados de diferentes Circuitos, por lo que ese caso deberá regularse en la Ley de Amparo, pues la ley reglamentaria deberá precisar los casos en que sea obligatoria la jurisprudencia y las reglas para su interrupción y sustitución[102].

Se mantiene la disposición de que las resoluciones que pronuncien el Pleno o las Salas de la Suprema Corte de Justicia así como los Plenos de Circuito al resolver las contradicciones de tesis sólo tendrán el efecto de fijar la jurisprudencia y no afectarán las situaciones jurídicas concretas derivadas de las sentencias dictadas en los juicios en que hubiese ocurrido la contradicción.

Plenos de Circuito

La reforma constitucional creó un nuevo órgano: los Plenos de Circuito; el artículo 94 Constitucional faculta al Consejo de la Judicatura Federal en los siguientes términos:

"Asimismo, mediante acuerdos generales establecerá Plenos de Circuito, atendiendo al número y especialización de los Tribunales Colegiados que pertenezcan a cada Circuito. Las leyes determinarán su integración y funcionamiento."

El establecimiento de los Plenos es facultad del Consejo de la Judicatura Federal, pero el texto constitucional remite a las leyes para determinar su integración y funcionamiento, precisando que deberá atenderse al número y especialización de los Tribunales Colegiados de cada Circuito.

¿Qué es un pleno? Esta palabra significa, entre otras cosas, reunión o junta general de una corporación o bien, entero, con todos los miembros de la colectividad que se expresa[103].

Si el texto constitucional establece que los plenos se determinarán atendiendo al número y especialización de los Tribunales Colegiados de un

---

[102] Artículo 94, párrafo diez, Constitucional: La ley fijará los términos en que sea obligatoria la jurisprudencia que establezcan los Tribunales del Poder Judicial de la Federación y los Plenos de Circuito sobre la interpretación de la Constitución y normas generales, así como los requisitos para su interrupción y sustitución.

[103] Diccionario de la lengua española. Real Academia Española. 22ª. Ed., Madrid, 2001.

Circuito, lo más razonable sería considerar que el Pleno de Circuito se integre por todos los tribunales del Circuito, lo que implicaría que participaran todos los Magistrados, precisamente para que se resuelva la contradicción de tesis con la participación de todos ellos; sin embargo, en circuitos como el primero, en que existen 18 tribunales colegiados en materia administrativa, por ejemplo, el pleno del Circuito en esa materia estaría integrado por 54 Magistrados, lo que haría físicamente muy difícil su funcionamiento[104], por lo que es muy probable que la legislación secundaria (Ley de Amparo o Ley Orgánica del Poder Judicial de la Federación) establezcan una forma distinta de integración que permita la representación de todos los tribunales colegiados del Circuito, como podría ser, por ejemplo, que su presidente participara en el Pleno o que cada uno designara quién de sus integrantes deba representarlo.

Nueva Época de la jurisprudencia

En el artículo cuarto transitorio de las reformas publicadas el 6 de junio de 2011, se estableció que:

"Para la integración de jurisprudencia por reiteración no se tomarán en cuenta las tesis aprobadas en los asuntos resueltos conforme a lo dispuesto en las disposiciones vigentes con anterioridad a la entrada en vigor del presente Decreto."

Esto pone de manifiesto que los criterios conforme a los cuales se resolvieron los asuntos anteriores a la entrada en vigor de la reforma constitucional (4 de octubre de 2011), se habrían basado en conceptos distintos e incompatibles con los establecidos en el nuevo texto constitucional, lo que obliga a considerar que las tesis sustentadas en esos asuntos no pueden combinarse para sustentar jurisprudencia por reiteración con criterios que se sostengan con base en el nuevo texto constitucional.

Lo anterior obliga a considerar que, con la entrada en vigor del decreto de reformas constitucionales publicado el 6 de junio de 2011 ha iniciado una nueva Época para la jurisprudencia de los tribunales federales, lo que deberá reflejarse en el Semanario Judicial de la Federación[105].

---

[104] Es cierto que existen otros órganos integrados por un número mucho mayor de miembros (el Senado o la Cámara de Diputados, por ejemplo) pero precisamente en ellos se pone de manifiesto lo difícil y tardado que es lograr acuerdos.

[105] El último cambio de Época (de la 8ª a la 9ª) ocurrió con motivo de las reformas constitucionales de 1994 que cambiaron la estructura y parte de las funciones de la Suprema Corte de Justicia de la Nación.

Debe precisarse, sin embargo, que el precepto transitorio referido no deroga expresamente la jurisprudencia que ya se haya sustentado con anterioridad; es decir, los criterios obligatorios ya establecidos, en tanto se refieran a cuestiones distintas a las modificadas por la reforma constitucional, podrán seguir siendo aplicables.

Germán Eduardo Baltazar Robles

10. Cumplimiento y ejecución de la sentencia

Cuando una sentencia queda firme, sea porque no haya sido recurrida o porque el recurso respectivo haya sido infructuoso, debe procederse a su cumplimiento y, en caso necesario, a su ejecución.

Las sentencias de amparo que resuelven que la norma general, acto u omisión de la autoridad viola derechos humanos deben ser cumplidas por las autoridades responsables, por principio de cuentas, al haber sido las demandadas en el juicio y resultado condenadas, sin perjuicio de la intervención que otras autoridades puedan tener en el cumplimiento de la ejecutoria.

Debe distinguirse entre el cumplimiento y la ejecución de una sentencia, lo que requiere considerar, primero, que la sentencia ejecutoria o firme determina en forma definitiva los derechos y obligaciones de las partes y, cuando en amparo declara que una norma general, acto u omisión de una autoridad viola un derecho humano, condena a la autoridad responsable a dejar de aplicar la norma general, en su caso, así como a regresar las cosas al estado que guardaban antes de la violación del derecho humano (si el acto reclamado es positivo) o actuar en concordancia con el mismo (si lo reclamado es una omisión); en todos los casos, la sentencia declara la existencia de obligaciones concretas a cargo de la autoridad responsable que, por tanto, debe efectuar los actos necesarios para satisfacer las mismas.

Cuando el obligado realiza voluntariamente los actos a que le obliga la sentencia dictada en su contra, existe cumplimiento de la misma; por el contrario, cuando transcurre el plazo que la ley otorga para cumplir la sentencia sin que ello ocurra, el tribunal debe realizar actos específicos para obtener el cumplimiento forzoso de las obligaciones definidas en la sentencia; entonces hablamos de ejecución.

Las leyes regulan, por regla general, el plazo que tenga la parte que resulte condenada en un juicio para cumplir voluntariamente con la sentencia y la Ley de Amparo no ha sido la excepción; en la versión anterior a las reformas de junio de 2011, el artículo 105 establecía que las autoridades responsables deberían informar, dentro de las 24 horas siguientes a la notificación de que la sentencia había causado ejecutoria, el cumplimiento que le hubieran dado; la brevedad del plazo motivó la aceptación de la práctica de las autoridades de informar que estaban "en vías" de cumplir la sentencia y ello, a su vez, redundó en un retraso generalizado en el cumplimiento de las ejecutorias de amparo; la nueva ley reglamentaria podrá dar un tratamiento distinto a este tema.

Independientemente de los plazos que la ley reglamentaria otorgue para el cumplimiento voluntario de las sentencias de amparo, el artículo 107, fracción XVI, Constitucional regula expresamente las bases del procedimiento de ejecución de la sentencia de amparo (los pasos a seguir cuando no se cumple voluntariamente con la ejecutoria), al establecer:

"XVI. Si la autoridad incumple la sentencia que concedió el amparo, pero dicho incumplimiento es justificado, la Suprema Corte de Justicia de la Nación, de acuerdo con el procedimiento previsto por la ley reglamentaria, otorgará un plazo razonable para que proceda a su cumplimiento, plazo que podrá ampliarse a solicitud de la autoridad. Cuando sea injustificado o hubiera transcurrido el plazo sin que se hubiese cumplido, procederá a separar de su cargo al titular de la autoridad responsable y a consignarlo ante el Juez de Distrito. Las mismas providencias se tomarán respecto del superior jerárquico de la autoridad responsable si hubiese incurrido en responsabilidad, así como de los titulares que, habiendo ocupado con anterioridad el cargo de la autoridad responsable, hubieran incumplido la ejecutoria.

Si concedido el amparo, se repitiera el acto reclamado, la Suprema Corte de Justicia de la Nación, de acuerdo con el procedimiento establecido por la ley reglamentaria, procederá a separar de su cargo al titular de la autoridad responsable, y dará vista al Ministerio Público Federal, salvo que no hubiera actuado dolosamente y deje sin efectos el acto repetido antes de que sea emitida la resolución de la Suprema Corte de Justicia de la Nación.

El cumplimiento sustituto de las sentencias de amparo podrá ser solicitado por el quejoso al órgano jurisdiccional, o decretado de oficio por la Suprema Corte de Justicia de la Nación, cuando la ejecución de la sentencia afecte a la sociedad en mayor proporción a los beneficios que pudiera obtener el quejoso, o cuando, por las circunstancias del caso, sea imposible o desproporcionadamente gravoso restituir la situación que imperaba antes de la violación. El incidente tendrá por efecto que la ejecutoria se dé por cumplida mediante el pago de daños y perjuicios al quejoso. Las partes en el juicio podrán acordar el cumplimiento sustituto mediante convenio sancionado ante el propio órgano jurisdiccional.

No podrá archivarse juicio de amparo alguno, sin que se haya cumplido la sentencia que concedió la protección constitucional;"

Incumplimiento a la sentencia

El nuevo texto constitucional establece que, si la autoridad incumple con la ejecutoria de amparo, lo que debe entenderse en el sentido de que, dentro del plazo que se le otorgue para cumplirla una vez que haya causado estado la referida sentencia, la Suprema Corte de Justicia de la Nación procederá en términos de lo que establezca la ley reglamentaria y,

- Si el incumplimiento de la autoridad es justificado, el Máximo Tribunal otorgará a la autoridad responsable un plazo razonable para que proceda al cumplimiento y que podrá ampliarse a solicitud de la autoridad; la definición de razonable queda, en cada caso, a definición de la Suprema Corte de Justicia de la Nación[106].

- En caso de que el incumplimiento sea injustificado, o hubiera transcurrido el plazo que se hubiera otorgado por la Suprema Corte, sin que se hubiese cumplido la sentencia, el Máximo Tribunal procederá a separar de su cargo al titular de la autoridad responsable y a consignarlo ante el Juez de Distrito[107].

Tratándose del superior jerárquico de la autoridad responsable se prevé que, si hubiera incurrido en responsabilidad, se le aplicarán las mismas providencias, lo que incluye la separación del cargo y la consignación ante un Juez de Distrito; sin embargo, el texto constitucional no define cuándo deba considerarse que el superior jerárquico incurra en responsabilidad, por lo que ese aspecto deberá desarrollarse en la ley reglamentaria[108].

Sin embargo, aún sin ley reglamentaria podría considerarse que el superior jerárquico incurriría en responsabilidad cuando se opusiera o impidiera indebidamente la realización de los actos de cumplimiento o cuando se abstuviera de autorizar o realizar actos necesarios para que la autoridad directamente responsable diera cumplimiento a la ejecutoria.

También se prevé que los titulares que, habiendo ocupado con anterioridad el cargo de la autoridad responsable, hubieran incumplido la ejecutoria podrán ser consignados ante un Juez de Distrito, lo que impedirá

---

[106] La Suprema Corte de Justicia de la Nación también podrá calificar si el incumplimiento es justificado o injustificado, atendiendo a las características de cada caso concreto.

[107] Esta es una excepción al monopolio de la acción penal que ha tenido el Ministerio Público pues, en este supuesto, la consignación la efectúa directamente la Suprema Corte de Justicia de la Nación sin requerir autorización o participación alguna del Ministerio Público.

[108]

que un funcionario evada su responsabilidad por negarse a cumplir una sentencia de amparo sólo dejando el cargo.

Repetición del acto reclamado

La repetición del acto reclamado consiste en que la autoridad responsable, después de que se haya dejado insubsistente el acto declarado violatorio de derechos humanos, emita un nuevo acto con idéntico sentido de afectación al particular y con la misma fundamentación y motivación, lo que no motiva promover un nuevo juicio de amparo puesto que la autoridad estaría repitiendo exactamente la misma conducta que ya fue declarada violatoria de derechos humanos.

En estos casos, el texto constitucional remite al procedimiento que establezca la ley reglamentaria pero expresamente dispone que la Suprema Corte de Justicia de la Nación separe de su cargo al titular de la autoridad responsable y dé vista al Ministerio Público Federal; nótese que, en este caso, ya no se autoriza a la Suprema Corte de Justicia de la Nación a efectuar por sí misma la consignación ante un Juez de Distrito, sino sólo a dar vista al Ministerio Público Federal.

Aunque se prevé como excepción a la vista al Ministerio Público Federal el que la autoridad responsable no hubiera actuado dolosamente y deje sin efectos el acto repetido antes de que sea emitida la resolución de la Suprema Corte de Justicia de la Nación.

Esta disposición también es indicativa de que el procedimiento que establezca la ley reglamentaria deberá incluir el dejar sin efectos el acto repetido.

Cumplimiento sustituto

La Constitución prevé que, cuando la ejecución de la sentencia de amparo afecte a la sociedad en mayor proporción a los beneficios que pudiera obtener el quejoso, o cuando, por las circunstancias del caso, sea imposible o desproporcionadamente gravoso restituir la situación que imperaba antes de la violación, podrá substituirse el cumplimiento directo y efectivo de la sentencia de amparo por una indemnización.

Independientemente de lo discutible que pueda ser esta institución (puesto que reconoce, al final de cuentas, la negociabilidad de los derechos humanos que hubieran sido violados), lo cierto es que proporciona un medio de reparación a las violaciones declaradas que, de otra forma, en los casos citados, quedarían sin siquiera una compensación.

Se prevé que el incidente de cumplimiento sustituto se abra a petición de la parte quejosa o de oficio por la Suprema Corte de Justicia de la Nación quien, en estos casos, determinará si se actualizan los supuestos de procedencia del cumplimiento sustituto.

El incidente tiene como finalidad que se paguen a la parte quejosa los daños y perjuicios que hubiera resentido con motivo del acto violatorio de sus derechos humanos, lo que presenta una dificultad extraordinaria de cuantificación en los casos en que la violación se haya producido sobre derechos cuyo ejercicio no pueda traducirse a una apreciación en dinero. Al respecto, deberá acudirse a los principios que, sobre reparación, establezcan los tratados internacionales sobre derechos humanos; por ejemplo, en la *Declaración sobre el derecho y el deber de los individuos, los grupos y las instituciones de promover y proteger los derechos humanos y las libertades fundamentales universalmente reconocidos*, proclamada por la Asamblea General de la Organización de las Naciones Unidas durante el 52o. Periodo de Sesiones, mediante Resolución 53/144, adoptada el 9 de diciembre de 1998, firmada por México, se establece:

"Artículo 9

1. El ejercicio de los derechos humanos y las libertades fundamentales, incluidas la promoción y protección de los derechos humanos a que se refiere la presente Declaración, toda persona tiene derecho, individual o colectivamente, a disponer de recursos eficaces y a ser protegida en caso de violación de esos derechos.

*2. A tales efectos, toda persona cuyos derechos o libertades hayan sido presuntamente violados tiene el derecho, bien por sí misma o por conducto de un representante legalmente autorizado, a presentar una denuncia ante una autoridad judicial independiente, imparcial y competente o cualquier otra autoridad establecida por la ley y a que esa denuncia sea examinada rápidamente en audiencia pública, y **a obtener de esa autoridad una decisión, de conformidad con la ley, que disponga la reparación, <u>incluida la indemnización que corresponda</u>, cuando se hayan violado los derechos o libertades de esa persona**, así como a obtener la ejecución de la eventual decisión y sentencia, todo ello sin demora indebida [...]"*

La parte final del párrafo que comentamos establece que las partes en el juicio podrán acordar el cumplimiento sustituto mediante convenio sancionado ante el propio órgano jurisdiccional, lo que permitirá que las partes negocien libremente sobre el monto de la indemnización que deba corresponder a la parte quejosa, cuestión que, nuevamente, resulta discutible en tanto que permite ponerle precio a los derechos humanos y autoriza, de hecho, que las violaciones a los mismos no se reparen sino sólo se substituyan por un pago económico.

Archivo del expediente de amparo

Finalmente, el texto constitucional incorpora una disposición que antes se encontraba sólo en la Ley de Amparo, relativa a que no podrá archivarse ningún expediente de amparo sin que esté cumplida la sentencia que haya concedido la protección constitucional.

Este párrafo substituyó el texto que preveía la caducidad de los procedimientos de ejecución de las sentencias de amparo por lo que deberá considerarse que éstos no podrán interrumpirse ni suspenderse por ningún motivo, al elevarse a rango constitucional la obligación de cumplir la sentencia de amparo antes de que pueda archivarse el expediente.

11. Suspensión del acto reclamado

La suspensión es una institución complementaria del juicio de amparo que tiene una importancia enorme pues permite que, en muchos casos, el amparo sea efectivo la impedir la ejecución del acto reclamado que pueda ocasionar una afectación irreparable o de difícil reparación a la parte quejosa.

El artículo 107, fracción X, Constitucional establece:

"X. Los actos reclamados podrán ser objeto de suspensión en los casos y mediante las condiciones que determine la ley reglamentaria, para lo cual el órgano jurisdiccional de amparo, cuando la naturaleza del acto lo permita, deberá realizar un análisis ponderado de la apariencia del buen derecho y del interés social.

Dicha suspensión deberá otorgarse respecto de las sentencias definitivas en materia penal al comunicarse la promoción del amparo, y en las materias civil, mercantil y administrativa, mediante garantía que dé el quejoso para responder de los daños y perjuicios que tal suspensión pudiere ocasionar al tercero interesado. La suspensión quedará sin efecto si éste último da contragarantía para asegurar la reposición de las cosas al estado que guardaban si se concediese el amparo y a pagar los daños y perjuicios consiguientes;"

La reforma constitucional mantiene la previsión de que los actos reclamados puedan ser objeto de suspensión así como la remisión a las disposiciones de la ley reglamentaria sobre los casos y condiciones en que proceda, pero cambia algunos elementos relevantes:

- Se elimina la obligación de tomar en cuenta la naturaleza de la violación alegada, la dificultad de reparación de los daños y perjuicios que pueda sufrir el agraviado con su ejecución, los que la suspensión origine a terceros perjudicados y el interés público que se establecía en el texto anterior.

- Ahora, el tribunal de amparo, cuando la naturaleza del acto lo permita, deberá realizar un análisis ponderado de la apariencia del buen derecho y del interés social.

- Se abandona la distinción entre materia penal y todas las demás, agrupadas bajo el concepto de materia civil, por una referencia específica a las materias penal, civil, mercantil y administrativa[109].

- Se mantiene la concesión de la suspensión con la sola promoción de la demanda de amparo directo en materia penal.

- Se mantiene la concesión de la suspensión en amparo directo en las materias distintas a la penal mediante la exhibición de una garantía de los daños y perjuicios que la suspensión pueda causar al tercero interesado.

- Se mantiene el derecho del tercero de otorgar contragarantía para impedir los efectos de la suspensión, siempre y cuando responda de los daños y perjuicios que pueda causar y asegure la restauración de las cosas al estado anterior a la violación para el caso de que se conceda el amparo a la parte quejosa.

Como consecuencia, los elementos que constitucionalmente condicionan la concesión de la suspensión son:

- Que la naturaleza del acto permita la suspensión.

- Que el tribunal realice un análisis ponderado de la apariencia del buen derecho y del interés social.

El nuevo texto constitucional requiere que la naturaleza del acto permita la suspensión, lo que implica que el acto produzca efectos susceptibles de ser suspendidos, lo que sólo ocurre tratándose de actos positivos y no de omisiones[110].

Respecto al análisis ponderado de la apariencia del buen derecho y el interés social, debe entenderse que el texto constitucional acogió el criterio sustentado por la Suprema Corte de Justicia de la Nación:

Registro No. 165659

---

[109] No parece tener ninguna justificación especial el mencionar expresamente la materia mercantil, que se ha considerado parte de la materia civil, y omitir la mención a la materia laboral; no obstante, ello no puede significar que no proceda la suspensión en amparo directo laboral sino sólo que su regulación quedará sujeta sólo a la ley reglamentaria, la que podrá exigir garantía o no puesto que el texto constitucional no obliga a exigirla, como sí ocurre en las materias civil, mercantil y administrativa.

[110] Las omisiones, en sí mismas consideradas, no producen efectos; las modificaciones que puedan producirse en la esfera jurídica del quejoso derivarían, en todo caso, de otros actos distintos a la omisión que se reclame; por ejemplo, la omisión de levantar una clausura no produce el efecto de mantener cerrada la negociación clausurada, esto es consecuencia de la orden de clausura, que es un acto positivo.

Novena Época

Instancia: Segunda Sala

Fuente: Semanario Judicial de la Federación y su Gaceta

XXX, Diciembre de 2009

Página: 315

Tesis: 2a./J. 204/2009

Jurisprudencia

Materia(s): Común

SUSPENSIÓN. PARA DECIDIR SOBRE SU OTORGAMIENTO EL JUZGADOR DEBE PONDERAR SIMULTÁNEAMENTE LA APARIENCIA DEL BUEN DERECHO CON EL PERJUICIO AL INTERÉS SOCIAL O AL ORDEN PÚBLICO.

El Tribunal en Pleno de la Suprema Corte de Justicia de la Nación, en la jurisprudencia P./J. 15/96, de rubro: "SUSPENSIÓN. PARA RESOLVER SOBRE ELLA ES FACTIBLE, SIN DEJAR DE OBSERVAR LOS REQUISITOS CONTENIDOS EN EL ARTÍCULO 124 DE LA LEY DE AMPARO, HACER UNA APRECIACIÓN DE CARÁCTER PROVISIONAL DE LA INCONSTITUCIONALIDAD DEL ACTO RECLAMADO.", sostuvo que para el otorgamiento de la suspensión, sin dejar de observar los requisitos exigidos por el artículo 124 de la Ley de Amparo, basta la comprobación de la apariencia del buen derecho invocado por el quejoso, de modo que sea posible anticipar que en la sentencia de amparo se declarará la inconstitucionalidad del acto reclamado, lo que deberá sopesarse con el perjuicio que pueda ocasionarse al interés social o al orden público con la concesión de la medida, esto es, si el perjuicio al interés social o al orden público es mayor a los daños y perjuicios de difícil reparación que pueda sufrir el quejoso. Conforme a lo anterior, el juzgador debe realizar un estudio simultáneo de la apariencia del buen derecho y el peligro en la demora con la posible afectación que pueda ocasionarse al orden público o al interés social con la suspensión del acto reclamado, supuesto contemplado en la fracción II del referido artículo 124, estudio que debe ser concomitante al no ser posible considerar aisladamente que un acto pudiera tener un vicio de inconstitucionalidad sin compararlo de manera inmediata con el orden público que pueda verse afectado con su paralización, y sin haberse satisfecho previamente los demás requisitos legales para el otorgamiento de la medida.

Contradicción de tesis 31/2007-PL. Entre las sustentadas por los Tribunales Colegiados Décimo Quinto en Materia Administrativa del Primer Circuito y Segundo en Materia Civil del Séptimo Circuito. 21 de octubre de 2009. Mayoría de tres votos. Ausente: Mariano Azuela Güitrón. Disidente: Margarita Beatriz Luna Ramos. Ponente: Sergio Salvador Aguirre Anguiano. Secretaria: María Estela Ferrer Mac Gregor Poisot.

El criterio que sirve de antecedente al transcrito es el siguiente:

Registro No. 200136

Novena Época

Instancia: Pleno

Fuente: Semanario Judicial de la Federación y su Gaceta

III, Abril de 1996

Página: 16

Tesis: P./J. 15/96

Jurisprudencia

Materia(s): Común

SUSPENSION. PARA RESOLVER SOBRE ELLA ES FACTIBLE, SIN DEJAR DE OBSERVAR LOS REQUISITOS CONTENIDOS EN EL ARTICULO 124 DE LA LEY DE AMPARO, HACER UNA APRECIACION DE CARACTER PROVISIONAL DE LA INCONSTITUCIONALIDAD DEL ACTO RECLAMADO.

La suspensión de los actos reclamados participa de la naturaleza de una medida cautelar, cuyos presupuestos son la apariencia del buen derecho y el peligro en la demora. El primero de ellos se basa en un conocimiento superficial dirigido a lograr una decisión de mera probabilidad respecto de la existencia del derecho discutido en el proceso. Dicho requisito aplicado a la suspensión de los actos reclamados, implica que, para la concesión de la medida, sin dejar de observar los requisitos contenidos en el artículo 124 de la Ley de Amparo, basta la comprobación de la apariencia del derecho invocado por el quejoso, de modo tal que, según un cálculo de probabilidades, sea posible anticipar que en la sentencia de amparo se declarará la inconstitucionalidad del acto reclamado. Ese examen encuentra además fundamento en el artículo 107, fracción X, constitucional, en cuanto establece que para el otorgamiento de la medida suspensional deberá tomarse en cuenta, entre otros factores, la naturaleza de la violación alegada, lo que implica que debe atenderse al derecho que se dice violado. Esto es, el examen de la naturaleza de la violación alegada no sólo comprende el concepto de violación aducido por el quejoso sino que implica también el hecho o acto que entraña la violación, considerando sus características y su trascendencia. En todo caso dicho análisis debe realizarse, sin prejuzgar sobre la certeza del derecho, es decir, sobre la constitucionalidad o inconstitucionalidad de los actos reclamados, ya que esto sólo puede determinarse en la sentencia de amparo con base en un procedimiento más amplio y con mayor información, teniendo en cuenta siempre que la determinación tomada en relación con la suspensión no debe influir en la sentencia de fondo, toda vez que aquélla sólo tiene el carácter de provisional y se funda en meras hipótesis, y no en la certeza de la existencia de las pretensiones, en el entendido de que deberá sopesarse con los otros elementos requeridos para la suspensión, porque si el perjuicio al interés social o al orden público es mayor a los daños y perjuicios de difícil reparación que pueda sufrir el quejoso, deberá negarse la suspensión solicitada, ya que la preservación del orden público o del interés de la sociedad están por encima del interés particular afectado. Con este proceder, se evita el exceso en el examen que realice el juzgador, el cual siempre quedará sujeto a las reglas que rigen en materia de suspensión.

Contradicción de tesis 3/95. Entre las sustentadas por los Tribunales Colegiados Tercero en Materia Administrativa del Primer Circuito y Segundo del Sexto Circuito. 14 de marzo de 1996. Unanimidad de nueve votos. Ausentes: Juventino V. Castro y Castro y Humberto Román Palacios por estar desempeñando un encargo extraordinario. Ponente: Olga María del Carmen Sánchez Cordero de García Villegas. Secretario: Marco Antonio Rodríguez Barajas.

Por lo que, al respecto, salvo los cambios que pueda introducir la nueva Ley de Amparo, continuará resolviéndose sobre la suspensión en forma similar a como se ha hecho hasta ahora.

Se mantiene la regla de que la suspensión se solicite y se otorgue por el Juez de Distrito, el Tribunal Unitario de Circuito o el superior del tribunal responsable en los casos de amparo indirecto, en tanto que, en la vía directa, la suspensión deberá solicitarse y resolverse por el tribunal responsable.

Responsabilidad penal en la suspensión

La fracción XVII del artículo 107 Constitucional establece:

"XVII. La autoridad responsable que desobedezca un auto de suspensión o que, ante tal medida, admita por mala fe o negligencia fianza

o contrafianza que resulte ilusoria o insuficiente, será sancionada penalmente."

Esta disposición modifica el texto anterior y elimina la responsabilidad solidaria entre la autoridad que aceptaba la garantía insuficiente y quien la otorgaba.

Por otra parte, se precisa que la sanción penal es aplicable a la autoridad responsable que desobedezca un auto de suspensión; misma sanción que se prevé para la autoridad responsable (en amparo directo) que admita fianza ilusoria o insuficiente, condicionando este último supuesto a que actúe por negligencia o mala fe, con lo que se elimina una añeja discusión relativa a que sólo era sancionable penalmente la autoridad responsable que, en amparo directo, omitiera otorgar la suspensión cuando hubiera debido hacerlo.

12. Anexos

Decreto de reforma constitucional publicado el 6 de junio de 2011 en el Diario Oficial de la Federación.

Al margen un sello con el Escudo Nacional, que dice: Estados Unidos Mexicanos.- Presidencia de la República.

FELIPE DE JESÚS CALDERÓN HINOJOSA, Presidente de los Estados Unidos Mexicanos, a sus habitantes sabed:

Que el Honorable Congreso de la Unión, se ha servido dirigirme el siguiente

DECRETO

"LA COMISIÓN PERMANENTE DEL HONORABLE CONGRESO DE LA UNIÓN, EN USO DE LA FACULTAD QUE LE CONFIERE EL ARTÍCULO 135 CONSTITUCIONAL Y PREVIA LA APROBACIÓN DE LAS CÁMARAS DE DIPUTADOS Y DE SENADORES DEL CONGRESO GENERAL DE LOS ESTADOS UNIDOS MEXICANOS, ASÍ COMO LA MAYORÍA DE LAS LEGISLATURAS DE LOS ESTADOS,

DECRETA:

SE REFORMAN, ADICIONAN Y DEROGAN DIVERSAS DISPOSICIONES DE LOS ARTÍCULOS 94, 103, 104 Y 107 DE LA CONSTITUCIÓN POLÍTICA DE LOS ESTADOS UNIDOS MEXICANOS.

Artículo Único.- Se reforma el artículo 94, para modificar el párrafo ubicado actualmente en octavo lugar; se incorpora un nuevo párrafo para quedar en séptimo lugar y se incorpora otro nuevo párrafo para quedar en noveno lugar. Se reforma el artículo 103. Se reforma el artículo 104. Se reforma el artículo 107 de la siguiente manera: el párrafo inicial; las fracciones I y II; el inciso a) de la fracción III; las fracciones IV, V, VI y VII; el inciso a) de la fracción VIII; las fracciones IX, X, XI, XIII, XVI y XVII y se deroga la fracción XIV, todos de la Constitución Política de los Estados Unidos Mexicanos, para quedar como sigue:

Artículo 94. ...

...

...

...

...

...

Asimismo, mediante acuerdos generales establecerá Plenos de Circuito, atendiendo al número y especialización de los Tribunales Colegiados que pertenezcan a cada Circuito. Las leyes determinarán su integración y funcionamiento.

El Pleno de la Suprema Corte de Justicia estará facultado para expedir acuerdos generales, a fin de lograr una adecuada distribución entre las Salas de los asuntos que competa conocer a la Corte, así como remitir a los Tribunales Colegiados de Circuito, para mayor prontitud en el despacho de los asuntos, aquéllos en los que hubiera establecido jurisprudencia o los que, conforme a los referidos acuerdos, la propia Corte determine para una mejor impartición de justicia. Dichos acuerdos surtirán efectos después de publicados.

Los juicios de amparo, las controversias constitucionales y las acciones de inconstitucionalidad se substanciarán y resolverán de manera prioritaria cuando alguna de las Cámaras del Congreso, a través de su presidente, o el Ejecutivo Federal, por conducto del consejero jurídico del gobierno, justifique la urgencia atendiendo al interés social o al orden público, en los términos de lo dispuesto por las leyes reglamentarias.

La ley fijará los términos en que sea obligatoria la jurisprudencia que establezcan los Tribunales del Poder Judicial de la Federación y los Plenos de Circuito sobre la interpretación de la Constitución y normas generales, así como los requisitos para su interrupción y sustitución.

La remuneración que perciban por sus servicios los Ministros de la Suprema Corte, los Magistrados de Circuito, los Jueces de Distrito y los Consejeros de la Judicatura Federal, así como los Magistrados Electorales, no podrá ser disminuida durante su encargo.

Los Ministros de la Suprema Corte de Justicia durarán en su encargo quince años, sólo podrán ser removidos del mismo en los términos del Título Cuarto de esta Constitución y, al vencimiento de su periodo, tendrán derecho a un haber por retiro.

Ninguna persona que haya sido ministro podrá ser nombrada para un nuevo periodo, salvo que hubiera ejercido el cargo con el carácter de provisional o interino.

Artículo 103. Los Tribunales de la Federación resolverán toda controversia que se suscite

I. Por normas generales, actos u omisiones de la autoridad que violen los derechos humanos reconocidos y las garantías otorgadas para su protección por esta Constitución, así como por los tratados internacionales de los que el Estado Mexicano sea parte;

II. Por normas generales o actos de la autoridad federal que vulneren o restrinjan la soberanía de los estados o la esfera de competencia del Distrito Federal, y

III. Por normas generales o actos de las autoridades de los Estados o del Distrito Federal que invadan la esfera de competencia de la autoridad federal.

Artículo 104. Los Tribunales de la Federación conocerán:

I. De los procedimientos relacionados con delitos del orden federal;

II. De todas las controversias del orden civil o mercantil que se susciten sobre el cumplimiento y aplicación de leyes federales o de los tratados internacionales celebrados por el Estado Mexicano. A elección del actor y cuando sólo se afecten intereses particulares, podrán conocer de ellas, los jueces y tribunales del orden común.

Las sentencias de primera instancia podrán ser apelables ante el superior inmediato del juez que conozca del asunto en primer grado;

III. De los recursos de revisión que se interpongan contra las resoluciones definitivas de los tribunales de lo contencioso-administrativo a que se refieren la fracción XXIX-H del artículo 73 y fracción IV, inciso e) del artículo 122 de esta Constitución, sólo en los casos que señalen las leyes. Las revisiones, de las cuales conocerán los Tribunales Colegiados de Circuito, se sujetarán a los trámites que la ley reglamentaria de los artículos 103 y 107 de esta Constitución fije para la revisión en amparo indirecto, y en contra de las resoluciones que en ellas dicten los Tribunales Colegiados de Circuito no procederá juicio o recurso alguno;

IV. De todas las controversias que versen sobre derecho marítimo;

V. De aquellas en que la Federación fuese parte;

VI. De las controversias y de las acciones a que se refiere el artículo 105, mismas que serán del conocimiento exclusivo de la Suprema Corte de Justicia de la Nación;

VII. De las que surjan entre un Estado y uno o más vecinos de otro, y

VIII. De los casos concernientes a miembros del Cuerpo Diplomático y Consular.

Artículo 107. Las controversias de que habla el artículo 103 de esta Constitución, con excepción de aquellas en materia electoral, se sujetarán a los procedimientos que determine la ley reglamentaria, de acuerdo con las bases siguientes:

I. El juicio de amparo se seguirá siempre a instancia de parte agraviada, teniendo tal carácter quien aduce ser titular de un derecho o de un interés legítimo individual o colectivo, siempre que alegue que el acto reclamado viola los derechos reconocidos por esta Constitución y con ello se afecte su esfera jurídica, ya sea de manera directa o en virtud de su especial situación frente al orden jurídico.

Tratándose de actos o resoluciones provenientes de tribunales judiciales, administrativos o del trabajo, el quejoso deberá aducir ser titular de un derecho subjetivo que se afecte de manera personal y directa;

II. Las sentencias que se pronuncien en los juicios de amparo sólo se ocuparán de los quejosos que lo hubieren solicitado, limitándose a ampararlos y protegerlos, si procediere, en el caso especial sobre el que verse la demanda.

Cuando en los juicios de amparo indirecto en revisión se resuelva la inconstitucionalidad de una norma general por segunda ocasión consecutiva, la Suprema Corte de Justicia de la Nación lo informará a la autoridad emisora correspondiente.

Cuando los órganos del Poder Judicial de la Federación establezcan jurisprudencia por reiteración en la cual se determine la inconstitucionalidad de una norma general, la Suprema Corte de Justicia de la Nación lo notificará a la autoridad emisora. Transcurrido el plazo de 90 días naturales sin que se supere el problema de inconstitucionalidad, la Suprema Corte de Justicia de la Nación emitirá, siempre que fuere aprobada por una mayoría de cuando menos ocho votos, la declaratoria general de inconstitucionalidad, en la cual se fijarán sus alcances y condiciones en los términos de la ley reglamentaria.

Lo dispuesto en los dos párrafos anteriores no será aplicable a normas generales en materia tributaria.

En el juicio de amparo deberá suplirse la deficiencia de los conceptos de violación o agravios de acuerdo con lo que disponga la ley reglamentaria.

Cuando se reclamen actos que tengan o puedan tener como consecuencia privar de la propiedad o de la posesión y disfrute de sus tierras, aguas, pastos y montes a los ejidos o a los núcleos de población que de hecho o por derecho guarden el estado comunal, o a los ejidatarios o comuneros, deberán recabarse de oficio todas aquellas pruebas que puedan beneficiar a las entidades o individuos mencionados y acordarse las diligencias que se estimen necesarias para precisar sus derechos agrarios, así como la naturaleza y efectos de los actos reclamados.

En los juicios a que se refiere el párrafo anterior no procederán, en perjuicio de los núcleos ejidales o comunales, o de los ejidatarios o comuneros, el sobreseimiento por inactividad procesal ni la caducidad de la instancia, pero uno y otra sí podrán decretarse en su beneficio. Cuando se reclamen actos que afecten los derechos colectivos del núcleo tampoco procederán desistimiento ni el consentimiento expreso de los propios actos, salvo que el primero sea acordado por la Asamblea General o el segundo emane de ésta;

III. ...

a) Contra sentencias definitivas, laudos y resoluciones que pongan fin al juicio, ya sea que la violación se cometa en ellos o que, cometida durante el procedimiento, afecte las defensas del quejoso trascendiendo al resultado del fallo. En relación con el amparo al que se refiere este inciso y la fracción V de este artículo, el Tribunal Colegiado de Circuito deberá decidir respecto de todas las violaciones procesales que se hicieron valer y aquéllas que, cuando proceda, advierta en suplencia de la queja, y fijará los términos precisos en que deberá pronunciarse la nueva resolución. Si las violaciones procesales no se invocaron en un primer amparo, ni el Tribunal Colegiado correspondiente las hizo valer de oficio en los casos en que proceda la suplencia de la queja, no podrán ser materia de concepto de violación, ni de estudio oficioso en juicio de amparo posterior.

La parte que haya obtenido sentencia favorable y la que tenga interés jurídico en que subsista el acto reclamado, podrá presentar amparo en forma adhesiva al que promueva cualquiera de las partes que intervinieron en el juicio del que emana el acto reclamado. La ley determinará la forma y términos en que deberá promoverse.

Para la procedencia del juicio deberán agotarse previamente los recursos ordinarios que se establezcan en la ley de la materia, por virtud de los cuales aquellas sentencias definitivas, laudos y resoluciones puedan ser modificados o revocados, salvo el caso en que la ley permita la renuncia de los recursos.

Al reclamarse la sentencia definitiva, laudo o resolución que ponga fin al juicio, deberán hacerse valer las violaciones a las leyes del procedimiento, siempre y cuando el quejoso las haya impugnado durante la tramitación del juicio mediante el recurso o medio de defensa que, en su caso, señale la ley ordinaria respectiva. Este requisito no será exigible en amparos contra actos que afecten derechos de menores o incapaces, al estado civil, o al orden o estabilidad de la familia, ni en los de naturaleza penal promovidos por el sentenciado;

b) ...

c) ...

IV. En materia administrativa el amparo procede, además, contra actos u omisiones que provengan de autoridades distintas de los tribunales judiciales, administrativos o del trabajo, y que causen agravio no reparable mediante algún medio de defensa legal. Será necesario agotar estos medios de defensa siempre que conforme a las mismas leyes se suspendan los efectos de dichos actos de oficio o mediante la interposición del juicio, recurso o medio de defensa legal que haga valer el agraviado, con los mismos alcances que los que prevé la ley reglamentaria y sin exigir mayores requisitos que los que la misma consigna para conceder la suspensión definitiva, ni plazo mayor que el que establece para el otorgamiento de la suspensión provisional, independientemente de que el acto en sí mismo considerado sea o no susceptible de ser suspendido de acuerdo con dicha ley.

No existe obligación de agotar tales recursos o medios de defensa si el acto reclamado carece de fundamentación o cuando sólo se aleguen violaciones directas a esta Constitución;

V. El amparo contra sentencias definitivas, laudos o resoluciones que pongan fin al juicio se promoverá ante el Tribunal Colegiado de Circuito competente de conformidad con la ley, en los casos siguientes:

a) ...

b) ...

c) ...

...

d) ...

...

VI. En los casos a que se refiere la fracción anterior, la ley reglamentaria señalará el procedimiento y los términos a que deberán someterse los Tribunales Colegiados de Circuito y, en su caso, la Suprema Corte de Justicia de la Nación para dictar sus resoluciones;

VII. El amparo contra actos u omisiones en juicio, fuera de juicio o después de concluido, o que afecten a personas extrañas al juicio, contra normas generales o contra actos u omisiones de autoridad administrativa, se interpondrá ante el Juez de Distrito bajo cuya jurisdicción se encuentre el lugar en que el acto reclamado se ejecute o trate de ejecutarse, y su tramitación se limitará al informe de la autoridad, a una audiencia para la que se citará en el mismo auto en el que se mande pedir el informe y se recibirán las pruebas que las partes interesadas ofrezcan y oirán los alegatos, pronunciándose en la misma audiencia la sentencia;

VIII. ...

a) Cuando habiéndose impugnado en la demanda de amparo normas generales por estimarlas directamente violatorias de esta Constitución, subsista en el recurso el problema de constitucionalidad.

b) ...

...

...

IX. En materia de amparo directo procede el recurso de revisión en contra de las sentencias que resuelvan sobre la constitucionalidad de normas generales, establezcan la interpretación directa de un precepto de esta Constitución u omitan decidir sobre tales cuestiones cuando hubieren sido planteadas, siempre que fijen un criterio de importancia y trascendencia, según lo disponga la Suprema Corte de Justicia de la Nación, en cumplimiento de los acuerdos generales del Pleno. La materia del recurso se limitará a la decisión de las cuestiones propiamente constitucionales, sin poder comprender otras;

X. Los actos reclamados podrán ser objeto de suspensión en los casos y mediante las condiciones que determine la ley reglamentaria, para lo cual el órgano jurisdiccional de amparo, cuando la naturaleza del acto lo permita, deberá realizar un análisis ponderado de la apariencia del buen derecho y del interés social.

Dicha suspensión deberá otorgarse respecto de las sentencias definitivas en materia penal al comunicarse la promoción del amparo, y en las materias civil, mercantil y administrativa, mediante garantía que dé el quejoso para responder de los daños y perjuicios que tal suspensión pudiere ocasionar al tercero interesado. La suspensión quedará sin efecto si éste último da contragarantía para asegurar la reposición de las cosas al estado que guardaban si se concediese el amparo y a pagar los daños y perjuicios consiguientes;

XI. La demanda de amparo directo se presentará ante la autoridad responsable, la cual decidirá sobre la suspensión. En los demás casos la demanda se presentará ante los Juzgados de Distrito o los Tribunales Unitarios de Circuito los cuales resolverán sobre la suspensión, o ante los tribunales de los Estados en los casos que la ley lo autorice;

XII. ...

...

XIII. Cuando los Tribunales Colegiados de un mismo Circuito sustenten tesis contradictorias en los juicios de amparo de su competencia, el Procurador General de la República, los mencionados tribunales y sus integrantes, los Jueces de Distrito o las partes en los asuntos que los motivaron podrán denunciar la contradicción ante el Pleno del Circuito correspondiente, a fin de que decida la tesis que debe prevalecer como jurisprudencia.

Cuando los Plenos de Circuito de distintos Circuitos, los Plenos de Circuito en materia especializada de un mismo Circuito o los Tribunales Colegiados de un mismo Circuito con diferente especialización sustenten tesis contradictorias al resolver las contradicciones o los asuntos de su competencia, según corresponda, los Ministros de la Suprema Corte de Justicia de la Nación, los mismos Plenos de Circuito, así como los órganos a que se refiere el párrafo anterior, podrán denunciar la contradicción ante la Suprema Corte de Justicia, con el objeto de que el Pleno o la Sala respectiva, decida la tesis que deberá prevalecer.

Cuando las Salas de la Suprema Corte de Justicia de la Nación sustenten tesis contradictorias en los juicios de amparo cuyo conocimiento les competa, los ministros, los Tribunales Colegiados de Circuito y sus integrantes, los Jueces de Distrito, el Procurador General de la República o las partes en los asuntos que las motivaron, podrán denunciar la contradicción ante el Pleno de la Suprema Corte, conforme a la ley reglamentaria, para que éste resuelva la contradicción.

Las resoluciones que pronuncien el Pleno o las Salas de la Suprema Corte de Justicia así como los Plenos de Circuito conforme a los párrafos anteriores, sólo tendrán el efecto de fijar la jurisprudencia y no afectarán las situaciones jurídicas concretas derivadas de las sentencias dictadas en los juicios en que hubiese ocurrido la contradicción;

XIV. Se deroga;

XV. ...

XVI. Si la autoridad incumple la sentencia que concedió el amparo, pero dicho incumplimiento es justificado, la Suprema Corte de Justicia de la Nación, de acuerdo con el procedimiento previsto por la ley reglamentaria, otorgará un plazo razonable para que proceda a su cumplimiento, plazo que podrá ampliarse a solicitud de la autoridad. Cuando sea injustificado o hubiera transcurrido el plazo sin que se hubiese cumplido, procederá a separar de su cargo al titular de la autoridad responsable y a consignarlo ante el Juez de Distrito. Las mismas providencias se tomarán respecto del superior jerárquico de la autoridad responsable si hubiese incurrido en responsabilidad, así como de los titulares que, habiendo ocupado con anterioridad el cargo de la autoridad responsable, hubieran incumplido la ejecutoria.

Si concedido el amparo, se repitiera el acto reclamado, la Suprema Corte de Justicia de la Nación, de acuerdo con el procedimiento establecido por la ley reglamentaria, procederá a separar de su cargo al titular de la autoridad responsable, y dará vista al Ministerio Público Federal, salvo que no hubiera actuado dolosamente y deje sin efectos el acto repetido antes de que sea emitida la resolución de la Suprema Corte de Justicia de la Nación.

El cumplimiento sustituto de las sentencias de amparo podrá ser solicitado por el quejoso al órgano jurisdiccional, o decretado de oficio por la Suprema Corte de Justicia de la Nación, cuando la ejecución de la sentencia afecte a la sociedad en mayor proporción a los beneficios que pudiera obtener el quejoso, o cuando, por las circunstancias del caso, sea imposible o desproporcionadamente gravoso restituir la situación que imperaba antes de la violación. El incidente tendrá por efecto que la ejecutoria se dé por cumplida mediante el pago de daños y perjuicios al quejoso. Las partes en el juicio podrán acordar el cumplimiento sustituto mediante convenio sancionado ante el propio órgano jurisdiccional.

No podrá archivarse juicio de amparo alguno, sin que se haya cumplido la sentencia que concedió la protección constitucional;

XVII. La autoridad responsable que desobedezca un auto de suspensión o que, ante tal medida, admita por mala fe o negligencia fianza o contrafianza que resulte ilusoria o insuficiente, será sancionada penalmente;

XVIII. Se deroga.

Artículos Transitorios

Primero. El presente Decreto entrará en vigor a los 120 días de su publicación en el Diario Oficial de la Federación.

Segundo. El Congreso de la Unión expedirá las reformas legales correspondientes dentro de los 120 días posteriores a la publicación del presente Decreto.

Tercero. Los juicios de amparo iniciados con anterioridad a la entrada en vigor del presente Decreto, continuarán tramitándose hasta su resolución final conforme a las disposiciones aplicables vigentes a su inicio, salvo por lo que se refiere a las disposiciones relativas al sobreseimiento por inactividad procesal y caducidad de la instancia, así como el cumplimiento y ejecución de las sentencias de amparo.

Cuarto. Para la integración de jurisprudencia por reiteración no se tomarán en cuenta las tesis aprobadas en los asuntos resueltos conforme a lo dispuesto en las disposiciones vigentes con anterioridad a la entrada en vigor del presente Decreto.

México, D.F., a 4 de mayo de 2011.- Sen. Manlio Fabio Beltrones Rivera, Presidente.- Dip. Juan Carlos López Fernández, Secretario.- Rúbricas."

En cumplimiento de lo dispuesto por la fracción I del Artículo 89 de la Constitución Política de los Estados Unidos Mexicanos, y para su debida publicación y observancia, expido el presente Decreto en la Residencia del Poder Ejecutivo Federal, en la Ciudad de México, Distrito Federal, a tres de junio de dos mil once.- Felipe de Jesús Calderón Hinojosa.- Rúbrica.- El Secretario de Gobernación, José Francisco Blake Mora.- Rúbrica.

Decreto de reforma constitucional publicado el 10 de junio de 2011 en el Diario Oficial de la Federación.

Al margen un sello con el Escudo Nacional, que dice: Estados Unidos Mexicanos.- Presidencia de la República.

FELIPE DE JESÚS CALDERÓN HINOJOSA, Presidente de los Estados Unidos Mexicanos, a sus habitantes sabed:

Que la Comisión Permanente del Honorable Congreso de la Unión, se ha servido dirigirme el siguiente

DECRETO

"LA COMISIÓN PERMANENTE DEL HONORABLE CONGRESO DE LA UNIÓN, EN USO DE LA FACULTAD QUE LE CONFIERE EL ARTÍCULO 135 CONSTITUCIONAL Y PREVIA LA APROBACIÓN DE LAS CÁMARAS DE DIPUTADOS Y DE SENADORES DEL CONGRESO GENERAL DE LOS ESTADOS UNIDOS MEXICANOS, ASÍ COMO LA MAYORÍA DE LAS LEGISLATURAS DE LOS ESTADOS,

DECLARA

SE APRUEBA EL DECRETO POR EL QUE SE MODIFICA LA DENOMINACIÓN DEL CAPÍTULO I DEL TÍTULO PRIMERO Y REFORMA DIVERSOS ARTÍCULOS DE LA CONSTITUCIÓN POLÍTICA DE LOS ESTADOS UNIDOS MEXICANOS.

ARTÍCULO ÚNICO.- Se modifica la denominación del Capítulo Primero del Título Primero; el primero y quinto párrafos del artículo 1o.; el segundo párrafo del artículo 3o.; el primer párrafo del artículo 11; el artículo 15; el segundo párrafo del artículo 18; el primer párrafo del artículo 29; el primer párrafo del artículo 33; la fracción décima del artículo 89; el segundo párrafo del artículo 97; el segundo y tercer párrafos del apartado B del artículo 102; y el inciso g) de la fracción segunda del artículo 105; la adición de dos nuevos párrafos, segundo y tercero, al artículo 1o. y recorriéndose los actuales en su orden; un nuevo párrafo segundo al artículo 11, los párrafos segundo, tercero, cuarto y quinto al artículo 29; un nuevo párrafo segundo al artículo 33, recorriéndose el actual en su orden y los nuevos párrafos quinto, octavo y décimo primero, recorriéndose los actuales en su orden, al artículo 102 del Apartado B; todos de la Constitución Política de los Estados Unidos Mexicanos, para quedar como sigue:

TÍTULO PRIMERO

CAPÍTULO I

De los Derechos Humanos y sus Garantías

Artículo 1o. En los Estados Unidos Mexicanos todas las personas gozarán de los derechos humanos reconocidos en esta Constitución y en los tratados internacionales de los que el Estado Mexicano sea parte, así como de las garantías para su protección, cuyo ejercicio no podrá restringirse ni suspenderse, salvo en los casos y bajo las condiciones que esta Constitución establece.

Las normas relativas a los derechos humanos se interpretarán de conformidad con esta Constitución y con los tratados internacionales de la materia favoreciendo en todo tiempo a las personas la protección más amplia.

Todas las autoridades, en el ámbito de sus competencias, tienen la obligación de promover, respetar, proteger y garantizar los derechos humanos de conformidad con los principios de universalidad, interdependencia, indivisibilidad y progresividad. En consecuencia, el Estado deberá prevenir, investigar, sancionar y reparar las violaciones a los derechos humanos, en los términos que establezca la ley.

(...)

Queda prohibida toda discriminación motivada por origen étnico o nacional, el género, la edad, las discapacidades, la condición social, las condiciones de salud, la religión, las opiniones, las preferencias sexuales, el estado civil o cualquier otra que atente contra la dignidad humana y tenga por objeto anular o menoscabar los derechos y libertades de las personas.

Artículo 3o. (...)

La educación que imparta el Estado tenderá a desarrollar armónicamente, todas las facultades del ser humano y fomentará en él, a la vez, el amor a la Patria, el respeto a los derechos humanos y la conciencia de la solidaridad internacional, en la independencia y en la justicia.

I a VIII. (...)

Artículo 11. Toda persona tiene derecho para entrar en la República, salir de ella, viajar por su territorio y mudar de residencia, sin necesidad de carta de seguridad, pasaporte, salvoconducto u otros requisitos semejantes. El ejercicio de este derecho estará subordinado a las facultades de la autoridad judicial, en los casos de responsabilidad criminal o civil, y a las de la autoridad administrativa, por lo que toca a las limitaciones que impongan las leyes sobre emigración, inmigración y salubridad general de la República, o sobre extranjeros perniciosos residentes en el país.

En caso de persecución, por motivos de orden político, toda persona tiene derecho de solicitar asilo; por causas de carácter humanitario se recibirá refugio. La ley regulará sus procedencias y excepciones.

Artículo 15. No se autoriza la celebración de tratados para la extradición de reos políticos, ni para la de aquellos delincuentes del orden común que hayan tenido en el país donde cometieron el delito, la condición de esclavos; ni de convenios o tratados en virtud de los que se alteren los derechos humanos reconocidos por esta Constitución y en los tratados internacionales de los que el Estado Mexicano sea parte.

Artículo 18. (...)

El sistema penitenciario se organizará sobre la base del respeto a los derechos humanos, del trabajo, la capacitación para el mismo, la educación, la salud y el deporte como medios para lograr la reinserción del sentenciado a la sociedad y procurar que no vuelva a delinquir, observando los beneficios que para él prevé la ley. Las mujeres compurgarán sus penas en lugares separados de los destinados a los hombres para tal efecto.

(...)

(...)

(...)

(...)

(...)

(...)

Artículo 29. En los casos de invasión, perturbación grave de la paz pública, o de cualquier otro que ponga a la sociedad en grave peligro o conflicto, solamente el Presidente de los Estados Unidos Mexicanos, de acuerdo con los titulares de las Secretarías de Estado y la Procuraduría General de la República y con la aprobación del Congreso de la Unión o de la Comisión Permanente cuando aquel no estuviere reunido, podrá restringir o suspender en todo el país o en lugar determinado el ejercicio de los derechos y las garantías que fuesen obstáculo para hacer frente, rápida y fácilmente a la situación; pero deberá hacerlo por un tiempo limitado, por medio de prevenciones generales y sin que la restricción o suspensión se contraiga a determinada persona. Si la restricción o suspensión tuviese lugar hallándose el Congreso reunido, éste concederá las autorizaciones que estime necesarias para que el Ejecutivo haga frente a la situación; pero si se verificase en tiempo de receso, se convocará de inmediato al Congreso para que las acuerde.

En los decretos que se expidan, no podrá restringirse ni suspenderse el ejercicio de los derechos a la no discriminación, al reconocimiento de la personalidad jurídica, a la vida, a la integridad personal, a la protección a la familia, al nombre, a la nacionalidad; los derechos de la niñez; los derechos políticos; las libertades de pensamiento, conciencia y de profesar creencia religiosa alguna; el principio de legalidad y retroactividad; la prohibición de la pena de muerte; la prohibición de la esclavitud y la servidumbre; la prohibición de la desaparición forzada y la tortura; ni las garantías judiciales indispensables para la protección de tales derechos.

La restricción o suspensión del ejercicio de los derechos y garantías debe estar fundada y motivada en los términos establecidos por esta Constitución y ser proporcional al peligro a que se hace frente, observando en

todo momento los principios de legalidad, racionalidad, proclamación, publicidad y no discriminación.

Cuando se ponga fin a la restricción o suspensión del ejercicio de los derechos y garantías, bien sea por cumplirse el plazo o porque así lo decrete el Congreso, todas las medidas legales y administrativas adoptadas durante su vigencia quedarán sin efecto de forma inmediata. El Ejecutivo no podrá hacer observaciones al decreto mediante el cual el Congreso revoque la restricción o suspensión.

Los decretos expedidos por el Ejecutivo durante la restricción o suspensión, serán revisados de oficio e inmediatamente por la Suprema Corte de Justicia de la Nación, la que deberá pronunciarse con la mayor prontitud sobre su constitucionalidad y validez.

Artículo 33. Son personas extranjeras las que no posean las calidades determinadas en el artículo 30 constitucional y gozarán de los derechos humanos y garantías que reconoce esta Constitución.

El Ejecutivo de la Unión, previa audiencia, podrá expulsar del territorio nacional a personas extranjeras con fundamento en la ley, la cual regulará el procedimiento administrativo, así como el lugar y tiempo que dure la detención.

(...)

Artículo 89. (...)

I a IX. (...)

X. *Dirigir la política exterior y celebrar tratados internacionales, así como terminar, denunciar, suspender, modificar, enmendar, retirar reservas y formular declaraciones interpretativas sobre los mismos, sometiéndolos a la aprobación del Senado. En la conducción de tal política, el titular del Poder Ejecutivo observará los siguientes principios normativos: la autodeterminación de los pueblos; la no intervención; la solución pacífica de controversias; la proscripción de la amenaza o el uso de la fuerza en las relaciones internacionales; la igualdad jurídica de los Estados; la cooperación internacional para el desarrollo; el respeto, la protección y promoción de los derechos humanos y la lucha por la paz y la seguridad internacionales;*

XI a XX. (...)

Artículo 97. (...)

La Suprema Corte de Justicia de la Nación podrá solicitar al Consejo de la Judicatura Federal que averigüe la conducta de algún juez o magistrado federal.

(...)

(...)

(...)

(...)

(...)

(...)

(...)

Artículo 102.

A. (...)

B. (...)

Los organismos a que se refiere el párrafo anterior, formularán recomendaciones públicas, no vinculatorias, denuncias y quejas ante las autoridades respectivas. Todo servidor público está obligado a responder las recomendaciones que les presenten estos organismos. Cuando las recomendaciones emitidas no sean aceptadas o cumplidas por las autoridades o servidores públicos, éstos deberán fundar, motivar y hacer pública su negativa; además, la Cámara de Senadores o en sus recesos la Comisión Permanente, o las legislaturas de las entidades federativas, según corresponda, podrán llamar, a solicitud de estos organismos, a las autoridades o servidores públicos responsables para que comparezcan ante dichos órganos legislativos, a efecto de que expliquen el motivo de su negativa.

Estos organismos no serán competentes tratándose de asuntos electorales y jurisdiccionales.

(...)

Las Constituciones de los Estados y el Estatuto de Gobierno del Distrito Federal establecerán y garantizarán la autonomía de los organismos de protección de los derechos humanos.

(...)

(...)

La elección del titular de la presidencia de la Comisión Nacional de los Derechos Humanos, así como de los integrantes del Consejo Consultivo, y de titulares de los organismos de protección de los derechos humanos de las entidades federativas, se ajustarán a un procedimiento de consulta pública, que deberá ser transparente, en los términos y condiciones que determine la ley.

(...)

(...)

La Comisión Nacional de los Derechos Humanos podrá investigar hechos que constituyan violaciones graves de derechos humanos, cuando así lo juzgue conveniente o lo pidiere el Ejecutivo Federal, alguna de las Cámaras del Congreso de la Unión, el gobernador de un Estado, el Jefe de Gobierno del Distrito Federal o las legislaturas de las entidades federativas.

Artículo 105. La Suprema Corte de Justicia de la Nación conocerá, en los términos que señale la ley reglamentaria, de los asuntos siguientes:

I. De las controversias constitucionales que, con excepción de las que se refieran a la materia electoral y a lo establecido en el artículo 46 de esta Constitución, se susciten entre:

a - k) (...)

(...)

(...)

II. De las acciones de inconstitucionalidad que tengan por objeto plantear la posible contradicción entre una norma de carácter general y esta Constitución.

Las acciones de inconstitucionalidad podrán ejercitarse, dentro de los treinta días naturales siguientes a la fecha de publicación de la norma, por:

a - f) (...)

g) La Comisión Nacional de los Derechos Humanos, en contra de leyes de carácter federal, estatal y del Distrito Federal, así como de tratados internacionales celebrados por el Ejecutivo Federal y aprobados por el Senado de la República, que vulneren los derechos humanos consagrados en esta Constitución y en los tratados internacionales de los que México sea parte. Asimismo, los organismos de protección de los derechos humanos equivalentes en los estados de la República, en contra de leyes expedidas por las legislaturas locales y la Comisión de Derechos Humanos del Distrito Federal, en contra de leyes emitidas por la Asamblea Legislativa del Distrito Federal.

(...)

(...)

(...)

III. (...)

(...)

(...)

TRANSITORIOS

Primero. El presente decreto entrará en vigor al día siguiente al de su publicación en el Diario Oficial de la Federación.

Segundo. La ley a que se refiere el tercer párrafo del artículo 1o. constitucional sobre reparación deberá ser expedida en un plazo máximo de un año contado a partir de la entrada en vigor del presente decreto.

Tercero. La ley a que se refiere el artículo 11 constitucional sobre el asilo, deberá ser expedida en un plazo máximo de un año, contado a partir del inicio de la vigencia de este decreto.

Cuarto. El Congreso de la Unión expedirá la Ley Reglamentaria del artículo 29 constitucional en materia de suspensión del ejercicio de los derechos y las garantías, en un plazo máximo de un año, contado a partir del inicio de la vigencia de este decreto.

Quinto. El Congreso de la Unión expedirá la Ley Reglamentaria del artículo 33 constitucional, en materia de expulsión de extranjeros en un plazo máximo de un año contado a partir del inicio de la vigencia de este decreto. En tanto se expida la ley referida, este artículo se seguirá aplicando en los términos del texto vigente.

Sexto. Los casos previstos en el segundo párrafo del artículo 97 constitucional, que estén pendientes de resolución al momento de entrar en vigor la reforma, los continuará desahogando la Suprema Corte de Justicia de la Nación hasta su conclusión.

Séptimo. En lo que se refiere al Apartado B del artículo 102 constitucional y a la autonomía de los organismos locales de derechos humanos, las legislaturas locales deberán realizar las adecuaciones que correspondan en un plazo máximo de un año contados a partir del inicio de la vigencia de este decreto.

Octavo. El Congreso de la Unión adecuará la Ley de la Comisión Nacional de los Derechos Humanos en un plazo máximo de un año, contado a partir del inicio de la vigencia de este decreto.

Noveno. Se derogan todas las disposiciones que contravengan el presente decreto.

México, D.F., a 1 de junio de 2011.- Sen. Manlio Fabio Beltrones Rivera, Presidente.- Dip. Julio Castellanos Ramírez, Secretario.- Rúbricas."

En cumplimiento de lo dispuesto por la fracción I del Artículo 89 de la Constitución Política de los Estados Unidos Mexicanos, y para su debida publicación y observancia, expido el presente Decreto en la Residencia del Poder Ejecutivo Federal, en la Ciudad de México, Distrito Federal, a nueve de junio de dos mil once.- Felipe de Jesús Calderón Hinojosa.- Rúbrica.- El Secretario de Gobernación, José Francisco Blake Mora.- Rúbrica.

Estructura de los derechos constitucionales después de las reformas de junio de 2011

Derechos constitucionales (fundamentales lato sensu)				
	Derechos humanos (universales y absolutos, no restringibles ni suspendibles)			Personalidad jurídica Vida Integridad personal Protección a la familia Nombre Niñez Libertad de pensamiento Libertad de conciencia y de profesar creencia religiosa alguna Legalidad y retroactividad Proscripción de la pena de muerte Proscripción de la esclavitud y la servidumbre Proscripción de la desaparición forzada Proscripción de la tortura
	Derechos fundamentales (stricto sensu)	Garantías de derechos humanos	**Garantías judiciales indispensables** (no restringibles ni suspendibles)	Acceso a la justicia Tribunales independientes Juicio de amparo Acciones de inconstitucionalidad
			Otras garantías (restringibles o suspendibles)	De libertad (algunas) De seguridad jurídica (algunas) Protección de la salud Medio ambiente adecuado Acceso a la educación y a la cultura
		Otros derechos fundamentales (restringibles o suspendibles)		Garantías de libertad (algunas) Garantías de igualdad (no discriminación) Garantías de seguridad jurídica (algunas) Garantías de propiedad División de poderes Derechos de pueblos y comunidades indígenas Derecho a la nacionalidad Derechos políticos Régimen de responsabilidades de servidores públicos Etc.

Declaración sobre el derecho y el deber de los individuos, los grupos y las instituciones de promover y proteger los derechos humanos y las libertades fundamentales universalmente reconocidos

Resolución aprobada por la Asamblea General 53/144

La Asamblea General,

Reafirmando la importancia de la observancia de los propósitos y principios de la Carta de las Naciones Unidas para la promoción y la protección de todos los derechos humanos y libertades fundamentales para todas las personas en todos los países del mundo,

Tomando nota de la resolución 1998/7 de la Comisión de Derechos Humanos, de 3 de abril de 1998 Véase Documentos Oficiales del Consejo Económico y Social, 1998, Suplemento No. 3 (E/1998/23), cap. II, secc. A., por la cual la Comisión aprobó el texto del proyecto de declaración sobre el derecho y el deber de los individuos, los grupos y las instituciones de promover y proteger los derechos humanos y las libertades fundamentales universalmente reconocidos,

Tomando nota asimismo de la resolución 1998/33 del Consejo Económico y Social, de 30 de julio de 1998, por la cual el Consejo recomendó a la Asamblea General que aprobara el proyecto de declaración,

Consciente de la importancia de la aprobación del proyecto de declaración en el contexto del cincuentenario de la Declaración Universal de Derechos Humanos Resolución 217 A (III).,

1. Aprueba la Declaración sobre el derecho y el deber de los individuos, los grupos y las instituciones de promover y proteger los derechos humanos y las libertades fundamentales universalmente reconocidos que figura en el anexo de la presente resolución;

2. Invita a los gobiernos, a los organismos y organizaciones del sistema de las Naciones Unidas y las organizaciones intergubernamentales y no gubernamentales a que intensifiquen sus esfuerzos por difundir la Declaración, promover el respeto universal hacia ella y su comprensión, y pide al Secretario General que incluya el texto de la Declaración en la próxima edición de Derechos humanos: Recopilación de instrumentos internacionales.

85a. sesión plenaria

9 de diciembre de 1998

ANEXO

Declaración sobre el derecho y el deber de los individuos, los grupos y las instituciones de promover y proteger los derechos humanos y las libertades fundamentales universalmente reconocidos

La Asamblea General,

Reafirmando la importancia que tiene la observancia de los propósitos y principios de la Carta de las Naciones Unidas para la promoción y la protección de todos los derechos humanos y las libertades fundamentales de todos los seres humanos en todos los países del mundo,

Reafirmando también la importancia de la Declaración Universal de Derechos Humanos2 y de los Pactos internacionales de derechos humanos Resolución 2200 A (XXI), anexo. como elementos fundamentales de los esfuerzos internacionales para promover el respeto universal y la observancia de los derechos humanos y las libertades fundamentales, así como la importancia de los demás instrumentos de derechos humanos adoptados en el marco del sistema de las Naciones Unidas y a nivel regional,

Destacando que todos los miembros de la comunidad internacional deben cumplir, conjunta y separadamente, su obligación solemne de promover y fomentar el respeto de los derechos humanos y las libertades fundamentales de todos, sin distinción alguna, en particular sin distinción por motivos de raza, color, sexo, idioma, religión, opinión política o de otra índole, origen nacional o social, posición económica, nacimiento o cualquier otra condición social, y reafirmando la importancia particular de lograr la cooperación internacional para el cumplimiento de esta obligación, de conformidad con la Carta,

Reconociendo el papel importante que desempeña la cooperación internacional y la valiosa labor que llevan a cabo los individuos, los grupos y las instituciones al contribuir a la eliminación efectiva de todas las violaciones de los derechos humanos y las libertades fundamentales de los pueblos y los individuos, incluso en relación con violaciones masivas, flagrantes o sistemáticas como las que resultan del apartheid, de todas las formas de discriminación racial, colonialismo, dominación u ocupación extranjera, agresión o amenazas contra la soberanía nacional, la unidad nacional o la integridad territorial, y de la negativa a reconocer el derecho de los pueblos a la libre determinación y el derecho de todos los pueblos a ejercer plena soberanía sobre su riqueza y sus recursos naturales,

Reconociendo la relación entre la paz y la seguridad internacionales y el disfrute de los derechos humanos y las libertades fundamentales, y consciente de que la ausencia de paz y seguridad internacionales no excusa la inobservancia de esos derechos,

Reiterando que todos los derechos humanos y las libertades fundamentales son universalmente indivisibles e interdependientes y que están relacionados entre sí, debiéndose promover y aplicar de una manera justa y equitativa, sin perjuicio de la aplicación de cada uno de esos derechos y libertades,

Destacando que la responsabilidad primordial y el deber de promover y proteger los derechos humanos y las libertades fundamentales incumbe al Estado,

Reconociendo el derecho y el deber de los individuos, los grupos y las instituciones de promover el respeto y el conocimiento de los derechos humanos y las libertades fundamentales en el plano nacional e internacional,

Declara:

Artículo 1

Toda persona tiene derecho, individual o colectivamente, a promover y procurar la protección y realización de los derechos humanos y las libertades fundamentales en los planos nacional e internacional.

Artículo 2

1. Los Estados tienen la responsabilidad primordial y el deber de proteger, promover y hacer efectivos todos los derechos humanos y las libertades fundamentales, entre otras cosas, adoptando las medidas necesarias para crear las condiciones sociales, económicas, políticas y de otra índole, así como las garantías jurídicas requeridas para que toda persona sometida a su jurisdicción, individual o colectivamente, pueda disfrutar en la práctica de todos esos derechos y libertades.

2. Los Estados adoptarán las medidas legislativas, administrativas y de otra índole que sean necesarias para asegurar que los derechos y libertades a que se hace referencia en la presente Declaración estén efectivamente garantizados.

Artículo 3

El derecho interno, en cuanto concuerda con la Carta de las Naciones Unidas y otras obligaciones internacionales del Estado en la esfera de los derechos humanos y las libertades fundamentales, es el marco jurídico en el cual se deben materializar y ejercer los derechos humanos y las libertades fundamentales y en el cual deben llevarse a cabo todas las actividades a que se hace referencia en la presente Declaración para la promoción, protección y realización efectiva de esos derechos y libertades.

Artículo 4

Nada de lo dispuesto en la presente Declaración se interpretará en el sentido de que menoscabe o contradiga los propósitos y principios de la Carta de las Naciones Unidas ni de que limite las disposiciones de la Declaración Universal de Derechos Humanos2, de los Pactos internacionales de derechos humanos3 o de otros instrumentos y compromisos internacionales aplicables en esta esfera, o constituya excepción a ellas.

Artículo 5

A fin de promover y proteger los derechos humanos y las libertades fundamentales, toda persona tiene derecho, individual o colectivamente, en el plano nacional e internacional:

a) A reunirse o manifestarse pacíficamente;

b) A formar organizaciones, asociaciones o grupos no gubernamentales, y a afiliarse a ellos o a participar en ellos;

c) A comunicarse con las organizaciones no gubernamentales e intergubernamentales.

Artículo 6

Toda persona tiene derecho, individualmente y con otras:

a) A conocer, recabar, obtener, recibir y poseer información sobre todos los derechos humanos y libertades fundamentales, con inclusión del acceso a la información sobre los medios por los que se da efecto a tales derechos y libertades en los sistemas legislativo, judicial y administrativo internos;

b) Conforme a lo dispuesto en los instrumentos de derechos humanos y otros instrumentos internacionales aplicables, a publicar, impartir o difundir libremente a terceros opiniones, informaciones y conocimientos relativos a todos los derechos humanos y las libertades fundamentales;

c) A estudiar y debatir si esos derechos y libertades fundamentales se observan, tanto en la ley como en la práctica, y a formarse y mantener una opinión al respecto, así como a señalar a la atención del público esas cuestiones por conducto de esos medios y de otros medios adecuados.

Artículo 7

Toda persona tiene derecho, individual o colectivamente, a desarrollar y debatir ideas y principios nuevos relacionados con los derechos humanos, y a preconizar su aceptación.

Artículo 8

1. Toda persona tiene derecho, individual o colectivamente, a tener la oportunidad efectiva, sobre una base no discriminatoria, de participar en el gobierno de su país y en la gestión de los asuntos públicos.

2. Ese derecho comprende, entre otras cosas, el que tiene toda persona, individual o colectivamente, a presentar a los órganos y organismos gubernamentales y organizaciones que se ocupan de los asuntos públicos, críticas y propuestas para mejorar su funcionamiento, y a llamar la atención sobre cualquier aspecto de su labor que pueda obstaculizar o impedir la promoción, protección y realización de los derechos humanos y las libertades fundamentales.

Artículo 9

1. En el ejercicio de los derechos humanos y las libertades fundamentales, incluidas la promoción y la protección de los derechos humanos a que se refiere la presente Declaración, toda persona tiene derecho, individual o colectivamente, a disponer de recursos eficaces y a ser protegida en caso de violación de esos derechos.

2. A tales efectos, toda persona cuyos derechos o libertades hayan sido presuntamente violados tiene el derecho, bien por sí misma o por conducto de un representante legalmente autorizado, a presentar una denuncia ante una autoridad judicial independiente, imparcial y competente o cualquier otra autoridad establecida por la ley y a que esa denuncia sea examinada rápidamente en audiencia pública, y a obtener de esa autoridad una decisión, de conformidad con la ley, que disponga la reparación, incluida la indemnización que corresponda, cuando se hayan violado los derechos o libertades de esa persona, así como a obtener la ejecución de la eventual decisión y sentencia, todo ello sin demora indebida.

3. A los mismos efectos, toda persona tiene derecho, individual o colectivamente, entre otras cosas, a:

a) Denunciar las políticas y acciones de los funcionarios y órganos gubernamentales en relación con violaciones de los derechos humanos y las libertades fundamentales mediante peticiones u otros medios adecuados ante las autoridades judiciales, administrativas o legislativas internas o ante cualquier otra autoridad competente prevista en el sistema jurídico del Estado, las cuales deben emitir su decisión sobre la denuncia sin demora indebida;

b) Asistir a las audiencias, los procedimientos y los juicios públicos para formarse una opinión sobre el cumplimiento de las normas nacionales y de las obligaciones y los compromisos internacionales aplicables;

c) Ofrecer y prestar asistencia letrada profesional u otro asesoramiento y asistencia pertinentes para defender los derechos humanos y las libertades fundamentales.

4. A los mismos efectos, toda persona tiene el derecho, individual o colectivamente, de conformidad con los instrumentos y procedimientos internacionales aplicables, a dirigirse sin trabas a los organismos internacionales que tengan competencia general o especial para recibir y examinar comunicaciones sobre cuestiones de derechos humanos y libertades fundamentales, y a comunicarse sin trabas con ellos.

5. El Estado realizará una investigación rápida e imparcial o adoptará las medidas necesarias para que se lleve a cabo una indagación cuando existan motivos razonables para creer que se ha producido una violación de los derechos humanos y las libertades fundamentales en cualquier territorio sometido a su jurisdicción.

Artículo 10

Nadie participará, por acción o por el incumplimiento del deber de actuar, en la violación de los derechos humanos y las libertades fundamentales, y nadie será castigado ni perseguido por negarse a hacerlo.

Artículo 11

Toda persona, individual o colectivamente, tiene derecho al legítimo ejercicio de su ocupación o profesión. Toda persona que, a causa de su profesión, pueda afectar a la dignidad humana, los derechos humanos y las libertades fundamentales de otras personas deberá respetar esos derechos y libertades y cumplir las normas nacionales e internacionales de conducta o ética profesional u ocupacional que sean pertinentes.

Artículo 12

1. Toda persona tiene derecho, individual o colectivamente, a participar en actividades pacíficas contra las violaciones de los derechos humanos y las libertades fundamentales.

2. El Estado garantizará la protección por las autoridades competentes de toda persona, individual o colectivamente, frente a toda violencia, amenaza, represalia, discriminación, negativa de hecho o de derecho, presión o cualquier otra acción arbitraria resultante del ejercicio legítimo de los derechos mencionados en la presente Declaración.

3. A este respecto, toda persona tiene derecho, individual o colectivamente, a una protección eficaz de las leyes nacionales al reaccionar u oponerse, por medios pacíficos, a actividades y actos, con inclusión de las omisiones, imputables a los Estados que causen violaciones de los derechos humanos y las libertades fundamentales, así como a actos de violencia perpetrados por grupos o particulares que afecten el disfrute de los derechos humanos y las libertades fundamentales.

Artículo 13

Toda persona tiene derecho, individual o colectivamente, a solicitar, recibir y utilizar recursos con el objeto expreso de promover y proteger, por medios pacíficos, los derechos humanos y las libertades fundamentales, en concordancia con el artículo 3 de la presente Declaración.

Artículo 14

1. Incumbe al Estado la responsabilidad de adoptar medidas legislativas, judiciales, administrativas o de otra índole apropiadas para promover en todas las personas sometidas a su jurisdicción la comprensión de sus derechos civiles, políticos, económicos, sociales y culturales.

2. Entre esas medidas figuran las siguientes:

a) La publicación y amplia disponibilidad de las leyes y reglamentos nacionales y de los instrumentos internacionales básicos de derechos humanos;

b) El pleno acceso en condiciones de igualdad a los documentos internacionales en la esfera de los derechos humanos, incluso los informes periódicos del Estado a los órganos establecidos por los tratados internacionales sobre derechos humanos en los que sea Parte, así como las actas resumidas de los debates y los informes oficiales de esos órganos.

3. El Estado garantizará y apoyará, cuando corresponda, la creación y el desarrollo de otras instituciones nacionales independientes destinadas a la promoción y la protección de los derechos humanos y las libertades fundamentales en todo el territorio sometido a su jurisdicción, como, por ejemplo, mediadores, comisiones de derechos humanos o cualquier otro tipo de instituciones nacionales.

Artículo 15

Incumbe al Estado la responsabilidad de promover y facilitar la enseñanza de los derechos humanos y las libertades fundamentales en todos los niveles de la educación, y de garantizar que los que tienen a su cargo la formación de abogados, funcionarios encargados del cumplimiento de la ley, personal de las fuerzas armadas y funcionarios públicos incluyan en sus programas de formación elementos apropiados de la enseñanza de los derechos humanos.

Artículo 16

Los particulares, las organizaciones no gubernamentales y las instituciones pertinentes tienen la importante misión de contribuir a sensibilizar al público sobre las cuestiones relativas a todos los derechos humanos y las libertades fundamentales mediante actividades de enseñanza, capacitación e investigación en esas esferas con el objeto de fortalecer, entre otras cosas, la comprensión, la tolerancia, la paz y las relaciones de amistad entre las naciones y entre todos los grupos raciales y religiosos, teniendo en cuenta las diferentes mentalidades de las sociedades y comunidades en las que llevan a cabo sus actividades.

Artículo 17

En el ejercicio de los derechos y libertades enunciados en la presente Declaración, ninguna persona, individual o colectivamente, estará sujeta a más limitaciones que las que se impongan de conformidad con las obligaciones y compromisos internacionales aplicables y determine la ley, con el solo objeto de garantizar el debido reconocimiento y respeto de los derechos y libertades ajenos y responder a las justas exigencias de la moral, del orden público y del bienestar general de una sociedad democrática.

Artículo 18

1. Toda persona tiene deberes respecto de la comunidad y dentro de ella, puesto que sólo en ella puede desarrollar libre y plenamente su personalidad.

2. *A los individuos, los grupos, las instituciones y las organizaciones no gubernamentales les corresponde una importante función y una responsabilidad en la protección de la democracia, la promoción de los derechos humanos y las libertades fundamentales y la contribución al fomento y progreso de las sociedades, instituciones y procesos democráticos.*

3. *Análogamente, les corresponde el importante papel y responsabilidad de contribuir, como sea pertinente, a la promoción del derecho de toda persona a un orden social e internacional en el que los derechos y libertades enunciados en la Declaración Universal de Derechos Humanos y otros instrumentos de derechos humanos puedan tener una aplicación plena.*

Artículo 19

Nada de lo dispuesto en la presente Declaración se interpretará en el sentido de que confiera a un individuo, grupo u órgano de la sociedad o a cualquier Estado el derecho a desarrollar actividades o realizar actos que tengan por objeto suprimir los derechos y libertades enunciados en la presente Declaración.

Artículo 20

Nada de lo dispuesto en la presente Declaración se interpretará en el sentido de que permita a los Estados apoyar y promover actividades de individuos, grupos de individuos, instituciones u organizaciones no gubernamentales, que estén en contradicción con las disposiciones de la Carta de las Naciones Unidas.

¿Derogaron temporalmente el juicio de amparo las reformas constitucionales publicadas el 6 y 10 de junio de 2011?

La procedencia del juicio de garantías es un aspecto que debe analizarse de oficio por los tribunales de amparo; dadas las reformas constitucionales publicadas el 6 y 10 de junio de 2011, debe determinarse si éstas provocan la improcedencia del juicio al haberse eliminado de la Constitución la expresión *"garantías individuales"*. [111]

Debe precisarse, en primer lugar, que la Constitución es la norma principal de nuestro sistema jurídico y todos los órganos públicos, especialmente los tribunales, deben aplicarla y sujetarse a sus disposiciones en virtud del principio de supremacía constitucional[112]; además, los jueces y magistrados federales como todo funcionario público, al tomar posesión del cargo, rendimos protesta de guardar la Constitución[113].

Ahora bien, si se afirma que un tribunal debe sujetarse a la Constitución ello significa que debe acatar el texto constitucional, sin que su interpretación pueda incluir la posibilidad de distorsionar o cambiar una disposición expresa de la norma fundamental pues, de lo contrario, ésta dejaría de ser la norma máxima del sistema y se sustituiría por la norma que, vía *"interpretación"*, el tribunal generara lo que, además, implicaría que este último pudiera resolver sin ningún límite debido a que, si el tribunal se autoconcediera la facultad de determinar el sentido de una norma constitucional en contra de su texto, estaría colocándose de hecho sobre la propia norma constitucional y estaría, de hecho, reformándola, lo que resulta inadmisible debido a que, en último caso, es el texto constitucional el fundamento original de la competencia de los tribunales y, a su vez, el límite y elemento de control en el ejercicio de sus funciones;

---

[111] Artículo publicado en http://amparo.coedi.edu.mx ; lo redacté con motivo de los votos particulares que emití en diversos asuntos en el 17° Tribunal Colegiado en Materia Administrativa del Primer Circuito a raíz de la entrada en vigor de la reforma publicada el 10 de junio de 2011.

[112] Artículo 133. Esta Constitución, las leyes del Congreso de la Unión que emanen de ella y todos los Tratados que estén de acuerdo con la misma, celebrados y que se celebren por el Presidente de la República, con aprobación del Senado, serán la Ley Suprema de toda la Unión. Los jueces de cada Estado se arreglarán a dicha Constitución, leyes y tratados, a pesar de las disposiciones en contrario que pueda haber en las Constituciones o leyes de los Estados.

[113] Artículo 128.- Todo funcionario público, sin excepción alguna, antes de tomar posesión de su encargo, prestará la protesta de guardar la Constitución y las leyes que de ella emanen.

además, el artículo 135 de la propia Constitución[114] establece cómo puede ser adicionada o reformada sin incluir la *"interpretación"* de los tribunales como una forma autorizada para ello.

Por la misma razón, no puede aceptarse que un tribunal resuelva en forma distinta a lo que establece el texto de la Constitución atendiendo a lo que considere que *"quiso decir"* el legislador constitucional pues, en ese caso, nuevamente se estaría substituyendo la norma constitucional por una nueva, distinta, determinada por lo que el tribunal considere que, hipotéticamente, quiso decir el legislador constitucional y, nuevamente, el tribunal estaría colocándose fuera del ámbito de control de la propia Constitución.

Con mayor razón tampoco puede aceptarse que un tribunal resuelva en forma distinta al texto de al Constitución en función de lo que considere que *"debió querer decir"* el legislador constitucional, pues el tribunal no puede substituirse en el ejercicio del poder constituyente o del reformador constitucional pues, por principio de cuentas, se insiste, debe sujetarse a la Constitución.

Mucho menos podría considerarse que un tribunal esté facultado para dejar de aplicar una disposición constitucional porque *"no le gusten las consecuencias"* que tal aplicación deba generar pues, una vez más, el tribunal tiene como límite y control de sus facultades precisamente a la propia Constitución.

Lo anterior conduce a considerar que, tratándose de la Constitución, el tribunal debe aplicarla atendiendo a su texto sin que, so pretexto de interpretarlo, pueda generar normas distintas a las previstas en el texto constitucional[115].

---

[114] Artículo 135.- La presente Constitución puede ser adicionada o reformada. Para que las adiciones o reformas lleguen a ser parte de la misma, se requiere que el Congreso de la Unión, por el voto de las dos terceras partes de los individuos presentes, acuerden las reformas o adiciones, y que éstas sean aprobadas por la mayoría de las legislaturas de los Estados.

El Congreso de la Unión o la Comisión Permanente en su caso, harán el cómputo de los votos de las Legislaturas y la declaración de haber sido aprobadas las adiciones o reformas.

[115] Incluso el artículo 14 Constitucional prevé que las sentencias se dicten conforme a la letra de la ley y, si menciona a continuación su interpretación, no está previsto en la Constitución que por esa vía puedan modificarse las propias leyes sino que, por el contrario, establece que para su interpretación y modificación debe seguirse el mismo procedimiento que para su creación (artículo 72, inciso F, constitucional: F.- "En la interpretación, reforma o derogación de las leyes o decretos, se observarán los mismos trámites establecidos para su formación.").

Tampoco puede un tribunal calificar de *"absurda"* una disposición constitucional ni, mucho menos, determinar que el legislador constitucional se haya *"equivocado"* o el texto plasmado en la Constitución *"sea erróneo"*, puesto que ello implicaría que el tribunal se colocara en posibilidad de calificar el contenido del texto constitucional y la actuación del legislador constitucional sin que la propia Constitución ni ninguna otra norma le autoricen tal facultad.

Lo anterior implica que los tribunales, al aplicar la Constitución, deben atender a su texto y, en todo caso, al significado de las palabras y frases empleadas en él sin que puedan, so pretexto de interpretar, cambiar la disposición constitucional pues, se insiste, dicho texto constituye, al final de cuentas, uno de los pocos límites y elementos de control reales que tienen los tribunales al dictar sus sentencias.

El 10 de junio de 2011 se publicó en el Diario Oficial de la Federación un decreto que reformó la denominación del capítulo primero del título primero así como diversos artículos de nuestra Constitución Federal, de tal manera que, a partir del 11 de junio de 2011 (día siguiente a la publicación del decreto), el capítulo referido se denomina *"De los Derechos Humanos y sus Garantías"*, en tanto que el artículo primero quedó redactado en los siguientes términos:

"1o.- En los Estados Unidos Mexicanos todas las personas gozarán de los derechos humanos reconocidos en esta Constitución y en los tratados internacionales de los que el Estado Mexicano sea parte, así como de las garantías para su protección, cuyo ejercicio no podrá restringirse ni suspenderse, salvo en los casos y bajo las condiciones que esta Constitución establece.

Las normas relativas a los derechos humanos se interpretarán de conformidad con esta Constitución y con los tratados internacionales de la materia favoreciendo en todo tiempo a las personas la protección más amplia.

Todas las autoridades, en el ámbito de sus competencias, tienen la obligación de promover, respetar, proteger y garantizar los derechos humanos de conformidad con los principios de universalidad, interdependencia, indivisibilidad y progresividad. En consecuencia, el Estado deberá prevenir, investigar, sancionar y reparar las violaciones a los derechos humanos, en los términos que establezca la ley.

Está prohibida la esclavitud en los Estados Unidos Mexicanos. Los esclavos del extranjero que entren al territorio nacional alcanzarán, por este solo hecho, su libertad y la protección de las leyes.

Queda prohibida toda discriminación motivada por origen étnico o nacional, el género, la edad, las discapacidades, la condición social, las condiciones de salud, la religión, las opiniones, las preferencias sexuales, el estado civil o cualquier otra que atente contra la dignidad humana y tenga por objeto anular o menoscabar los derechos y libertades de las personas."

Con tal reforma se abandonó el concepto de *"garantías individuales"* otorgadas por la Constitución para readoptar[116] la concepción iusnaturalista de *"Derechos Humanos"* (antes conocidos como Derechos del Hombre) junto con el concepto de *"garantías para su protección"* (protección de esos mismos Derechos Humanos).

Por otra parte, el artículo noveno transitorio del citado decreto de reforma constitucional estableció: *"Se derogan todas las disposiciones que contravengan el presente decreto."*, lo que implica que deben entenderse derogadas todas[117] las disposiciones que hagan referencia a garantías individuales, lo que incluye al artículo 103 de la propia Constitución Federal y el artículo primero de la Ley de Amparo, debiendo tomarse en cuenta que, en el Diario Oficial de la Federación de 6 de junio de 2011, se publicó una diversa reforma constitucional que modifica los artículos 94, 103, 104 y 107 también para sustituir la referencia a *"garantías individuales"* por *"derechos humanos"* y las *"garantías otorgadas para protegerlos"*[118]; reforma que entrará en vigor ciento veinte días después de su publicación; esto es, el 4 de octubre de dos mil once.

---

[116] En la Constitución de 1857 se usaba una expresión iusnaturalista: "SECCIÓN I. DE LOS DERECHOS DEL HOMBRE. Artículo 1.- El pueblo mexicano reconoce, que los derechos del hombre son la base y el objeto de las instituciones sociales. En consecuencia, declara que todas las leyes y todas las autoridades del país deben respetar y sostener las garantías que otorga la presente Constitución."; postura que fue abandonada expresamente en la Constitución de 1917.

[117] "Todas" significa "todas"; es decir, sin excepción y "disposiciones" incluye tanto las constitucionales como las incluidas en normas secundarias pues, otra vez, el texto no establece distinción.

[118] El nuevo texto del artículo 103 Constitucional será:

"Los Tribunales de la Federación resolverán toda controversia que se suscite

I. Por normas generales, actos u omisiones de la autoridad que violen los derechos humanos reconocidos y las garantías otorgadas para su protección por esta Constitución, así como por los tratados internacionales de los que el Estado Mexicano sea parte;

II. Por normas generales o actos de la autoridad federal que vulneren o restrinjan la soberanía de los estados o la esfera de competencia del Distrito Federal, y

En consecuencia, debe concluirse que en el texto de la Constitución, a partir del 11 de junio de 2011, ya no existen *"garantías individuales"*, concepto que, en consecuencia, debe considerarse trasladado sólo al campo de la doctrina dado que el sistema jurídico se integra a partir de las disposiciones normativas, según precisó el Pleno de la Suprema Corte de Justicia de la Nación en la tesis:

Novena Época

Instancia: Pleno

Fuente: Semanario Judicial de la Federación y su Gaceta

VIII, Octubre de 1998

Página: 381

Tesis: P. LXVI/98

Tesis Aislada

Materia(s): Civil

Rubro: ANATOCISMO. DICHO VOCABLO NO SE ENCUENTRA EN EL SISTEMA JURÍDICO MEXICANO.

Texto: Del análisis de las disposiciones que integran el sistema jurídico mexicano, en especial del Código Civil y del de Comercio, así como de las Leyes de Instituciones de Crédito y de Títulos y Operaciones de Crédito, relativas a los contratos civiles, mercantiles y bancarios, se advierte que en ninguna parte hacen referencia expresa al anatocismo, vocablo que queda comprendido en el campo de la doctrina. El artículo 2397 del Código Civil para el Distrito Federal en Materia Común y para toda la República en Materia Federal, ubicado en el título quinto "Del mutuo", capítulo II, "Del mutuo con interés", establece que "Las partes no pueden, bajo pena de nulidad, convenir de antemano que los intereses se capitalicen y que produzcan intereses.". El artículo 363 del Código de Comercio, en el título quinto, capítulo primero, denominado "Del préstamo mercantil en general", previene que "Los intereses vencidos y no pagados no devengarán intereses" y, añade, que "Los contratantes podrán, sin embargo, capitalizarlos". Finalmente, las leyes citadas en último término, que regulan los contratos bancarios, no tienen ninguna disposición en ese sentido. Por tanto, de acuerdo con el derecho positivo mexicano, no cabe hablar de anatocismo sino de "intereses sobre

---

III. Por normas generales o actos de las autoridades de los Estados o del Distrito Federal que invadan la esfera de competencia de la autoridad federal."

intereses", prohibido por ambos preceptos, y de "capitalización de intereses", expresamente autorizada a condición de que sea pactado entre las partes, en el primer precepto, con posterioridad a que los intereses se causen; y, en el segundo, sin hacer manifestación en cuanto a la temporalidad de ese convenio.

Precedentes: Contradicción de tesis 31/98. Entre las sustentadas por el Séptimo Tribunal Colegiado en Materia Civil del Primer Circuito y otros y el Primer Tribunal Colegiado en Materia Civil del Primer Circuito y otros. 7 de octubre de 1998. Mayoría de nueve votos. Disidentes: Humberto Román Palacios y Juan N. Silva Meza. Ponente: Juventino V. Castro y Castro. Secretario: Arturo Aquino Espinosa.

Si en virtud de la reforma constitucional publicada el 10 de junio de 2011 ya no existen en el sistema jurídico mexicano *"garantías individuales"* sino sólo *"derechos humanos"* y *"garantías otorgadas para su protección"*, debe concluirse que no existe tampoco materia para los juicios de amparo tramitados conforme a la Ley de Amparo puesto que, como ya se precisó, la reforma constitucional derogó todas las disposiciones que la contravengan y eso incluye el artículo 103 Constitucional en tanto que hacía referencia a *"garantías individuales"* y por lo menos el artículo primero de la Ley de Amparo en tanto que establecía que el amparo procedía contra leyes y actos de autoridad que violaran *"garantías individuales"*; en consecuencia, a partir del 11 de junio de 2011 no existe materia de estudio ni tampoco posibilidad de conceder la protección federal en un juicio de amparo puesto que no existe qué considerar violado como base para amparar contra un acto de autoridad; dicha situación cambiará el 4 de octubre de 2011, cuando entre en vigor la diversa reforma constitucional publicada en el Diario Oficial de la Federación el 6 de junio de 2011, en que entrará en vigor el texto constitucional que prevé que el amparo sirva para proteger, precisamente, *"derechos humanos"* y las *"garantías otorgadas para su protección"*.

Por tal motivo, considero que, al no existir materia para los juicios de amparo en trámite actualmente, éstos deben sobreseerse puesto que no podría el tribunal concluir que se violan o no se violan *"garantías individuales"* si por reforma constitucional expresa se abandonó ese concepto para sustituirlo por otro.

Considero también que el tribunal no puede establecer que el texto constitucional reformado deba entenderse en el sentido de que las *"garantías otorgadas para la protección de los derechos humanos"* sean *"lo mismo"* o *"deban funcionar igual"* que las *"garantías individuales"* puesto que, entonces, se estaría calificando de inútil la reforma constitucional; esto es, si las *"garantías individuales"* fueran lo mismo que las *"garantías para proteger derechos humanos"*, entonces no habría sido necesaria la reforma constitucional, lo que implicaría que el tribunal calificara de inútil la reforma al texto fundamental sin que, como ya se precisó, pueda considerarse que ningún tribunal tenga la facultad de efectuar tal calificación.

Tampoco puede el tribunal establecer que *"lo que quiso decir"* el legislador constitucional, al suprimir el concepto de *"garantías individuales"* del texto fundamental, fue que siguieran existiendo éstas, tal como antes de la reforma; lo anterior, porque esa idea no se desprende del texto constitucional reformado, especialmente cuando se toma en cuenta que se derogaron expresamente todas las disposiciones contrarias a la reforma constitucional que eliminó la referencia a *"garantías individuales"*. Al respecto, cuando en ocasiones anteriores se ha reformado la Constitución y ésta ha permitido que se siga aplicando una ley o disposición anterior, el decreto respectivo lo ha precisado expresamente[119],

---

[119] Por ejemplo, en la reforma publicada en el Diario Oficial de 6 de abril de 1990, el artículo sexto transitorio dispuso: "En tanto se expida por el Congreso de la Unión la nueva ley reglamentaria en materia electoral, seguirá en vigor el Código Federal Electoral."; en la reforma publicada el 25 de octubre de 1993, el artículo quinto transitorio estableció: "El primer nombramiento para el cargo de Jefe del Distrito Federal, en los términos de este Decreto se verificará en el mes de diciembre de 1997 y el periodo constitucional respectivo concluirá el 2 de diciembre del año 2000. En tanto dicho Jefe asume su encargo, el gobierno del Distrito Federal seguirá a cargo del Presidente de la República de acuerdo con la base 1a. de la fracción VI del artículo 73 de esta Constitución vigente al momento de entrar en vigor el presente Decreto. El Ejecutivo Federal mantendrá la facultad de nombrar y remover libremente al titular del órgano u órganos de gobierno del Distrito Federal y continuará ejerciendo para el Distrito Federal, en lo conducente, las facultades establecidas en la fracción I del artículo 89 de esta Constitución."; en la reforma publicada el 31 de diciembre de 1994, el artículo décimo primero transitorio consignó: "En tanto se expidan las disposiciones legales, reglamentarias y acuerdos generales a que se refieren los preceptos constitucionales que se reforman por el presente Decreto, seguirán aplicándose los vigentes al entrar en vigor las reformas, en lo que no se opongan a éstas."; en la reforma de 22 de agosto de 1996, el artículo tercero transitorio determinó: "A más tardar el 31 de octubre de 1996 deberán estar nombrados el consejero Presidente y el Secretario Ejecutivo del Consejo General del Instituto Federal Electoral, así como los ocho nuevos consejeros electorales y sus suplentes, que sustituirán a los actuales Consejeros Ciudadanos, quienes no podrán ser reelectos. En tanto se hacen los nombramientos o se reforma la ley de la materia, el Consejo General del Instituto Federal Electoral seguirá ejerciendo las competencias y funciones que actualmente le señala el Código Federal de Instituciones y Procedimientos Electorales."; en la reforma publicada el 20 de marzo de 1997, el artículo cuarto transitorio dispuso: "En tanto el Congreso de la Unión emita las disposiciones correspondientes en materia de nacionalidad, seguirá aplicándose la Ley de Nacionalidad vigente, en lo que no se oponga al presente Decreto."; en la reforma publicada el 23 de diciembre de 1999, el artículo segundo transitorio es como sigue: "Los Estados deberán adecuar sus constituciones y leyes conforme a lo dispuesto en este decreto a más tardar en un año a partir de su entrada en vigor. En su caso, el Congreso de la Unión deberá realizar las adecuaciones a las leyes federales a más tardar el 30 de abril del año 2001.–En tanto se realizan las adecuaciones a que se refiere el párrafo anterior, se continuarán aplicando las disposiciones vigentes."; en la reforma publicada el 7

pero eso no ocurre tratándose de los decretos de reformas publicados el 6 ni el 10 de junio de 2011 respecto del juicio de amparo[120], lo que implica necesariamente que el texto constitucional no establece que siga aplicándose la Ley de Amparo anterior ni las disposiciones basadas en el concepto de *"garantías individuales"* puesto que, por el contrario, fueron derogadas expresamente por el artículo noveno transitorio de la reforma publicada el 10 de junio de 2011.

Mucho menos podría aceptarse que el tribunal interpretara la reforma constitucional considerando que *"lo que debió querer decir"* el legislador constitucional fue mantener las *"garantías individuales"* y sólo adicionar los *"derechos humanos"* pues eso tampoco ocurrió sino que el texto reformado eliminó la referencia a las *"garantías individuales"*, y determinó que se reconozcan *"derechos humanos"* y se otorguen *"garantías para su protección"*, lo que constituyen conceptos distintos.

Considero que tampoco puede el tribunal concluir que *"sería absurdo"* o *"inadecuado"* que el texto constitucional reformado establezca una derogación temporal del amparo (entre el 11 de junio y el 4 de octubre

---

de abril de 2006, los artículos segundo, tercero y quinto transitorios dispusieron: "Segundo.- En tanto se expide la Ley general a que se refiere el apartado B del Artículo 26 de esta Constitución, continuará en vigor la Ley de Información Estadística y Geográfica, y demás disposiciones legales y administrativas aplicables. Asimismo, subsistirán los nombramientos, poderes, mandatos, comisiones y, en general, las delegaciones y facultades concedidas, a los servidores públicos del Instituto Nacional de Estadística, Geografía e Informática.– Tercero.- A la entrada en vigor de la Ley a que se refiere el apartado B del Artículo 26 de esta Constitución, los recursos financieros y materiales, así como los trabajadores adscritos al Instituto Nacional de Estadística, Geografía e Informática, órgano desconcentrado de la Secretaría de Hacienda y Crédito Público, se transferirán al organismo creado en los términos del presente Decreto. Los trabajadores que pasen a formar parte del nuevo organismo se seguirán rigiendo por el apartado B del Artículo 123 de esta Constitución y de ninguna forma resultarán afectados en sus derechos laborales y de seguridad social.– Quinto.- Los asuntos que se encuentren en trámite o pendientes de resolución a la entrada en vigor de este Decreto, se seguirán substanciando ante el Instituto Nacional de Estadística, Geografía e Informática, y posteriormente ante el organismo creado en los términos del presente Decreto."; en tanto que los artículos quinto y sexto transitorios de la propia reforma publicada el 10 de junio de 2011 son como sigue: "Quinto. El Congreso de la Unión expedirá la Ley Reglamentaria del artículo 33 constitucional, en materia de expulsión de extranjeros en un plazo máximo de un año contado a partir del inicio de la vigencia de este decreto. En tanto se expida la ley referida, este artículo se seguirá aplicando en los términos del texto vigente.– Sexto. Los casos previstos en el segundo párrafo del artículo 97 constitucional, que estén pendientes de resolución al momento de entrar en vigor la reforma, los continuará desahogando la Suprema Corte de Justicia de la Nación hasta su conclusión."

[120] El artículo Sexto transitorio del decreto publicado el 6 de junio de 2011 establece: "Los casos previstos en el segundo párrafo del artículo 97 constitucional, que estén pendientes de resolución al momento de entrar en vigor la reforma, los continuará desahogando la Suprema Corte de Justicia de la Nación hasta su conclusión.", pero el artículo 97 establecía la facultad del Máximo Tribunal para investigar violaciones graves a las garantías individuales sin referirse al juicio de amparo.

de 2011); lo anterior porque, como ya se precisó, ningún tribunal tiene la facultad de calificar si un texto constitucional es correcto o incorrecto o si resulta o no *"absurda"* o *"inadecuada"* una reforma constitucional; por el contrario, cuando reforma la Constitución, el legislador constitucional reforma el sistema jurídico a partir de su base y tal reforma debe aplicarse en sus términos, como por ejemplo cuando, en la reforma publicada en mil novecientos noventa y cuatro, se desintegró la Suprema Corte de Justicia de la Nación para dar lugar a su nueva integración, o como cuando se reformó el artículo 18 Constitucional para prever el sistema de justicia para adolescentes y, al entrar en vigor sin que existieran los órganos especializados, la Suprema Corte de Justicia de la Nación determinó que el texto constitucional establecía expresamente la prohibición de que los adolescentes fueran juzgados por los órganos ordinarios, lo que provocó que debieran quedar en libertad los adolescentes involucrados en procedimientos seguidos ante autoridades que no formaran parte del nuevo sistema previsto en la Constitución, al grado que tuvieron que reformarse los artículos segundo y tercero transitorios del decreto publicado el 12 de diciembre de 2005, para establecer (el 14 de agosto de 2009) que los procedimientos iniciados conforme a las leyes anteriores se seguirían substanciando conforme a ellas.

Por otra parte, si bien es cierto que el juicio de amparo ha sido una institución muy importante en nuestro sistema jurídico, lo cierto es que no es indispensable para la existencia del sistema como tal pues en nuestro sistema jurídico el amparo no existió entre 1821 y 1848 y sólo se reguló legalmente hasta 1861 y no por eso el sistema jurídico dejó de funcionar ni de existir; incluso actualmente hay países en los que no existe juicio de amparo o algún procedimiento equivalente y no por ello carecen de sistema jurídico ni éste resulta inoperable; lo anterior conduce a considerar que, por muy grave que pudiera considerarse la derogación temporal del juicio de amparo, ello no impide al sistema jurídico funcionar en tanto que, durante ese período, deben continuar funcionando los tribunales ordinarios; la única diferencia sería que, entre el 11 de junio y el 4 de octubre de 2011, no existiría un medio extraordinario de control de los actos de autoridad y, en consecuencia, el control deberá efectuarse a través de los medios ordinarios de defensa.

Si el tribunal resolviera con base en la consideración de que es *"absurdo"* o *"imposible"* que la reforma constitucional derogue temporalmente el juicio de amparo, estaría calificando de *"absurda"* o *"errónea"* la reforma constitucional, facultad que, insisto, no tiene; sin embargo, si se aceptara la posibilidad de que el tribunal efectuara tal calificación, habría que considerar la alternativa de que, dada la magnitud del cambio al sistema jurídico, derivada de la substitución de *"garantías individuales"* por *"derechos humanos"* y *"garantías otorgadas para protegerlos"*, el legislador constitucional estableció un período de ajuste del sistema entre el 11 de junio de 2011 (fecha en que entró en vigor la reforma constitucional publicada el 10 de junio de 2011) y el 4 de octubre de 2011 (fecha en que entrará en vigor la reforma constitucional publicada el 6 de junio de 2011) para que los tribunales federales pudieran terminar los asuntos iniciados conforme a la ley derogada (por el artículo noveno transitorio de la reforma publicada el 10 de junio de 2011) y se prepararan para aplicar adecuadamente el nuevo sistema basado en *"derechos humanos"* y *"garantías otorgadas para su protección"*, lo que podría inferirse de que, en el artículo cuarto transitorio de las reformas publicadas el 6 de junio de 2011, se estableció que: *"Para la integración de jurisprudencia por reiteración no se tomarán en cuenta las tesis aprobadas en los asuntos resueltos conforme a lo dispuesto en las disposiciones vigentes con anterioridad a la entrada en vigor del presente Decreto"*; en esas condiciones, tampoco puede considerarse *"absurda"* o *"imposible"* la aplicación textual de la reforma constitucional en tanto que tiene una explicación razonable.

Tampoco puede considerarse que la falta temporal del juicio de amparo implique que los *"Derechos Humanos"* queden sin protección puesto que el artículo primero constitucional[121] establece, a partir del once de junio de dos mil once, que todas las autoridades están obligadas a promover, respetar, proteger y garantizar los derechos humanos, lo que implica que todos los tribunales en los medios de defensa ordinarios están obligados a protegerlos y garantizarlos, sin que ello esté condicionado a la existencia de un medio extraordinario de defensa como lo es el juicio de amparo.

Además, el segundo párrafo del artículo primero constitucional, a partir del 11 de junio de 2011, establece: "Las normas relativas a los derechos humanos se interpretarán de conformidad con esta Constitución y con los tratados internacionales de la materia favoreciendo en todo tiempo a las personas la protección más amplia.", pero tal disposición no establece que "garantías individuales" sean lo mismo que "derechos humanos" ni las "garantías otorgadas para su protección", además de que se refiere a las normas relativas los "derechos humanos", no a las "garantías individuales",

---

[121] Artículo 1. Todas las autoridades, en el ámbito de sus competencias, tienen la obligación de promover, respetar, proteger y garantizar los derechos humanos de conformidad con los principios de universalidad, interdependencia, indivisibilidad y progresividad. En consecuencia, el Estado deberá prevenir, investigar, sancionar y reparar las violaciones a los derechos humanos, en los términos que establezca la ley.

por lo que tampoco podría servir de fundamento para estimar que estas últimas continúen vigentes en nuestro texto constitucional.

Es cierto que en diversos documentos de los procedimientos que culminaron con las reformas publicadas el 6 y el 10 de junio de 2011 se advierten expresiones en el sentido de que la intención es ampliar la protección para pasar de proteger sólo *"garantías individuales"* a proteger *"derechos humanos"* en forma más amplia; sin embargo, la intención derivada de los documentos preparatorios de las reformas no puede servir de base para determinar si se aplica o no en sus términos el texto constitucional reformado porque, se insiste, la norma fundamental es la Constitución, lo que dice el texto constitucional, y no *"lo que quiso decir"* o *"lo que debió querer decir"* el legislador constitucional, máxime que en los mismos documentos preparatorios existen manifestaciones en el sentido de, por ejemplo, otorgar a los Tribunales Colegiados de Circuito la facultad de elegir los asuntos que debieran resolver atendiendo a su importancia y trascendencia, pero esta *"intención"* no se actualizó en el texto aprobado de las reformas constitucionales, de tal manera que sería incorrecto que los Tribunales Colegiados de Circuito, una vez que entre en vigor la reforma al artículo 107 Constitucional, concluyeran que pueden escoger los asuntos que resolverán atendiendo a su importancia y trascendencia porque esa era la *"intención"* del legislador constitucional; tampoco, por ejemplo, sería válido que un tribunal determine, una vez que entre en vigor la citada reforma al artículo 107 Constitucional, que es *"absurdo"* o *"erróneo"* que la declaratoria general de inconstitucionalidad sea improcedente respecto de leyes tributarias y que, por tanto, a pesar de que el texto constitucional establece que no procede, el tribunal determine que sí es procedente efectuarla considerando *"imposible"* que la reforma excluyera una materia legislativa de la posibilidad de aplicar la declaratoria general de inconstitucionalidad. Se insiste, el texto constitucional constituye el límite de las facultades de los tribunales y el principal elemento de control de sus decisiones.

En conclusión, las reformas constitucionales publicadas el 6 y 10 de junio de 2011 modificaron el sistema jurídico mexicano y derogaron temporalmente (entre el 11 de junio y el 4 de octubre de 2011) las disposiciones que fundan la procedencia de los juicios de amparo por lo que, durante ese período, resultan tales juicios improcedentes y deben sobreseerse por falta de materia que pudiera conducir a la justificación de una concesión de amparo al no poder determinarse que se violen *"garantías individuales"* por haber dejado de existir éstas en el texto constitucional y, por consecuencia, en el sistema jurídico mexicano; durante ese período, los tribunales federales deben prepararse para la aplicación del nuevo juicio de amparo que protegerá *"derechos humanos"* y *"garantías otorgadas para protegerlos"* a partir del 4 de octubre de 2011.

México, D.F., 22 de junio de 2011.

Germán Eduardo Baltazar Robles.

13. Fuentes de información

1. Burgoa Orihuela, Ignacio. *Las garantías individuales.* Porrúa, México, 2005.

2. Comisión Nacional de los Derechos Humanos. *Página web sobre instrumentos internacionales sobre derechos humanos.* http://www.cndh.org.mx/losdh/losdh.htm

3. Corte Interamericana de Derechos Humanos. *Página web sobre instrumentos internacionales sobre derechos humamos.* http://www.corteidh.or.cr/sistemas.cfm?id=1

4. Diario Oficial de la Federación de 6 y 10 de junio de 2011. www.diariooficial.gob.mx

5. García Maynez, Eduardo. *Introducción al Estudio del Derecho.* Porrúa, México, 1984.

6. O'Donnell, Daniel. *Derecho internacional de los derechos humanos. Normativa, jurisprudencia y doctrina de los sistemas universal e interamericano.* Oficina en Colombia del Alto Comisionado de las Naciones Unidas para los Derechos Humanos, Bogotá, 2004. *Versión electrónica (PDF), dividido en 3 partes, en las siguientes direcciones electrónicas:*

   http://www.hchr.org.co/publicaciones/libros/ODonell%20parte1.pdf

   http://www.hchr.org.co/publicaciones/libros/ODonell%20parte2.pdf

   http://www.hchr.org.co/publicaciones/libros/ODonell%20parte3.pdf

7. Organización de las Naciones Unidas. *Página web sobre instrumentos internacionales sobre derechos humanos.* http://www2.ohchr.org/spanish/law/

8. Pedro Sagüés, Néstor. *Derecho procesal constitucional",* Astrea, Buenos Aires, 1981.

9. Pedroza de la Llave, Susana Thalía y García Huante, Omar. *Compilación de instrumentos internacionales de derechos humanos firmados y ratificados por México 1921-2003,* Comisión Nacional de Derechos Humanos, México, 2003. *Versión electrónica, en 2 partes, en las siguientes direcciones electrónicas:*

http://www.cndh.org.mx/juridica/tratinter/pdf/tomo1.pdf

http://www.cndh.org.mx/juridica/tratinter/pdf/tomo2.pdf

10. *Real Academia Española. Diccionario de la Lengua Española. 22ª. Ed., Madrid, 2001. Página web:* http://rae.es/

11. *Secretaría de Relaciones Exteriores. Página web sobre tratados internacionales vigentes.* http://www.sre.gob.mx/tratados/

12. *Suprema Corte de Justicia de la Nación. Las garantías individuales. Parte general. 2ª. Ed., México, 2005.*

13. *Suprema Corte de Justicia de la Nación. Página web sobre las reformas constitucionales sobre derechos humanos y amparo.* http://www2.scjn.gob.mx/red/constitucion/

14. Acerca del autor

Germán Eduardo Baltazar Robles nació en Oaxaca de Juárez, Oaxaca, en 1966; estudió la carrera de licenciado en Derecho en la Universidad Regional del Sureste; estudió la maestría en Derecho del Trabajo y el doctorado en Derecho en la Universidad Autónoma Benito Juárez de Oaxaca.

Trabajó como abogado postulante antes de ingresar, en enero de 1997, al Poder Judicial de la Federación como secretario en el 8° Tribunal Colegiado en Materia de Trabajo del Primer Circuito.

Fue designado Juez de Distrito en el Primer concurso abierto para la designación de Jueces de Distrito; desempeñó dicho cargo del 4 de septiembre de 2000 al 30 de septiembre de 2006, en el Juzgado Primero de Distrito en el Estado de Guanajuato, con residencia en la ciudad de Guanajuato, y en el Juzgado Séptimo de Distrito en el Estado de Guanajuato, con residencia en León, Gto.

Fue designado Magistrado de Circuito en el Décimo Tercer Concurso Interno de Oposición para la Designación de Magistrados de Circuito, cargo que desempeña desde el 1° de octubre de 2006 en el Decimoséptimo Tribunal Colegiado en Materia Administrativa del Primer Circuito.

Ha publicado los libros *Controversia Constitucional y Acción de Inconstitucionalidad*, Angel Editor, México, 2002, y *El juicio de amparo contra leyes*, Angel Editor, México, 2004 (este trabajo recibió el primer lugar en el Concurso de Investigación Jurídica convocado por la Asociación Nacional de Magistrados de Circuito y Jueces de Distrito del Poder Judicial de la Federación, A.C.)

Ha publicado diversos artículos en la Revista del Instituto de la Judicatura Federal y en la de la Facultad de Derecho de la Universidad Nacional Autónoma de México.

Obtuvo el primer lugar en el Concurso para la Redacción del Preámbulo del Código de Ética del Poder Judicial de la Federación, convocado por la Comisión de Redacción del Código de Ética del Poder Judicial de la Federación (15 de junio de 2004).

Ha impartido pláticas sobre derecho constitucional, juicio de amparo, controversia constitucional y acciones de inconstitucionalidad en diversas Casas de la Cultura Jurídica de la Suprema Corte de Justicia de la Nación.

Actualmente vive en la Ciudad de México, D.F.

15. Acerca de COEDI

Complejo Educativo de Desarrollo Integral, A.C., es una asociación civil no lucrativa que presta servicios educativos de alta calidad centrados en el desarrollo integral de la persona humana.

La institución sigue fielmente el modelo educativo Montessori en los niveles de preescolar (casa de niños) y primaria (taller 1 y taller 2); en secundaria, proporciona a los alumnos experiencias significativas de aprendizaje tomando como guía los principios de la filosofía Montessori.

En el plantel ubicado en el Distrito Federal se imparten clases de preescolar, primaria y secundaria, con reconocimiento de validez oficial de estudios; además, se imparten cursos en diferentes áreas de la ciencia y la cultura como, por ejemplo, Derecho y Gastronomía.

COEDI difunde información a través de medios electrónicos mediante los sitios web:

http://www.coedi.edu.mx (sitio oficial de la institución).

http://blog.coedi.edu.mx (blog enfocado en las actividades de preescolar, primaria y secundaria).

http://amparo.coedi.edu.mx (blog "Amparo-garantias-y-derechos-humanos" enfocado al estudio y difusión de temas relacionados con el juicio de amparo mexicano).

http://facebook.com/coedi.edu.mx (página institucional en Facebook).

Como parte de sus actividades de difusión cultural, COEDI cuenta con un programa de edición que permite dar a conocer obras inéditas sobre temas de interés social a precios accesibles; los libros pueden adquirirse directamente en **coedi.edu.mx** o a través del sitio web **amazon.com**, tanto en versión impresa como en versión electrónica (para Kindle).

Nos interesa su opinión; por favor, envíenos sus comentarios y sugerencias a libros@coedi.edu.mx

Germán Eduardo Baltazar Robles

274

En esta obra se usó tipografía Times
New Roman, Arial y Arial Narrow.

Complejo
Educativo de
Desarrollo
Integral

COEDI .edu.mx

www.ingramcontent.com/pod-product-compliance
Lightning Source LLC
Chambersburg PA
CBHW071401170526
45165CB00001B/139